跨文化交际理论与实践研究

◎ 李建峰　骆云梅　著

吉林大学出版社
·长春·

图书在版编目（CIP）数据

跨文化交际理论与实践研究 / 李建峰，骆云梅著． -- 长春：吉林大学出版社，2020.6
ISBN 978-7-5692-6613-9

Ⅰ．①跨… Ⅱ．①李… ②骆… Ⅲ．①文化交流－研究 Ⅳ．① G115

中国版本图书馆 CIP 数据核字（2020）第 101733 号

书　　名	跨文化交际理论与实践研究
	KUA WENHUA JIAOJI LILUN YU SHIJIAN YANJIU
作　　者	李建峰　骆云梅　著
策划编辑	魏丹丹
责任编辑	魏丹丹
责任校对	高欣宇
装帧设计	凯祥文化
出版发行	吉林大学出版社
社　　址	长春市人民大街 4059 号
邮政编码	130021
发行电话	0431-89580028/29/21
网　　址	http://www.jlup.com.cn
电子邮箱	jdcbs@jlu.edu.cn
印　　刷	河北纪元数字印刷有限公司
开　　本	787mm×1092mm　1/16
印　　张	14
字　　数	243 千字
版　　次	2021 年 7 月　第 1 版
印　　次	2021 年 7 月　第 1 次
书　　号	ISBN 978-7-5692-6613-9
定　　价	66.00 元

版权所有　翻印必究

前　言

在经济全球化和教育国际化的趋势和潮流下，"地球村"逐渐形成。在这种背景下，跨文化交流已经成为不同国家和地区的人进行人际交往的主要形式。在大量的外国人涌入中国学习、工作的同时，越来越多的中国人也开始走出国门，到国外旅游、探亲或学习，将自己置身于异国文化环境中，享受跨文化交际的过程。

在当代中国大学教育中，能够将文化知识和跨文化交际理论结合在一起的课程寥寥无几。我国的外语教学主要以听、说、读、写等语言知识和技能的传授为主，极少涉及其他相关的内容和知识。有不少人以为，只要学会外语，就可以凭借已有的常识和语言惯例，使一切跨文化交际问题迎刃而解。这些人错误地在跨文化交际能力和外语的四项基本技能之间画上了等号。我们都知道，无论两种文化多么相似，它们的价值观和方法论也可能迥然相异。

长期以来，英汉文化差异始终是制约汉语使用者与英语使用者有效沟通的主要因素。如果对英汉文化缺乏必要的了解，势必会影响甚至阻碍英语使用者和汉语使用者之间的跨文化交际。因此，教师一定要让学生真正懂得英汉文化差异，从而培养出符合新时代社会发展需求的、具备较高跨文化交际能力的新型人才。

虽然国内诸多学者在英汉对比研究与跨文化交际能力的培养方面进行了较深入的研究，但是把英汉对比与跨文化交际相结合的研究较为少见。作者在近三十年的高校英语教学和研究过程中，发现有不少学生经过十余年的学习，虽然能较熟练地掌握英语语言知识，但是跨文化交际能力仍不强。其根源主要在于他们缺乏对英汉文化差异的深入了解。

综上所述，跨文化交际活动所固有的文化差异已成为一个普遍性的问题，等待更多的语言学习者和跨文化交际活动的参与者去认识和关注。为此，作者撰写了本书，旨在帮助外语学习者和跨文化交际参与者掌握更多的跨文化交流策略，进一步提高他们的跨文化交际能力，使他们能够顺畅、有效地开展跨文化交际活动。

本书共分为八章，第一章主要围绕语言、文化与交际的内容进行了总体阐述；第二章主要对影响跨文化交际的诸多因素进行了概述；第三章主要论述了跨文化交际所面临的诸多障碍以及应对策略；第四章主要对跨文化交际中的文化休克现象进行了介绍并提出了克服文化休克的方法；第五章介绍了跨文化交际中的语言交际以及非语言交际；第六章着重介绍了语境文化及其同跨文化交际之间的联系；第七章介绍了跨文化视角下的人际交往面临的一系列问题；第八章详细地阐述了跨文化交际能力的构成以及培养跨文化交际能力的方法。

本书由李建峰、骆云梅共同撰写完成，具体分工如下：李建峰负责第一章、第二章、第四章、第六章内容的撰写和全书的统稿工作；骆云梅负责第三章、第五章、第七章和第八章内容的撰写工作。

在撰写本书的过程中，作者参阅了一些国内外研究者的著作与学术论文。在此，作者向这些研究者表示衷心的感谢。由于作者水平有限，本书难免存在疏漏之处，恳请各位同行、专家批评指正。

李建峰
2019年12月

目 录

第一章　交际与跨文化交际概述 …………………………………… 1
　　第一节　文化与语言 ………………………………………………… 1
　　第二节　交际与跨文化交际 ………………………………………… 9
　　第三节　全球化背景下的跨文化交际 ……………………………… 24
　　第四节　汉语国际教育中的跨文化交际 …………………………… 35

第二章　影响跨文化交际的因素 …………………………………… 43
　　第一节　影响跨文化交际的环境因素 ……………………………… 43
　　第二节　影响跨文化交际的心理因素 ……………………………… 61
　　第三节　影响跨文化交际的语言文化因素 ………………………… 71

第三章　跨文化交际面临的障碍及对策 …………………………… 82
　　第一节　跨文化交际面临的障碍 …………………………………… 82
　　第二节　跨文化交际障碍的解决 …………………………………… 96

第四章　跨文化交际中的文化休克及预防 ………………………… 100
　　第一节　文化休克概述 ……………………………………………… 100
　　第二节　克服文化休克的策略 ……………………………………… 107

第五章　跨文化交际中的语言交际与非语言交际 ………………… 119
　　第一节　跨文化交际中的语言交际 ………………………………… 119

第二节　跨文化交际中的非语言交际 …………………………… 142

第六章　语境与跨文化交际 ……………………………………… 158
　　第一节　语境文化的诞生 ……………………………………… 159
　　第二节　不同语境文化的特点分析 …………………………… 161
　　第三节　不同语境中的交际应注意的问题 …………………… 163

第七章　跨文化视角下的人际交往 ……………………………… 165
　　第一节　跨文化视角下的人际关系 …………………………… 165
　　第二节　跨文化视角下的交往习俗 …………………………… 168
　　第三节　跨文化视角下的公共礼仪 …………………………… 176
　　第四节　跨文化视角下的商务礼仪 …………………………… 178

第八章　跨文化交际能力的构成与培养 ………………………… 196
　　第一节　跨文化交际能力的概念与分类 ……………………… 196
　　第二节　跨文化交际能力的构成 ……………………………… 199
　　第三节　跨文化交际能力的培养策略 ………………………… 204

参考文献 …………………………………………………………… 215

后　记 ……………………………………………………………… 217

第一章 交际与跨文化交际概述

交际是人类重要的生存方式之一，交际的过程就是人们交流意见、情感、信息的过程。跨文化交际是一种特殊的交际，是不同文化背景下的人之间的交际行为。本章对交际和跨文化交际的基本内容进行介绍，为后续的研究奠定基础。

第一节 文化与语言

人类文化的交流和传承需要依赖语言来实现，同时文化还在潜移默化中影响着语言。语言为了适应文化的发展，需要不断丰富自身的内容。由此可见，文化与语言之间的关系十分紧密。为了让每一个跨文化交际的参与者和外语学习者都能轻松自如地使用外语成功地完成文化交际活动，下面详细地介绍了文化与语言的基本内容以及二者之间的关系。

一、文化

（一）文化的概念

提到文化，有人会想到肤色人种，有人会想到风俗习惯，有人会想到价值观念，有人会想到宗教信仰，还有人会想到穿着打扮等。由此可见，每个人对于文化都有自己独特的见解和认知。也正因如此，学界至今未对文化的概念形成统一的意见。

克罗伯（Kroeber）与克拉克洪（Kluckhohn）在《文化概念与定义评述》（*A Critical Review of Concepts and Definitions*）中收录了超过160种文化的概念，其中的一些概念至今仍然被人们所引用。其中，经常被引用的文化的概念有以下几种：

①文化是包括知识、信仰、习惯以及个人作为社会成员所获得的任何能力和习惯在内的复杂整体。

②文化是历史创造的所有生活样式，具体可以分为显性文化和隐性文化两种形式。文化可以潜移默化地影响人们的行为。

③文化是一种具有历史传承性、有自己的意义模式、能够在象征系统中表达概念的符号系统。通过这种系统，人们可以巩固和扩大对世界的认知。

④文化即交际，交际即文化。

⑤文化是心灵的软件。

第一个文化的概念是公认的出现时间最早、最全面的文化的概念，至今仍被人们广泛引用。第二个文化的概念是人类学提出的文化的概念。人类学认为文化即人类的生活方式，强调文化对人类行为的指导作用。第三个文化的概念将文化看作符号系统，特别注重文化与象征符号之间的关系，认为符号本身代表着一定的文化意义，文化又通过象征符号表现出来。第四个文化的概念简洁明了地指明了文化与交际的关系，即二者相互影响，互为补充。第五个文化的概念把文化看作心灵软件，强调文化对人的内在品质的影响。

上述文化的概念，涉及社会生活的方方面面，但是本节关心的是哪个概念与跨文化交际最为密切，最能体现文化与跨文化交际的关系。我国学者祖晓梅在《跨文化交际》一书中采用了布里斯林（Brislin）提出的文化的概念，即文化是大多数说同一种语言和共同生活在某个社会中的人们所共享的价值和观念，这些价值和观念具有传承性，而且可以为人们的日常行为提供指导。布里斯林提出的文化的概念具有两个特点。第一，生活在同一种文化中的人的社会心理和价值观相同；第二，文化具有传承性和指导性，并时刻影响着人们的行为。布里斯林提出的文化的概念阐明了文化的特点和作用，而且指出了文化与跨文化交际的密切关系。

（二）文化的分类

1. 物质文化

物质文化是一种具备客观性实物特征的文化，包括某种文化下的艺术、服饰和饮食。作者认为，地理环境是物质文化形成最基础的因素。可以说，几乎所有文化的形成都受到地理环境的影响。因此，当我们想要了解一种文化时，首先要了解该文化所处的地理环境。

艺术具有独特的审美价值，是人们在社会意识形态方面产生的精神活动及其产品，如中国的"道"和日本的"侘寂"都是通过艺术的形式展示自己的世界观。艺术包括文学作品、建筑、音乐、戏曲等，其表现和发展受到自然地理的影响，尤其是艺术品的材料和制造过程。

服饰和饮食也是物质文化的重要组成部分。在人们的日常生活中，服饰和饮食具有非常重要的作用。服饰不仅可以用来遮蔽和保护躯体，还可以用来美化外表；饮食不仅可以给予人类维持生存所需要的营养，还是展示烹饪风格和饮食偏好的媒介。从物质文化的角度来看，服饰的材料质地、款式花样不仅彰显了个人的个性化需求，还体现了规制文化所规定的性别和社会地位的准则；饮食的材料生产和处理准则虽然受物料可用性的限制，但是仍然会受到规制文化和思想文化的影响。

2. 制度文化

制度文化是通过历史传递给人们的文化属性，是全体社会成员共同约定的潜在规则和知识，规定了个人在社交场合的正当与不正当行为。制度文化一词往往会使人联想到礼仪。礼仪是人们在社会交往活动中应该共同遵守的行为规范和准则，涉及人的仪容、仪表、仪态和言谈举止等内容，如如何问候和对待客人、给予和接受礼物等。除此之外，礼仪文化也对正式场所和非正式场所的着装和饮食进行了规范。

制度文化与历史有着千丝万缕的联系，每种文化都是在历史中逐渐形成的。理解文化的历史根源，有助于理解不同文化中的人以及文化的传播过程，发现不同文化在征服、扩大、结盟、资源技术分享等方面的联系，了解历史对制度文化的影响。

社会和宗教也属于制度文化，其中，社会将人们自上而下地组织起来。

在上层，社会体现在治理观念上，即人们接受强制性的规则，接受对所有人都具有约束力的秩序。社会和宗教都起源于制度文化最深处的制度，即家庭。可以说，家庭是规制文化的最基本制度，也是种类最繁复的制度，因为每个家庭都具有独特性。家庭的功能包括传输身份、语言和价值观。通过家庭，人可以获得社会交际技能，并熟悉当地的礼仪和民俗。人生来就会受到家庭文化的影响，这是非正式教育的源泉，是最早的会对人的发展产生影响的因素。虽然家庭数量众多，每个家庭的文化因素都很繁复，但是在整个文化中，基本上所有家庭的性别角色、个人主义和集体主义程度以及年龄分组模式都是一致的。

制度文化还包括民俗，即生活在某种文化环境中的人的日常生活方式。民俗文化由许多部分组成，且每个部分都有特定的功能。第一，民俗文化具有模式性和规范性。第二，民俗文化具有地域性，这是由民俗文化所处的地理环境和自然条件决定的。第三，民俗文化的形式被历史事件精致化，从而具有了弹性和变异性。第四，民俗文化具有服务性，这一点体现在人的信仰和价值观上。第五，民俗文化具有传承性，这一点体现在民俗文化可以通过一代代人传承下去，而且一个区域的人的生活方式、饮食习惯、服装习惯和劳动方式等都会受到民俗文化的影响。显然，民俗文化的功能就是将一种文化规范化，改变一定区域内人们的生活方式，维系"人心同一"，调节离群和极端的行为。

3. 思想文化

思想文化是不可见的，是心理上的隐藏框架，用来指导人的行为，使人按照某种特定的思维模式约束自己。思想文化是一个复杂的网络，包括世界观、价值观和信念等内容，可以影响某种文化内的人的行为和反应，以及感知现实的方式。了解思想文化的概念，有利于了解另一种文化的思维方式，超越原有的思维系统，有效地进行跨文化交际。

思想文化的模式包括霍夫斯泰德（Hofstede）的文化维度理论，克拉克洪-斯特罗德贝克（Kluckhohn-strodbeck）的价值取向理论，霍尔（Hall）的高情境文化、低情境文化理论等。这些理论有利于归类不同民族的文化准则。霍夫斯泰德的文化维度理论是最早的研究文化价值观的理论，该理论根据五种不同的价值观（个人主义或集体主义、不确定性规避、权力距离、阳刚或阴柔、长期或短期取向），对不同国家进行了排名。克拉克洪和斯特罗德贝克的价值取向理论，以人类本性中对善恶的认识为基础，研究了人类的价值取向；人和自然合作的倾向；对过去、现在和未来时间的取向；对文化活动的态度；关系取向，即一种文化究竟是权威的、集体主义的还是个人主义的。霍尔的高情境文化和低情境文化理论研究了在同一种文化影响下，非语言交流的协调程度。高情境文化意味着词汇本身包含的信息很少，而低情境文化意味着词汇包含的信息很多能清晰传达意思。除上述理论外，丁允珠（Stella Ting-Toomey）还提出了面子协商理论，说明了面子的范围从集体主义社会的从属功能跨越到了个人主义的个性表现功能；在不同的文化中，社会准则对面子具有不同的影响。

（三）文化的特征

1. 习得性

文化不是人们先天遗传的本能，而是通过学习获得的知识和经验。人类个体生来就具有文化学习能力，任何人类个体都必须通过学习获得文化，而且只有人类个体才能学习并创造文化。人从出生开始，就受到文化的影响，开始了文化学习。学习文化的方式主要有以下两种。

首先是文化继承，即学习自己民族或群体的文化。文化传统通过代代相传的社会化学习过程得以传承。例如，中华民族几千来年一直受到传统儒家文化的影响，形成了独特的民族风格与个性，形成了仁义、中庸、忍让、谦恭的民族文化心态。

其次是文化移入，即学习外来文化。一个民族或群体的文化在演变的过程中，不可避免地要学习、融入其他民族或群体的文化内容，甚至使其他民族、群体的文化成为本民族或群体文化的重要内容之一。中国人穿西装系领带，就是学习西方服装文化的结果。人们在社会交往的过程中会有意无意地学习其他文化，可以说习得性是文化最重要的特点。

2. 民族性和区域性

一种文化会受到多种条件的制约，尤其是受自然条件和社会物质条件的制约。在形成民族之后，文化内容往往会以民族的形式表现出来，映射出鲜明的民族色彩。

不同的地域空间生活着不同的民族，这些民族各自拥有完整的文化形态，包括语言、习俗、价值观念、宗教信仰、生产方式、政治法律制度、婚姻制度及伦理规范等内容，并创造出了具有独特风格的文化成果。如果我们把一个民族的文化称为"元"，那么世界文化就是多元文化，世界就是多元文化的世界。不同的民族文化会互相渗透、互相影响，为丰富多元文化世界、推动人类文化发展贡献了一分力量。

3. 共通性

文化是一个群体或社团共有的，而不是某一个人独有的。由此可见，文化具有共通性。当我们以人类为实践活动主体来考察文化时，文化就会显示出共通性。生活在不同地理空间的民族、群体都有共同的、可以互通的文化内容，存在某些共同的基线和色调。我们可以从不同的民族文化中总结出人类共同的文化现象。例如，任何民族都要从事生产活动，都有自己的道德规范法律规范、宗教信仰、风俗习惯、价值追求和审美观念。

文化的共通性比较明显地表现在体育运动、艺术（如音乐、舞蹈）等方面。其中，体育运动的世界性越来越强，也越来越国际化。这一点在现代奥林匹克运动中得到了充分显示，如各民族愿意接受同一竞赛规则。音乐、舞蹈等艺术形式能克服不同民族之间的语言障碍，成为不同民族共同的精神财富。各民族在服装、饮食、日用品等方面，也能够相互沟通和理解。正是因为文化的共通性，跨文化交际才成为可能。

4. 稳定性与变化性

文化是一种历史现象，是在社会历史发展的长河中积淀而成的文化传统。文化形态是在社会经济结构中发展起来的，并受社会经济结构的制约。文化形态一经产生，便具有相对稳定性。

文化又是变化发展的。为了满足社会发展的需要，文化必须不断改变，以使社会的需求得到更好的满足。其中政治和经济对文化的发展变化具有决定性的作用，这种作用体现在文化自身的矛盾运动。也就是说，文化要通过对自身的扬弃使自身得到发展。导致文化变迁的因素有很多，如技术创新、人口变动、资源短缺、意外灾害等。在当代，文化移入也是文化变迁的一大因素。其中，物质文化变化最快，制度文化次之，习俗文化较为稳定，而观念文化变化最慢。可以说，五千年的中华文化发展史就是一部文化变迁史。

二、语言

语言是指人类创造的一种特有的、作为人类交际工具的音义结合的符号系统，是指同类生物之间出于沟通的需要制定的具有统一编码、解码标准的声音（图像）信号。在每个符号系统中，发音和意义的结合都是任意的，正是由于这种任意性，人们才能根据一定的规则对有限的音进行组合，从而表达和反映人类环境以及人类各种各样的经历和感情。

语言系统具有层级性，它由音位、语素、词或短语、句子及组合规则等层次组成。语言系统的这种层级性使语言具有无限灵活性，使语言能够通过不断改变和调整自身结构来适应外界交际环境的变化。相比而言，虽然动物的"语言"也能够表达动物的感情或在群体中传递信息，但是它属于一种刺激反应。就其表达功能和复杂性来说，动物的"语言"无法与人类的语言相比。语言能力是指在漫长的生物进化过程中，人类所获得的一种特殊的技能。生理学研究表明，人脑中有专司语言的神经区域。一般情况下，人们的语言神经区域在左脑半球，而左利手或其他特殊情况者（如幼年曾患脑神经障碍症）的语言区域可能在右脑半球。动物无法学会人类语言，就是因为动物不具备这种习得语言的生理基础。当然，人类习得语言，还与后天的语言环境有关。一个孩子出生后，如果长期与世隔绝，他就永远不可能掌握语言。这是因为每个人的语言习得都有一个关键的时间段，过了这个时间段，即使有一定的语言环境，也很难正常地掌握一门语言。事实上，有很多事例已经充分证明了这一点，众所周知的"狼孩"就是一个很好的例证。

地域、职业、性别、年龄、受教育程度和社会地位等诸多因素不同，人们所掌握的语言系统也不同。根据不同标准，语言可以被分为多种语言变体、地域变体、社会变体以及风格变体。根据语音、语法和词汇等方面特征的共同之处和语言的起源，可以把世界上的语言分成不同语系。每个语系都包含数量不等的语种，很多文化都与此有密切的关系。

语言是人们交流思想和传递感情的媒介，它对政治、经济、社会、科技以及文化都会产生影响。语言是不断发展的，语言现今的空间分布也是过去发展的必然结果。

三、文化与语言的关系

有社会学家曾经指出，文化是多种多样的，语言是极为丰富的。由于不同的文化和语言本身具有较大的差异，文化背景不同的人之间进行沟通交流的往往有一定的难度。一般来说，人们在跨文化交际中都会遇到一些难以想象的困难。就像美国语言学教授萨丕尔（Sapir）所说的，语言不能脱离文化而存在。柏默（Palmer）关于语言和文化之间的关系的说法更为精确："语言的历史以及文化的历史是相辅相成的，他们相互给予启发以及帮助。"由此可见，语言作为文化的一部分，对于文化的发展具有至关重要的作用。许多社会学家都指出，没有语言就没有文化，语言是文化发展的基础。与此同时，从另一个角度来看，语言也受到文化的影响。可以说，一个民族最显著的特征就是该民族所具备的语言，它不仅保存了民族的历史文化背景，还包括民族对于生活的看法以及独特的思维方式等。因此，要想学习语言就必须了解文化，要想了解文化就必须掌握语言。

（一）语言创造文化

语言在传承文化的同时也在不断创造文化。随着时代的发展，各民族的语言会越来越丰富，并创造大量新的民族文化。

以汉语为例，在华夏五千年的历史长河中，汉民族使用汉语创造了大量的语言艺术作品，如唐诗、宋词、元曲和明清小说等，丰富了汉语的文化内涵，并成为汉民族文化的重要组成部分。

（二）语言承载文化

世界上的每一种语言都必定承载着相应的民族文化。例如，汉语承载着汉民族的民族文化，韩语承载着朝鲜族的民族文化，日语承载着大和民族的文化，德语承载着日耳曼民族的文化。再如，汉字不仅是汉语的文字书写符号，更是中华民族丰富文化内涵的载体。以汉字中的偏旁部首为例，通过了解偏旁部首所承载的汉字文化，可以理解汉字发展的承接关系以及相应的文化知识。在汉字中，凡是由"月"字旁搭配组合的汉字，大多和人体有关，如"肚脐""肥胖""胳膊""腿脚""脑""肝""胸""肠""脖""肛"等。从汉字的偏旁部首中获取文化信息，可以加深对相关词汇的理解。

（三）语言组成文化

文化包括物质文化和精神文化两部分。语言是人类在进化发展过程中创造出的一种精神文化。语言能够表达人类的思维想法，丰富了人类的文明生活，是人类文化的重要组成部分。

（四）语言和文化都会随着人类社会的发展而发展

语言随着社会文化的产生而产生，随着社会文化的发展而发展。因此，从语言中可以发现社会文化的发展进步。

综上所述，一方面，语言是文化的一部分，脱离了文化，语言只是一个空壳；另一方面，语言是文化的载体，文化的传播必须借助语言。没有语言，文化就失去了记载、储存和流传的物质条件。由语言与文化的关系可知，语言的发达和丰富是文化发展的必要前提。因此，人们通常把语言视为反映民族特征的一面镜子。

第二节 交际与跨文化交际

跨文化交际的实质是交际活动，是具有不同文化背景的交际者之间进行的特别的交际活动。

一、交际

（一）交际概述

"交际"一词来源于拉丁语，意为"共享"或"共有"。也就是说，交际的前提就是"共享"或"共有"。这也是交际活动的最终目的。通过交际活动，人们可以共同分享各种知识技能。在交际活动中，具备相同文化背景的人能够很容易地进行良好的交流，而具备不同文化背景的人在交流中往往会遇到困难。

"交际"一词与"文化"一样，都是学术领域的专业术语。对于交际的定义，不同的学者有不同的观点。关世杰将交际定义为信息发送者与接收者之间进行信息共享的过程。贾玉新认为交际是传递符号的过程，是一个多变的动态编码过程。当交际者为语言或非语言符号赋予意义时，就产生了交际。在《跨文化交际学》一书中，贾玉新认为交际一词受制于诸多因素，并非以主观意识为主导，很多时候可能是无意识的行动，是人们运用符号创造共享意义的过程。虽然不同学者对于交际的定义有不同的观点，但是所有的观点都有一个共同点，即认为交际是利用符号传递信息并进行意义表达的过程。

随着交际学在美国的发展壮大，"交际"一词的概念及其相关学科被迅速传播到世界各地。本书所说的交际，主要是指英语中的"communication"，旨在通过不同语言、不同文化层面的比较，帮助人们相互了解，获得更多"共有"和"共享"的共同点，从而消除交流过程中的重重障碍。

（二）交际的特征

通过交际的定义可知，交际的过程由信息传递者、信息接收者以及传播媒介等诸多因素组成。

1. 交际是运用符号的过程

特定的符号能表达一定的含义，这是因为在一个特定的群体中，成员已经对符号的定义达成了共识。符号既可以是一个动作、一个眼神，也可以是一句话，可以说，符号是表达意义的有效单位。拥有同一文化背景的两个人，非常容易进行交流并表达自身的观点，因为他们对于同一符号所表达的意义有着极为相近或相似的理解；而具有不同文化背景的人对于同一符号可能有不同的理解，因此容易在交流中遇到困难。

2. 交际是传送和解释信息的过程

交际过程包括信息的传递者、信息的接收者以及信息等因素。其中，信息是指由一系列特定符号形成且能够表达一定意义的符号群。它可以是语言，也可以是文字。信息的传递是指将自身的情感、思想转换成他人能够理解的形式的过程。如果交流双方对于信息有不同的理解，就会影响交际活动，对交际活动造成较大的障碍，甚至导致交际活动无法继续进行。另外，信息传递者与信息接收者对于信息的传递和解读并非完全静态，而是在时刻变化，并且无法逆转。也就是说，在交际过程中，一旦信息被对方成功接收，就不可能重来；即便是在修改后再度进行信息传递，对于接收者而言，也是新的消息。

3. 交际是获取共享意义的过程

信息的含义会受到社会中诸多因素的影响，包括交际双方的文化背景、社会地位以及活动发生的地点等。要想使交际活动成功进行，信息传递者在进行信息传递时，就必须为自己想要表达的意义赋予特定的"符号串"，同时还要考虑到信息接收者所处的环境，以及接收信息的方式等。接收者通过接收"符号串"来获取信息，即使接收者接收的信息与信息传递者所要传递的意义有所区别，但是还是可以将其看作信息传递者与接收者所共享的意义。总而言之，交际活动就是信息传递者与信息接收者进行信息共享的过程。

（三）交际的模式

交际模式可以分为四种，分别是人际交流、组织交流、全体交流以及大众传播。下面主要介绍人际交流。

1948年，美国著名的政治学家拉斯韦尔（Lasswell）提出了信息交流的"5W"模式[①]。迄今为止，"5W"模式仍是人们进行交流活动的最为便捷的方法。但是，"5W"模式更多地关注交流的效果，没有考虑到信息传递者与信息接收者之间的交流反馈。1949年，香农（Shannon）提出了传播的"数学模式"，但是这一模式也没有摆脱缺乏反馈的特点。1966年，德弗勒（Defleur）在香农"数学模式"的基础上进行了进一步研究，表明了信源是如何获得反馈的。然而，德弗勒提出的模式更适用于大众传播。1954年，施拉姆（Schramm）在奥斯古德（Osgood）提出的理论的基础上，进一步完善了自己的"环形交际模式"。在这一模式中，交际的参与者不仅是信息的传递者，而且是信息的接收者。这是因为在交际不断循环的过程中，交际参与者不断变换着自身的角色。总体而言，"环形交际模式"更加注重交际的整体流程。关世杰认为，"环形交际模式"更具概括性，不仅仅是一个有利于分析人际交流模式的理论，而且有利于人们深入理解跨文化交际活动。

---

① "5W"模式表明信息交流是一个目的性行为过程，其目的是影响受众。"5W"分别是"Who"（谁）、"Says what"（说了什么）、"In which channel"（通过什么渠道）、"To whom"（向谁说）、"With what affect"（有什么效果）。

（四）交际和文化

交际行为是在文化的基础上不断演变而成的，它承载着文化传播的重要意义以及传承文化的重要使命。交际活动会受到文化的影响，在不同的文化背景下会形成不同的交际行为。这一点体现在，在不同文化背景下，同一事物表达的意义不尽相同。例如，中国传统文化中，龙是一种神圣的瑞兽。《说文解字》[①]对龙的描述为："龙，鳞虫之长。能幽，能明，能细，能巨，能短，能长；春分而登天，秋分而潜渊。"在中国民间传说中，龙与帝王之间的关系十分紧密，因为龙象征着国泰民安，是祥瑞的代表。中国人将龙视为崇高的形象，将其视为百兽之长，是人们尊崇的"四灵"之一。因为龙能够腾云驾雾，品性高端；能够施云布雨，是造福万物的神兽。每逢传统节日以及重要活动，人们都会组织赛龙舟、舞龙旗等大型活动，希望能得到龙的保佑，祈祷来年生活富足、风调雨顺。在中国古代，皇室的建筑也多以龙为标志，如北京天安门汉白玉华表柱上腾空而起的飞龙，故宫石阶上浮现的遨游巨龙以及北京北海公园和山西大同龙壁上神态各异的祥龙等。此外，炎黄子孙也都骄傲地称自己为"龙的传人"。由此可见，龙已经成为华夏民族重要的象征，是我国传统文化的重要象征。然而，在西方文化中，龙（dragon）是一种鳄鱼类的爬行生物，性格极其残暴，能够喷火吐烟。西方人认为它性情残暴，是邪恶的象征，故应将其消灭。在英语中，龙有"凶暴之徒""严厉的人"等诸多含义，并且在现在的英语流行语中，龙还可以引申为"打人的警察"。

每个人都是在一定的文化环境中进行交流学习的，因此会在有意或无意中受到文化的影响。可以说，我们思考问题、进行对话以及讨论知识时无不受到文化的影响。人类的文化是通过交际活动发展的，交际活动本身又是一种重要的文化特征。由此可见，文化与交际二者相辅相成，相互依存。

（五）交际能力

20世纪70年代，美国人类学家海姆斯（Hymes）在《论交际能力》（*On Communicative Competence*）中首先提出了交际能力的概念。海姆斯将交际

---

① 许慎所著的《说文解字》是中国第一部系统地分析汉字字形和考究字源的字书，也是世界上较早的字典之一，并首次对"六书"进行了详细的解释。

能力界定为对语言的使用能力，主要涵盖语法性、可行性、得体性、现实性四个方面的内容。海姆斯提出的交际能力理论的范畴要远远大于乔姆斯基（Chomsky）提出的语言能力的范畴。乔姆斯基并不关注语言在具体环境中的运用，只关注比语言抽象的语法。卡纳尔（Canale）和斯温（Swain）与海姆斯的观点一致，对交际能力进行了全面的概括，指出交际能力包含语言能力、社会语言能力、语篇能力和策略能力四部分。在卡纳尔之后，巴克曼（Bachman）也发表了对交际能力的独到见解，产生了较大的影响。他的研究将交际能力划分为语言、策略以及心理三个部分，其中语言方面又可细分为语用能力和组织能力两个部分。我国学者胡文仲认为交际能力可以分为语言能力和社会语言能力。束定芳、庄智象指出交际能力体现在交际的主体利用各种语言和非语言手段达到最终目的的能力上。综合上述学者的观点，本书认为交际能力是指在不同情境下得体地使用语言的能力，包含语言能力、社会语言能力、语篇能力和策略能力等多个方面。

二、跨文化交际

（一）跨文化交际的起源

郑和下西洋、迪亚士（Dias）到达好望角、哥伦布（Columbus）发现"新大陆"、麦加圣地的朝拜等活动都属于跨文化交际活动，这些活动也是跨文化交际活动的起源。

1492年8月，意大利航海家哥伦布离开了西班牙的巴罗斯港。在经历了两个多月的航海旅行之后，他发现了美洲巴哈马群岛的华特林岛，也就是"新大陆"。在返航之前，哥伦布在这块土地上留下了30多位水手，并带回了当地的一些印第安人。这也是最早的人种变迁。之后，西班牙人陆续将美洲的特产带回了欧洲，后将其传播到世界各地。这些跨文化交际活动不仅促进了世界资源的共享和交流，而且推动了世界文明的发展。

由此可见，世界上的任何一个国家或民族的发展都不是仅仅依靠自身就能实现的，而是需要不断地进行跨文化交流。

哈姆斯（Harms）表示，世界范围内的交际一共经历了五个阶段，分别是语言的诞生、文字的运用、印刷术的诞生、交通工具的发展以及通信手段的发展。他表示，世界近20年的交际活动是以跨文化交流为主的，这也是人类进行交流的最重要的环节。可以说，跨文化交际活动与语言的产生同样重要。

如今，交通工具发展迅速，通信手段发展迅猛，不同国家的人之间的交流十分便捷，越来越多的人也开始注重跨文化交际活动。互联网通过计算机系统，在一个虚拟的空间中，将世界各地的人们联系在了一起。在人类的发展史上，如此大规模的人口活动和频繁的人际交流是闻所未闻的。由此可见，人类社会逐渐步入信息化时代，互联网已经延伸到世界的各个角落。信息化突破了地域的界限，打破了时间、空间上的限制，使不同国家、不同地区的人可以通过网络进行信息交流、拓展业务。这一切都说明跨文化交际已经成为当今时代最为明显的特征。

许多人认为跨文化交际只是一个学术术语，普通人基本上不会触及跨文化交际。但实际上，每个人都在不知不觉中参与着跨文化交流活动，是跨文化交际活动的重要参与者。例如，欣赏外国的电视节目、电影作品以及阅读外国的文学作品等都属于跨文化交际活动。体会来自不同国度、具有不同文化背景、使用不同语言的作者和演员们在戏里、书里的人生，正确理解外国小说、电影和电视中的故事情节，是一个复杂的跨文化交际过程。

（二）跨文化交际研究

随着通信工具、交通工具的快速发展以及全球化进程的加快，跨文化交际活动变得越来越简洁且不受时间的束缚。在这种背景下，跨文化交际已经成为一门非常重要的学科。为了能够更好地进行跨文化交际，通常需要更多特殊的跨文化交际方式努力协调和融合跨文化交际中的具体活动。为此，相关领域的学者对跨文化交际进行了深入的研究。

1. 跨文化交际研究的发展

跨文化交际的研究是一个逐渐演变的过程，随着研究的深入和延伸，对于跨文化交际的研究从最初对"交际能力""交际文化"的研究，逐渐演变为对揭示文化差异的研究。随着全球化的发展，跨文化交际研究的广度和深度也在不断延伸中，对于文化共性的研究逐渐增多，使得跨文化交际开始寻求多元文化的融合，发现交际双方各自的文化优势和互补机制。这种现象有利于跨文化交际研究的进一步深入。

霍尔在《无声的语言》（*The Silent Language*）中指出，在跨文化交际中，由于交际者的文化背景不同，他们拥有的不同文化符号系统也不同，很容易在交际中产生误解。萨莫瓦尔（Samovar）、波特（Porter）和史蒂芬妮（Stefani）认为，跨文化交际是文化认识和符号系统不同的人之间的交际，而这些不同的文化认识和符号系统足以改变交际事件。这一观点也表明跨文化交际中的文化差异容易在交际中引起误解甚至形成障碍。

国内对于跨文化交际的研究始于20世纪80年代初期，主要集中在外语教学和语言对比这两大领域。许国璋在《现代外语》上发表的文章，标志着跨文化交际学在中国学术界诞生。何道宽在《四川外语学院学报》发表的《介绍一门新兴学科——跨文化的交际》一文，将跨文化交际学作为一门学科进行介绍，探讨了跨文化交际学科的基本内容、理论和研究成果。此后，我国出现了众多关于跨文化交际的研究成果，具有代表性的有：贾玉新的《跨文化交际》以及邓炎昌和刘润清的《语言与文化》。随着我国学者对跨文化交际的研究深入，我国关于跨文化交际的研究成果也日益丰富。

跨文化交际始于外语学界，其研究成果也深入外语教学的语言层面以及非语言层面。综合国内的各家研究，跨文化交际的研究内容主要集中在三个方面。一是文化维度理论的研究。文化维度理论的研究提出从四个维度区分不同的文化，分别是个人主义与集体主义、权力距离、不确定性规避与不确定性容忍、男性化与女性化。二是言语行为文化特性方面的研究，因为跨文化交际的一个重要课题就是言语行为的文化特征。三是非语言交际方面的研究，即除了语言之外的交际，如肢体语言、服饰装扮、目光接触等方面。从上述研究内容中可以发现，跨文化交际主要以研究差异为主，从而避免因差异产生的障碍。

对外汉语教学界对于跨文化交际的研究随着教学的发展也取得了很大的进步和较多研究成果，主要集中在语言中的跨文化现象以及跨文化交际能力等方面。胡明扬、王建勤相继发表了关于跨文化交际与汉语教学的文章。周小兵在《对外汉语教学中的跨文化交际》中，提出跨文化交际是一种极为复杂的现象，强调了对比法在第二语言教学中的作用，以及提高师生跨文化交际意识的重要性。此外，他还提出在教学中要正确对待中外文化的碰撞和交融。至此，跨文化交际研究的广度发生了变化，不再局限于差异研究。毕继万在《跨文交际与第二语言教学》中提到跨文化交际研究的目的是帮助跨文化交际参与者不断增强文化意识，自觉排除文化差异的干扰，做到相互理解和彼此适应，从而保证跨文化交际得以顺利进行。他明确指出第二语言教学的主要目标是培养学生的跨文化交际能力，同时也指出跨文化交际能力是由语言能力、非语言能力、语言规则和交际规则的转化能力以及跨文化适应能力等多种能力共同构成的综合能力。周健在《试论文化混融语境中的交际与汉语教学》一文中强调要正确对待中外文化的碰撞和交融，分析了跨文化交际中目的语文化与母语文化的混融现象及其产生原因，并介绍了针对这种现象可采取的有效对策。

上述专家的研究都反映出培养跨文化交际能力的重要性。事实上，要想具备较高的跨文化交际能力，不仅要培养处理文化差异的能力，如语言能力、沟通能力和适应能力等，还要培养自觉进行文化融合的能力，如多元文化接受能力和融合能力等。由于语言与文化密不可分，随着传播媒介的迅猛发展，世界各地区的联系会不断加强，不可避免地会出现文化冲突和文化融合的状况。与此同时，在文化全球化的汹涌浪潮下，文化差异的影响将逐渐减小，文化融合的现象将越来越明显。

2. 跨文化交际研究的目的

跨文化交际研究的主要目的有三点。

一是增强人们对于文化的理解和支持。文化具有一定的差异性，只有感知到与对方的差异，才能更加了解双方之间不可忽视的、重要的共同之处。同时，在感知的过程中，人们也能够加深对自身文化的理解，进而有效地掌握双方的文化特性。

二是培养人们在跨文化交际中对对方文化的适应能力。人们在首次与其他文化接触时，往往会受到较强的文化冲击，从而产生许多不适。因此缓解冲击，加强适应能力，是跨文化交际能够成功的重要途径，也是跨文化研究的重点内容。

三是研究并培养人们跨文化交际方面的技能。随着对外开放政策的进一步扩大，出国留学或在国内参与跨文化交际活动的人越来越多，人们对于学习并掌握与不同文化背景的人沟通的技能的需求十分强烈。在美国，除了大学设置了有关课程以外，社会上也有许多专门的机构开展了跨文化交际技能的培训以及研究。由此可见，跨文化交际研究的实践意义要远远大于它的理论意义。

3. 国内外跨文化交际能力研究

跨文化交际能力的概念源于美国，于20世纪80年代由胡文仲引入中国。目前国内外的学者们在理论概念、维度模型和评价量表等方面对于跨文化交际能力的研究取得了丰硕的成果。

（1）国外研究

国外学者早在20世纪70年代就开始了对跨文化交际能力的研究，主要研究方向如下。

①跨文化交际能力的维度构成研究

国外学者从心理学、传播学和教育学等角度对跨文化交际能力的构成进行了界定。鲁本（Ruben）认为其主要包含六个要素，即知识、态度、角色、移情、互动和尊重。今堀（Imahori）和兰尼根（Lanigan）指出跨文化交际能力的具体构成要素有知识（交际规则、语言学知识、普遍文化知识、个别文化知识）、动机（态度）和技巧（互动管理、尊重、移情），强调交际双方的互动。施皮茨贝格（Spitzberg）认为跨文化交际能力主要由个人系统、情节系统和关系系统构成，并且三大系统相互关联，层层递进。拜拉姆（Byram）认为跨文化交际能力不仅包括跨文化能力，而且包括语言能力、社会语言能力和语篇能力。其中，跨文化能力包括态度、知识、技能以及批判性文化意识四个维度。凡蒂尼（Fantini）认为跨文化交际能力主要由文化意识、知识、技能、态度和语言能力构成，即"A+ASK模型"[①]，并展示了它们之间的关系。怀斯曼（Wiseman）认为跨文化交际能力主要由技能、知识以及交流动机三部分组成，并进一步指出参与跨文化交际的一系列情感意图需要驱动力。金荣渊（Young Yun Kim）所提出的跨文化交际能力的框架包含情感能力（动机和态度倾向、感情和审美倾向）、行为能力（变通性）以及认知能力，三者相辅相成。

②跨文化交际能力模型研究

国外学者对于跨文化能力模型的研究可以分为五个方向，即成分模型、定向模型、发展模型、适应模型和因果路径模型。成分模型主要是对能力所包含的成分进行假设，类似于列清单，但是未明确各个成分之间的关系；定向模

---

① "A+Ask 模型"中的"A+Ask"是指"Awareness"（意识）、"Attitude"（态度）、"Skill"（技能）和"Knowledge"（知识）。

型主要呈现能力中各个成分之间的相互作用；发展模型主要根据跨文化交际的时间维度研究每一阶段能力的形成；适应模型主要阐述多种成分互相依存的状态；因果路径模型主要研究各个成分之间的关系以及形成能力。

③跨文化交际能力评价研究

国外对于跨文化交际能力评价的研究较为丰富。1979年，鲁本提出了人际交往的七个维度，并通过大量的测试评价验证了七个指标的准确性，包括移情、表达敬意、行为灵活性、知识取向、交际姿态、交际管理以及对于交际模糊的宽容度。科斯特（Koester）和奥莱贝（Olebe）以鲁本的研究为基础，进行了进一步的研究，制定了跨文化交际能力的行为评价量表。该评价体系指出，跨文化交际能力的主要构成要素有尊重他人、知识取向、移情、互动管理、任务角色行为、关系角色行为、模糊容忍度和互动态度等方面。

（2）国内研究

20世纪80年代，国内学者开始对跨文化交际能力进行研究，并掀起了一阵跨文化交际能力研究热潮。国内学者对于跨文化交际能力的研究主要围绕外语教育展开，主要研究方向有以下几个方面。

①跨文化交际能力构成研究

贾玉新对于跨文化交际能力的基本构成进行了研究，认为跨文化交际能力主要包含基本交际能力系统、情感和关系能力系统、情节能力系统以及交际策略系统。

文秋芳将跨文化交际能力分为两个方面，分别是交际能力与跨文化能力。前者包含语言能力、语用能力和变通能力三个部分，后者主要包含对文化差异的敏感度、对文化差异的容忍度以及处理文化差异的灵活性。

高一虹首次提出将跨文化能力拆分为"跨越"与"超越"两个方面。跨越是指目的文化知识和交际技能的获得，以及立场、情感、行为模式从本族文化到目的语文化的转移。超越是指能意识到文化的差异或定型的存在，但不为其束缚，能够以开放、灵活、有效的方式进行跨文化交流，在跨文化交际中构建自我认同。

严明从基于体裁的商务英语话语能力建构的角度出发，将跨文化能力分为跨文化思维能力、跨文化移情能力、跨文化适应能力以及跨文化交际策略四个维度。

刘丹对拜拉姆提出的跨文化交际能力模型进行了研究，认为其中包含的语言能力、社会语言能力以及语篇能力都体现出互文性的特征，因此将它们归为跨文本能力。此外，她认为原有的跨文化能力维度虽然体现了主体性，但是不够突出，因此她又在跨文化能力和跨文本能力的基础上提出了跨主体能力，从哲学的视角对跨文化交际能力进行了研究，还针对新的概念模式提出了相应的培养策略。

②跨文化交际能力模型研究

杨盈、庄恩平根据我国外语教学大纲以及国内外学者对跨文化交际能力进行的前期研究，提出了基于外语教学的跨文化交际能力框架，具体包括全球意识能力、知识能力、文化调适能力和交际实践能力，并对各个要素进行了详细的说明，最终提出了一套适用于外语教学的跨文化交际能力培养方法。

张卫东、杨莉采用实证与理论相结合的研究范式，构建了一套全新的跨文化交际能力体系，包含文化知识、文化意识和交际实践三个部分。

钟华、白谦慧、樊葳葳通过对比分析拜拉姆和文秋芳的跨文化交际能力模型，构建了中国大学生跨文化交际能力模型包括交际能力和跨文化能力两个部分。其中，交际能力涵盖语言能力、社会语言能力、语篇能力和策略能力；跨文化能力涵盖技能、知识、态度和意识等方面。

高永晨通过对目前国内外较有影响力的跨文化交际能力模型的评析，结合国内外思想家的理论成果，在借鉴拜拉姆和迪尔多夫（Deardorff）的跨文化交际能力模型的基础上，构建了中国大学生跨文化交际能力理论框架——"知行合一模式"。该模式共包含六个维度，即知识、意识、思辨、态度、技能和策略。

（三）跨文化交际的环境

1. 业务环境

在业务环境下，跨文化交际能力涉及许多外向的行为，如业务礼仪。业务礼仪关系到个人行为和人际行为准则。个人行为，如打招呼的方式、仪表、收送礼物等行为，都受到文化准则的支配。人际行为准则包括介绍方式、管理风格、谈判风格、决策方式和冲突解决措施等，受到当地文化的制约。

2. 国际外交环境

国际外交环境下的跨文化交际涉及不同国家，因此跨文化交际活动的参与者要严格遵守文化规范；否则，不仅会影响一个国家在国际中的评价，而且会影响国际政策的制定和执行。在国际外交环境下，跨文化交际活动的参与者应该特别注意自身行为，对其他参与跨文化交际的国家有充分的了解，遵守道德操守。

3. 援助工作环境

在援助工作环境下参与跨文化交际活动，需要高超的跨文化交际技巧，因为它涉及丰富的文化知识，需要参与者严格遵守道德操守。尤其在医疗援助方面，不同文化会从不同的角度理解疾病和灾害现象，从而产生不同的治疗方法，如物理疗法、化学疗法、自然疗法以及精神疗法。因此，在援助工作环境下参与跨文化交际活动需要尊重不同国家人们的文化信仰。

4. 第二语言教育环境

在第二语言教育环境下，跨文化交际表现在两个方面。第一个方面是师生参与跨文化交际的情境，教师需要了解学生文化背景的特点和差异。第二个方面是明确第二语言课程以增加学生目的语言的文化意识为目标，因为这意味着学生要接受跨文化交际能力的培养，并且教师必须精通跨文化交际。当学生的文化背景相同时，教师可能会遇到种族中心主义的挑战。这种现象可用王永阳提出的"第三空间"理论进行分析。学生想保持自己的文化身份，但是在第三空间中，第二语言教学课堂成为文化矛盾的场所，文化气氛时而为目的语文化，时而为学生的母语文化。因此，第二语言教师应该营造相对安全的教学环境，让第二语言学习者适应新的文化准则。

从某种意义上说，第二语言教师应具有业务经理、国际外交员和援助工作员的跨文化交际技巧，从而协调全球化浪潮中的课堂环境。除此之外，第二语言教师不仅要运用跨文化交际能力进行教学，而且要用目的语教授学生跨文化知识。

（四）跨文化交际学

现代通信技术的发展极大地促进了各国人民的交流，使人们对于外语学习

第一章 交际与跨文化交际概述

的重视程度有所提升,尤其是英语的地位得到了飞速提升,成为国际语言。另外,人们发现,只了解对方的语言并不能解决交际方面的所有问题,文化也是一个不可忽视的重要因素。文化背景不同的人,在交流的时候通常会遇到各种各样的问题,而专门研究这类矛盾与问题的学问就是跨文化交际学。

1. 跨文化交际学的产生

跨文化交际学作为一门新兴的学科,其发展历史较短,只有30多年的时间。但是,作为一种社会现象以及发展趋势,跨文化交际学和人类的发展历史一样悠久,同样可以追溯到原始部落时期。跨文化交际学的诞生一共有三个重要的标志。第一个标志是1959年,第一部关于跨文化交际学的作品问世,即霍尔所著的《无声的语言》;第二个标志是1970年国际传播协会正式创立了跨文化交际学分会;第三个重要的标志是1974年《国际与跨文化交际学年刊》创刊。由此可见,跨文化交际学的发展历程一直与其他学科息息相关,特别是人类学、语言学、社会学以及文化学等重要学科。这些学科的理论与研究成果也对跨文化交际学的研究产生了重要的影响。

跨文化交际学首先出现在美国有其特殊原因。首先,美国是依靠移民发展起来的国家,美国国内各种族、各民族都有自己独特的文化,他们在交流的过程中必然会因文化的不同而产生各种各样的问题。其次,美国与世界各国交往甚多,不同国家的人互相交流成为美国每时每刻都在发生的事。另外,美国每年会接纳大量的来自世界各国的留学生和移民,在这些日益广泛的交流中,文化差异问题越来越明显。于是,为了研究如何解决由文化差异造成的种种问题,跨文化交际学在有丰厚文化人类学研究基础的美国应运而生。

时至今日,跨文化交际学一直是美国学者的研究重点,其原因主要是美国的诸多学者认为以往的跨文化交际有两大重要失误。其一,美国对于他国文化的区分意识不够强,因此在遇到与自己的价值观或行为准则不一致的文化时会感到困惑,无法妥善处理交流中出现的文化冲突;其二,美国自有的文化中心使得美国人排斥异国文化,不能接受其他文化、价值观念或行为准则。随着社会的进步,美国在不断寻求更大的国际市场,而且每年有大量的留学生以及移民进入美国,使这个多民族融合的国家的文化背景更为复杂。为了使不同文化背景的人能够和平相处,美国必须不断对文化差异问题进行研究。

总而言之，跨文化交际学是为解决全球化背景下人际交往频繁产生的文化冲突的产物。在跨文化交际学形成初期，语言学、人类学、社会学及心理学等学科以各自的观点对跨文化交际学进行了分析并提出了避免"文化休克"的解决方案，促进了跨文化交际学理论基础的形成与完善。

2. 跨文化交际学的研究方法和研究内容

跨文化交际学具有多学科性质，对于该学科影响最大的就是与其关系最为密切的四个学科，即人类学、社会心理学、传播学以及社会语言学。不同学科的学者在研究跨文化交际活动时，所采用的角度不尽相同，研究方法也有所偏差。人类学研究者采用实地调查的方式搜集资料，对资料进行逐一分析，对不同文化模式进行细致的描述和解读，其观察较为细致；社会心理学家通常使用心理学的方式进行数据采集，从而对研究对象的文化心理以及价值取向做出合理的判断；传播学家往往从传播学的角度入手，深入研究文化差异对传播的影响；社会语言学家在整个跨文化交际学界的影响似乎不大，但海默斯关于交际能力的研究非常引人注目。

作为一门特殊的学科，跨文化交际学研究不仅要研究文化的本质和特点，还要研究文化与交际之间的关系，并把阻碍交际的文化因素作为研究重点。波特把影响交际的因素分为八个方面，分别是态度、社会组织、思维模式、角色规定、语言、空间的使用与组织、时间观念和非语言表达。后来，波特和萨莫瓦尔（Samovar）又将这八个方面合并为以下三点：

①观察事物的过程，包含观察事物的价值观念、态度、世界观以及社会组织等内容；

②语言过程，包含语言模式以及思维方式；

③非语言过程，包含非语言行为、空间的使用和时间观念等内容。

3. 我国的跨文化交际学理论研究

我国的跨文化交际学理论基础十分广泛，已逐步形成了一套较为完整的跨文化交际研究理论体系。总体来讲，我国的跨文化交际学理论研究主要集中在以下几个方面。

（1）跨文化语义研究

在跨文化交际活动中，当交际双方不能够彼此分享文化的含义时，就会发生语义的偏差，最终造成信息传递失败。魏春木在《跨文化交际中的语义位移研究》一书中，从不同的角度研究了跨文化交际中的语义难题。他指出，语义可以分为"语言的文化含义"以及"语言的自身含义"两方面，应采用"语义标记"的方式揭示跨文化交际中的信息偏差，找到语义位移的具体原因。邵志洪认为，词汇的理论依据及其语义的模糊性寓于文化之中，词义所负载的文化差异是造成语义模糊性的重要原因。

（2）跨文化语篇研究

作为中介语概念的延伸部分，跨文化语篇是指一个与母语话语和目的语话语都不相同的非本族语话语。屈延平在跨文化语篇分析中提出了中介语篇（interdiscourse）的概念，他认为中介语篇是学习者母语语用规则和语言文化认识模式负迁移的结果。胡壮麟在分析语篇中的语境时提出了文化语境（cultural context）的概念，他认为在某些情况下对语篇的真正理解有赖于最高层次的文化语境。这是因为文化语境不仅是反映语篇自身的结构和功能，更是掌握语篇发展的外部力量。

（3）跨文化语用研究

知识文化不会直接造成文化误解，而交际文化会造成信息传递的语用失误。跨文化交际研究与语用方面的研究密切相关。例如，邓炎昌、刘润清进行的英汉语言、文化对比中有许多涉及英汉语用的对比。何自然、张辉等学者也把语用研究置于跨文化交际研究的大背景之下。何自然论述了中国人用英语与英语本族语使用者进行交际时产生的"离格"英语及其产生的原因。他认为，要预防"离格"英语，除了提高英语水平外，还要特别注意学习"第二文化"。张辉认为有必要把文化这一概念分为交际文化和知识文化。这一划分对外语教学中的文化教学项目有着重要的现实意义。

（4）跨文化非语言交际研究

《体态语概说》是我国第一部研究跨文化非语言交际的著作。书中引用了许多例证，着重探讨了汉族和其他民族在体态语方面的异同。杨平对非语言交际行为的分类进行了综述，并就外语课堂中非语言交际技能的培养提出了建设性的意见。胡文仲在《跨文化交际学概论》第六章"非语言交际"中界定了非语言交际这一概念，探讨了非语言交际的特点与作用，并就非语言交际的文化因素进行了详细讨论。我国还出现了系统研究跨文化非语言交际的专著，如毕继万的《跨文化非语言交际》。

第三节 全球化背景下的跨文化交际

一、世界历史与全球化

全球化引起人们关注的时间并不长,但是全球化的发展源头可以追溯至15世纪末。最早揭示、论述这一现象及其实质的是马克思,他提出了世界历史理论。虽然马克思在其著作中并未提出全球化这一概念,但是他以"历史向世界历史的转变"表达了全球化的含义。马克思世界历史理论将全球化的过程分为两个时期:第一个时期,从15世纪末地理大发现到十月革命前,这是世界向资本主义世界历史转变的时期;第二个时期,十月革命胜利之后,由资本主义世界历史向共产主义世界历史转变的时期。当然,这两个时期还可以细分为几个阶段。

就历史向资本主义世界历史转变这一时期而言,它还可详细地划分为两个阶段:第一阶段,从地理大发现到工业革命完成。这是世界历史开创阶段,其主要特征为以蒸汽机的发明和运用为标志的大工业全面取代手工业;资本主义飞速发展并逐步推翻封建统治;人们的交往范围不断扩大,打破了过去世界各地的孤立状态。第二阶段,从第二次科技革命兴起到十月革命爆发之前。这是资本主义世界历史阶段,其主要特征为以电力的广泛应用为标志的第二次科技革命促使资本主义社会转变为垄断资本主义;资本主义强国重新瓜分全球势力使资本主义全球体系得到进一步调整;资本主义根本矛盾开始由国内扩展到世界,并且日渐激化;第一次世界大战后,帝国主义列强的实力有所削减,这为无产阶级争取革命胜利创造了宝贵的机会。

从资本主义世界历史向共产主义世界历史转变时期也可以细分为三个阶段:第一阶段,从十月革命爆发到第二次世界大战结束。这是转变的初始阶段,其主要特征是社会主义诞生,资本主义全球体系开始出现缺口;第一次世界大战之后全球格局重新洗牌,美国占据资本主义中心位置;资本主义内部矛盾进一步激化,全球开始爆发经济危机;德、意、日走上法西斯扩张道路,第二次世界大战爆发；无产阶级革命运动日益高涨，社会主义发展到多国。第二阶段，第二次世界大战后到东欧剧变。这是美苏争夺世界霸权形成两极格局的阶段，其主要特征为第三次科技革命兴起，空前发展的生产力使垄断资本主义进一步转变为国家垄断资本主义；资本主义全球体系彻底瓦解，整个世界形成了两个互相对立的阵营；资本主义阵营和社会主义阵营彼此限制、相互竞争，使不同民族之间的关系日益紧张；各种国际性组织开始发挥重要作用，人类正逐步联结成一个巨大的利益共同体；全球化负面影响日益严重。第三阶段，从20世纪90年代初至今。这是全球化进一步发展的阶段，其主要特征为信息技术的革新速度大大加快，资本主义社会转变为金融垄断资本主义；社会主义事业处于低谷，资本主义重新占据霸权地位并在世界范围内掀起了新一轮全球化浪潮；人类的交往活动范围得到空前拓展，整个世界成为"地球村"；世界呈现出"一超多强"模式，逐渐往多极化方向发展；"西方中心论"的观点开始解体，人们的全球化意识不断增强；各国开始就人类的共同利益达成初步共识，并进一步加强了彼此之间的合作。

从马克思世界历史理论的观点来看全球化，不难得出当代全球化是指第二次世界大战结束后的全球化的结论。与之前的全球化相比，当代全球化出现了新变化：第一，物质基础产生变化。电子技术的应用极大地促进了生产力的发展，各国的交往范围不断扩大，世界逐渐成为一个紧密联系的整体，形成了"地球村"。第二，世界体系结构产生变化。以往的全球化是资本主义独占天下，当代全球化中社会主义阵营曾一度与资本主义阵营分庭抗礼，即使在冷战结束后，资本主义也无法重新恢复过去的地位，世界格局日趋向多极化发展。第三，时代主题产生变化。以往全球化的主题是战争与革命，当今时代的主题则是和平与发展。第四，交往性质产生变化。在以往，资本主义通过海外扩张与殖民使落后国家被迫卷入全球化的大浪潮；在当代，每一个民族和国家都更加独立、主动地参与到全球化当中。第五，价值取向发生变化。在以往，"西方中心论"是占主导地位的观念，而在当代全球化过程中，人们则更为推崇平等对话、公平协商。

二、全球化概念的界定

关于"全球化"的概念，目前学术界还没有形成统一的观点。虽然人们试图从经济、政治、文化等多种角度来理解全球化，但是全球化至今仍然是一个模糊的概念。在词源学中，全球化是新名词，它并没有确切含义。但是，早在19世纪，全球化一词便已出现在西方国家的日常社会生活中。国内学者一般认为，全球化最早是由泰尔多尔·莱维（Teldor Levy）提出并界定的，他以全球化一词来描述经济贸易的重大变化，即资本、商品和技术等在全球范围内以及各个领域中的转移。根据国内学者高放的考证，全球化一词第一次出现于1944年，但是其他学者则对此持怀疑的态度。虽然全球化概念的准确提出时间仍有待考证，但是大部分学者都认为，全球化概念是对当时社会历史发展呈现的新现象的反映。两次世界大战使各国家、各民族的命运紧紧联系在一起，科技革命的兴起也进一步促使世界各国加强彼此之间的交流与沟通，这些正是全球化出现的时代背景。

德国社会学家贝克（Beck）详细考察了全球性、全球主义和全球化这三种概念，认为它们分别指称社会发展的客观现实、应对这种客观现实所采取的主观战略以及主观和客观共同作用的发展过程。他认为，全球性是指人们生活在一个紧密联系、没有地域限制的世界中。在这里，不同的国家在经济、政治、文化等方面进行交流，彼此融合，任何一个国家和民族都不能脱离这一整体。全球性并不排斥多元性；相反，它以接受差异为前提。全球主义则是以市场的扩张来代替政治活动，即消解了全球化的多样性，代之以单一的经济范畴。这其实是一种以市场统治为核心的资本主义意识形态，是单线式思维方式。全球主义意在消解经济和政治的差异，其本质是一种帝国主义，它会使各个民族和国家的主权在发展后期受跨国活动的削弱、主宰。全球化是第二次现代化，它使人们在经济、文化和科技等方面的日常行动突破了国界、地域的限制，是空间间隔的消亡。虽然贝克对全球化的阐述并不到位，但是他对全球性、全球主义以及全球化这三种概念的辨析，对于更好地把握全球化概念的实质是十分重要的。这是因为，他并未把全球化简单地看作经济领域上的全球化，而是将其看作一种全方位的全球化。

1999年，联合国人类发展报告对全球化做出了更为详细的描述。它指出，全球化很早就已经开始了，但它在今天表现出了不同于以往的新特点。如今，全球化拉近了各国、各民族的距离，及时并广泛地将人们的日常联系在一起。在国际上，货币流通与商品流通日趋频繁，不同国家的人们的依赖关系更强。

另外，全球化并不只是单纯地发生在经济领域，它还包括文化领域、技术领域以及政治领域等。在这里，全球化实际上包含了三层意思：第一，是指时间和空间距离的消失；第二，是指人们彼此之间互相依赖的密切关系；第三，是指一种全方位的过程。

从马克思世界历史理论出发，综合分析国内外学者的不同观点以及对全球化发展过程的研究，本书认为全球化就是历史向世界历史转变的过程，即在社会化大生产的基础上，不同民族、国家、社会和个人之间相互交往、彼此依赖、共同形成一个整体的历史发展过程。这一发展过程展现在不同领域，就是经济、政治以及文化全方位的全球化。

三、全球化的本质和特征

马克思世界历史理论认为，全球化并没有固定主体，而是随着人类社会的发展而变化，全球化的本质也是由其主体所拥有的特性来规定的。当代全球化具有以下几个基本特征。

（一）人类普遍利益和民族特殊利益冲突、协调的过程

一方面，在全球化发展的进程中，不同民族之间加强了交往，逐渐联结成一个统一的整体，全人类形成了彼此不可分割的共同利益；另一方面，部分民族为了自身的利益，往往会不择手段甚至破坏全人类的整体利益。因此，当代全球化实际上也是全球普遍利益和国家特殊利益不断发生冲突、不断协调的过程。

（二）人类普遍意识和民族特殊意识共同发展的过程

一方面，当代全球化促进了全人类整体利益的形成，这就要求将全人类作为整体进行思考，以世界范围的整体视角分析和解决人类面临的共同难题，极大地促进了人类普遍意识的觉醒。另一方面，当代全球化也是每个独特意识得到强化的过程。在当代全球化的发展进程中，资本主义强国常常凭借自身的优势地位，把自身的意识形态强加给欠发达国家，从而引起欠发达国家的抗争。这种抗争会进一步增强人们的民族意识。

（三）人的发展及异化不断增强的过程

在人和自然的关系层面，全球化使人的主体能动性得到了前所未有的展现，人类对于自然规律不再束手无策，而是积极主动地改造世界。全球化也带来了一系列问题，如全球变暖、生态危机等，极大地威胁到全人类的生存与发展。在人和社会的关系层面，人与人之间的依赖关系被完全打破，人们获得了极大的自由。另外，全球化进一步扩大了人与人之间的贫富差距，将人对人的依赖转变为人对物的依赖，使个体陷入全面的异化关系。对于人自身而言，自身的需求被不断地开发出来，从而形成了独立、丰富的个性。

四、推动跨文化交际的全球化因素

（一）技术革命

自1844年电报出现后，电话、电视和卫星技术迅猛发展，改变了人们的生活。近几十年来，互联网技术以锐不可当之势渗透到人们工作和生活的每个角落，改变了人们的生活方式，使人类的社会结构与沟通形态发生了颠覆性的改变。互联网不仅使大众传播和人际传播更为快捷、便利，也使个人与公共信息可以更迅速地传递到世界上的任何一个角落。

交通运输技术的发展，促使各种先进、快捷的现代交通工具不断出现，改变了人们的出行方式。人们可以在极短的时间内到达彼此的国度，领略不同文化的魅力。在这种背景下，人与人、文化与文化之间形成了全世界范围内共融的生活方式，逐渐代替了以地域来划分人群、文化的相对闭塞的生活方式，成为人们生活的常态。于是，人们开始计划到世界各地旅游，到海外寻求工作机会，到海外求学，选修有关他国文化的课程从而获得国际化的知识储备和能力；学者开始思考和研究不同文化背景下的沟通和交际手段。在接触和了解多元文化的过程中，越来越多的人意识到了跨文化交际的重要性。

（二）人口流动与移民

全球化进程增加了人们对其他国家和民族的了解，人们开始为了更舒适的居住环境、更好的学习或工作机会而移居他国。这种现象已演变成一股不可阻挡的潮流，发达国家外籍劳工激增就表明了来自不同国家或文化的人踏出国门寻求工作的需求。这种人口流动和移民潮使得当今世界形成了多民族结合的局面。因此，每个人都应该学习如何与其他文化的人沟通与相处，理解和尊重别国的文化。

（三）多元文化

人口的大幅度流动以及移民热潮的持续上升，促进了文化的多元化发展，不同文化、种族和语言共存的多元文化成为人类生活的常态。这种多元文化结构，迫使人们不得不更加重视因文化背景不同而带来的沟通障碍，以及可能发生的冲突等问题。

（四）国家概念的模糊

随着全球化浪潮的不断推进，国家与国家之间的抗衡已经不再完全取决于该国家自身力量的强弱。联合其他国家抢夺市场、资源，保护本国在国际市场中的地位，已经成为各国认同和惯用的方式。如今，许多国家都加入了区域联盟组织，不再在政治或经济上"单打独斗"。例如，亚太经济合作组织（Asia-Pacific Economic Cooperation，APEC）[1]、东南亚国家联盟（Association of Southeast Asian Nations，ASEAN）、欧洲经济共同体（European Economic Community，EEC）[2]、北美自由贸易区（North American Free Trade Area，NAFTA）、石油输出国组织[3]（Organization of the Petroleum Exporting Countries，OPEC）等区域性政治经济组织，使国家的概念逐渐模糊。国家概念的模糊化，需要人类加强对自身文化、种族、民族、宗教、国家的认同态度，并懂得如何在其中获得和发现自身的价值。

---

[1] 亚太经济合作组织是亚太地区重要的经济合作论坛，也是亚太地区最高级别的政府间经济合作机制，其官方顾问机构是环太平洋大学联盟。

[2] 人们常常将欧洲经济共同体和欧洲共同体混淆。欧洲经济共同体又称"欧洲共同市场"。

[3] 石油输出国组织是当今世界上最有影响力的能源合作组织，于20世纪60年代初形成。石油输出国组织是一个"永久的政府间组织"，旨在协调和统筹成员国之间的石油政策，从而保证石油拥有公平稳定的价格，为石油消费国提供有效、经济和充分的石油供应，为石油行业的投资者提供合理的回报。

五、全球化与跨文化交际

（一）全球化塑造的文化场域

布迪厄（Bourdieu）指出："场域可以被定义为在各种位置之间存在的客观关系的一个网络或一个构型。"布迪厄对场域的理解包括多个层面：一是场域是空间概念。这并非指地理空间，而是社会空间，因为现代社会是由多个相对独立的场域构成的社会关系网。二是场域是各种力量角逐斗争的场所。在这里，各种力量的博弈使场域充满活力。三是场域的主线是资本——权力。布迪厄认为每一个场域都有支配者和被支配者，而任何的支配都存在对抗，资本逻辑决定了对抗力量的不同和竞争的逻辑。资本又分为文化资本、经济资本和社会资本，在各种资本作用下形成的对抗力，表现为权力，形成权力关系。支配者的利益、目的和地位等都是由其掌握的权力得以实现的。

布迪厄对场域的理解，可以帮助我们理解全球化背景下文化场域的概念。全球化这一宏观背景由诸多场域构成，如文学场域、艺术场域、经济场域、政治场域和宗教场域等。这些场域相互联系又相互独立，构成了巨大的全球化时代的社会关系网。换言之，全球化时代的世界是由形形色色的小世界（场域）构成的。其中，文化场域，是指在全球化这一大背景下的文化关系及各种文化力量的博弈与斗争，而资本则是决定文化斗争胜负的关键要素。

1. 时空压缩

时空压缩是全球化的基本特征之一。瞬间传递的信息可以引起全球范围内人员、物资和服务等的跨越国界流动。哈维（Harvey）从时间和空间角度研究全球化时提出了"时空压缩"这一概念。他认为，与传统社会的时间与空间的表现形式相比，全球化引起了时间与空间上的高度变化，从而引起了人们在时间和空间上的体验和感受的改变，并影响着政治、文化、经济等各个方面。客观的时间与空间上的革新是非常迅猛的，表现出不确定性、瞬间性和多元性等诸多特征，使人们有时不得不选择激进的方式来改变自己表征世界的方式。进入信息化时代后，信息系统和网络技术消除了人们的空间界限，也缩小了人们彼此之间的空间时空距离；同时，交通工具的不断改善，使时间与空间发生急剧变动，信息同步传播，使得"秀才不出门，全知天下事"，地球变成了"地球村"。古人需要花大量时间才能完成的实践活动，现代人在先进技术的帮助下不费吹灰之力就可以完成，时间节奏不断加快。

就文化领域而言，一切文化都有时空特征。时间使文化具有时代性和历史继承性，空间使文化呈现出多样性、地域性和比较性等特征。时间与空间被压缩为一体，不断推动时空转向，形成了一个新的文化场域。其呈现出的重要特征是前现代的（农耕文化）、现代的（工业文化）和后现代的（信息文化）文化并存，多元文化交汇与重叠，人们在政治、文化结构、价值观念、生活方式及人生态度等方面都正在发生或者已经发生了深刻变化，在相同时间的不同空间范围内表现出极大的差异性，衡量事物发展的标准也呈现出多样化的特点，如有人用过去衡量今天，有人用今天看待过去，造成人们出现前所未有的焦虑、恐惧和纠结。全球化背景下信息技术带来的"时空压缩"，既丰富了世界文化发展的资源，为促进世界文化的多元化和多样性发展提供了现实条件，也激化了世界各民族之间的文化矛盾与冲突，为各国文化发展及文化安全带来了前所未有的压迫和挑战。

2. 网络信息化

21世纪实现了工业社会向网络信息社会的重大转折，以电子计算机、人造地球卫星、电视电话等为核心的信息技术，构成了一个强大的网络传播系统，把全球联结成了一个紧密的信息整体。当今社会，网络信息化代替了传统的印刷品载体，使大量的知识、信息突破了时空限制，及时、准确、迅速地传递到了世界各个角落，使世界信息的共享程度大大加深。信息社会的到来，让人们只需借助互联网，就能够迅速知晓世界上每一个角落发生的事情。可以说，信息网络把全世界紧紧地捆绑在一起。

网络信息化强调不同社会之间的接触，使人们意识到本民族文化与其他民族文化之间的差距和优势，做到取长补短，协调发展，使世界文化交流变得越来越频繁。信息化拓宽了文化的视野，促进了各民族对世界文明的借鉴和吸收，也为不同文化之间的交流与合作搭建了广阔的平台。可以说，网络信息化改变了文化原本的发展趋势和性质，使文化之间的融合在全球化的背景下得到了更进一步的强化。当然，信息技术的发展也使不同文化之间形成了新的冲突与矛盾，构成了各国文化安全的潜在威胁。拥有信息资源优势的西方国家在文化领域掌握着主导权，因此西方国家充分利用了网络带来的一切便利宣传西方价值观、生活方式和意识形态，并试图"说服"其他国家放弃原有的文化理念，接受西方文化价值观和意识形态，与西方保持整齐划一的步伐，试图维护其现有的世界文化霸权地位。这种做法增加了引发不同文化之间冲突的不确定因素。

3. 文化经济兴起

全球化发展至今，文化的地位不断提升，全球化的表现形式不再是经济方面的单兵突进，而是经济、文化交织共进的整体现象。在这样的背景下，文化深深融入经济，使生产力借助文化的力量不断发展。詹姆逊（Jameson）把这种文化与经济的相互交融及一体化看成是后现代时期的重要特征，其具体表现为文化经济化和经济文化化。文化经济化是指市场被不断引入文化发展过程，文化生产和文化管理中不断加入经济成分，使得文化产业和文化服务具有强大的经济功能和市场效益，文化功能逐渐成为主导经济发展的重要力量，文化的经济功能不断彰显。经济文化化是指现代经济发展中知识、科技、信息等要素扮演着越来越重要的角色，具有举足轻重的作用，经济发展越来越依赖于文化。

文化经济化和经济文化化的双向驱动衍生出一种新的经济形态和经济发展模式——文化经济。这是21世纪以来，人类迈向知识经济时代，文化的高科技含量、影响力和渗透力不断加强，文化软实力和经济硬实力高度融合的结果。其本质是把文化当作提高劳动生产率和实现经济增长的动力。文化之所以能够与经济高度融合并产生新的经济形态，是因为文化本身就包含这种经济功能，即建立于文化基础之上的文化产业通过市场交换与消费环节将文化产品和文化服务转化成物质财富；而且文化对经济有导向作用，能为经济发展提供精神动力，不断优化经济环境，使经济发展更依赖于文化的支持。可见，文化与经济的多层次、多形式、多角度和多环节的高度融合，使文化成为经济发展中的主导力量，成为国际上综合国力竞争的重要因素。因此，越来越多的国家把经济发展的重心转移到文化发展上，通过文化发展为经济发展提供不竭的动力。由此可见，文化经济正在改变当今世界国际形势发展的总格局。

（二）全球化对文化关系的影响

全球化虽然首先发生在物质层面，但是它并没有止步于此，而是很快地蔓延到了其他领域，给政治、经济、文化带来了极大的影响。作为矛盾统一体的全球化对各民族之间的文化交往产生的影响是我们分析西方文化渗透文化场域时需要探讨的重点之一。全球化时代的文化，在融合和互异的共同作用下，以各种方式，在全球范围内流动；同时，强势国家借助先进的信息技术和大众传媒实行的文化霸权给弱势国家造成了很大的压力。

1. 使文化的传播得到了强化

有越来越多学者提出，全球的历史就是世界不同民族之间互动的历史，就是不同民族、国家、地区、社会之间跨文化互动的历史。这个互动过程离不开文化的传播。随着科技和人类社会的不断进步，文化传播也在不断强化，具体体现在以下两个方面：

一方面，全球化扩大了文化传播的范围和规模。在信息化时代，同一信息可以在短时间内扩散到世界各地，使文化的渗透力和影响力超越了以往任何一个时期；尤其是经过信息处理的大众文化，改变了原有的文化形态，按照某种规格批量复制，并借助大众传媒，渗透在全球的各个角落。另一方面，全球化加剧了文化传播的不平衡性，这种不平衡性使信息输出方占据主导地位。因此，这种传播更多的是一种强势社会有意文化输出。弱势社会被迫接受的单向流动。这种单向流动的文化传播使文化失去了完整性、想象力和创造力。总而言之，文化的传播促进了文化交流及各国人民之间的进一步了解，也加剧了强势文化在全球的扩张，成为各国政府维护本国利益、实现本国国际战略的重要手段。

2. 使文化的融合加快了速度

全球化、信息化在文化领域体现为文化的融合与趋同，而高新科技和网络信息则为这种高度的文化融合提供了条件。在这种背景下，过去不同国家、民族、地区及阶层之间相对封闭的活动模式被打破，暴露于开放的信息社会中的弱势国家和弱势民族很快地意识到自身的不足与处境，纷纷选择对外开放，加强国际交流与合作，力求取长补短，协调发展，抓住全球化发展带来的机遇。可以说，全球化的历史进程为世界各民族文化的交流、创新和对话提供了一个新的平台,改变了文化原本的发展趋势,强化了世界文化的融合。

一方面,全球化使文化性质从封闭走向开放。民族文化由于其封闭的形成条件和相对独立的空间,具有一定稳定性,形成了封闭的文化性质和发展方向。而全球化时代为文化的开放创造了条件,使文化突破了原有的文化禁锢,从区域的、民族的文化逐步变为全球的、世界的文化,以更开放、包容和进取的心态活跃于世界文化大舞台中,不仅丰富和提升了自身文化,还进一步加速了文化的融合。历史也清楚地表明,善于吸收其他民族优秀文明成果的民族文化,其发展必然是迅速的,其文化影响力也会迅速增强。

另一方面,全球化打破了文化特权,使文化权利从垄断走向相对平等。文化权利是指创造、接受和享有文化的资格和支配能力。在过去,上层社会群体的文化水平要高于下层社会群体,社会地位越低,文化水平越低,距离社会管理和文化创造越远。因此,过去普通大众的文化参与度极低,被排除在文化艺术领域之外,从而产生了对文化特权的崇拜心理。然而,大众传媒及通信媒体的迅速发展,破除了文化垄断,为人们提供了参与文化生活、行使文化权利的平台,使人们可以通过微信、电子邮件或微博等媒介平台获取自己需要的信息,发表言论,为文化交流提供了良好的条件。

(三)全球化对跨文化交际的影响

全球化使跨文化交际的研究思维空间不断扩展,传统文化不断受到冲击,促使越来越多的人不得不重新审视不同文化之间的交流与融合。在全球化的趋势形成之前,由于文化背景与科学技术等方面的局限,跨文化交际研究受到了一定的限制。但是,随着全球化的发展,越来越多的人能够正确地对待跨文化交际。随着科学技术的日新月异,全球化的进程不断加快,缩小了世界各地之间交流的距离,为跨文化交际研究提供了许多高效快捷的方式。

全球化体现了人类文化动态发展的旺盛活力。文化是一个不断发展的动态过程,从诞生、发展,到衰退、再生,不断循环往复,不断地接受异质文化,同异质文化互相融合、互相渗透、互相补充,突破本民族的地域与文化模式的局限,超越国界,在人类的取舍与批判中获得认同,从而走向世界,不断地将本民族的文化资源转化成人类共有、共享的资源。民族独特的精神资源在逐渐成为人类共同的精神产品的过程中,其局限性与片面性也在日益减少。最终,人类在一些世界性问题上逐渐达成共识，形成共同的社会与文化价值观，倡导科学的生活方式，变革过去的生活方式。因此，全球化的发展有利于不断拓宽跨文化交际研究的思维领域，帮助人们从全球化的角度审视多元文化的交流，并以此来探索文化建构；有利于促进不同文化的相互融合与渗透，确保跨文化交际研究的真实性、可靠性与客观性，使各民族文化之间拥有平等交流的机会与资格；有利于将文化研究与人类实践研究相结合，以此来推进跨文化交际研究的发展，发现其背后的本质和规律。

第四节　汉语国际教育中的跨文化交际

汉语国际教育是指在世界范围内针对非汉语母语者开展的汉语教学，其教育目的是培养具有良好跨文化交际能力的高层次、应用型、复合型专业人才，以适应中国文化的国际推广。汉语言教学与跨文化交际息息相关，认识到文化差异的重要性，解决汉语国际教育中的文化冲突问题，决定着汉语国际教育的成败。

一、汉语国际教育概述

汉语国际教育由对外汉语、中国语言文化和中国学等内容共同构成。汉语国际教育的参与者往往国别不同、文化背景不同，且汉语国际教育活动的开展离不开文化的基本依托。因此，汉语国际教育不仅是语言教学，更是一种跨文化交际。汉语国际教育界已达成了全球共识，即汉语国际教育必须导入和贴近文化教学。

语言与文化息息相关，沃尔夫假说（Sapir-Whorf hypothesis）对于语言和文化的观点清晰明了，即语言反映了文化，文化反映了语言。语言是一个复杂而独立的概念体系，界定了我们的生活经验，建构了我们的文化；不同语言系统建构了不同的、可能存在文化休克、文化不适应和交际障碍的文化。文化反过来赋予了语言新的意义，并用语言将其表述出来。可以说，语言记录并传递着文化。因此，在汉语国际教学中，认识并了解不同的文化是必不可少的。

二、语言的文化差异

正如阿伦斯伯格（Arensberg）和尼霍夫（Niehoff）所说的："没有什么比语言能更清楚地区分一种文化和另一种文化。"在交际中，和拥有同一文化背景的人交流，用语言表述自己经历的过程相较于和拥有不同文化的人交流更容易，原因在于拥有同一文化背景的人对于同一词赋予了相同的意义。语言最能反映不同民族、国家之间的文化差异。汉语与英语的文化差异在词汇、词义和语境等方面有着明显的体现。

（一）词汇上的文化差异

词汇上的文化差异主要表现在两个方面。

首先，很多汉语词汇是汉语文化所特有的。例如，"道""儒学""八卦""禅宗""阴阳""大锅饭""脱贫"和"广场舞"等。若不了解这些词汇的历史背景和文化渊源，就难以真正理解其内涵和意义。尤其是汉语中的四字成语，如"狐假虎威""三足鼎立""三顾茅庐""七步成诗"，都出现于特定的历史时代，很难再在其他语言中找到对应词，导致非汉语母语者无法了解其历史背景和文化典故，无法真正理解其中的含义。

其次，词的对应范围不同。某些英文词在汉语中有多种对应的意义，如"brother-in-law"在汉语中分别与内兄、内弟、大伯、小叔、姐夫、妹夫等相对应。

（二）词义上的文化差异

在中国传统文化中，白色代表不吉利，红色代表喜庆，故有"红白喜事"之分，即结婚用红色，丧礼用白色；在西方文化中，白色代表纯洁、高贵，故婚礼通常使用白色。随着语言的发展，除了本身的意义，词汇还有了更多的时代意义。这对于不了解相关时代意义的人来说，很难理解其中的含义。例如，"某人"指一特定的人，知道名字但不说出来或者不知道的、不确定或不特指的人；如今，"某人"也可以指关系亲密的人，如丈夫、妻子或男朋友、女朋友等。同时，在不同文化中，同一词的褒贬也有差异，如前文提到的"龙"。

（三）语境上的文化差异

高低语境之间的差异是造成迷惑和误解的主要来源。语境对非汉语母语的汉语学习得者至关重要，语境可以帮助学习者克服语言的局限性，完整地理解语言的内涵意义。霍尔依据文化与语境之间的联系，把世界文化抽象地分为高语境型到低语境型的文化连续流（cultural continuum）。高语境文化（HC）是指倾向于传递高语境信息的文化，它通过外部环境或内化于人们心中的价值观和规范等表达大部分意义，而用语言明确传达的仅仅是一小部分信息。低语境文化（LC）正好相反，它倾向于把大部分信息编入明晰的语言，然后将信息直接地表达出来。美国、德国、瑞士和北欧等国家的文化基本都属于低语境文化区域，中国、日本和韩国等国家基本属于典型的高语境文化区域。因此有学者提出，笼统地看，西方文化基本属于低语境文化，东方文化大体上可以进入高语境文化之列；东西文化差异和高低语境文化差异密切地联系在一起。高低语境文化的差异导致了来自不同文化的汉语者在处理语言学习问题时具有不同思维模式和学习方式。高语境文化成员的生活中存在较多模棱两可的情况，而低语境文化成员不喜欢做自己不理解和不确认的事。汉语国际教育的对象来自五湖四海，具有不同的语境文化和国别，因此在汉语国际教育中，注重语境教学具有不可忽视的重要性。汉语讲究"只可意会不可言传"，这对于来自低语境文化的学习者来说，与其自身的低语境文化思维模式产生了文化冲突出现了文化不适应的现象。例如，中国人宴请客人时，主客对答之中的潜台词就有别于西方文化中的坦率和直白。因此，如何解决文化冲突和文化不适应，以达到预期的教学效果是汉语国际教育的目标之一。

三、汉语国际教育中的中介语和中间文化

（一）中介语和中间文化对汉语国际教育的影响

汉语国际教育的最终目的是培养具有交际能力和跨文化传播能力的高层次、应用型、复合型的专门人才。在此过程中，如何解决汉语教学和教学实践中的文化冲突和矛盾是实现汉语国际教育最终目的所必须解决的问题。汉语国际教育是第二语言教学活动，由于汉语学习者是在具有母语和母文化认知的情

况下学习汉语的，其汉语学习不可避免地会受到母语的影响。就像德国的英语教学法教授布兹坎姆（Butzkamm）所形容的："母语不是一件外衣，学习者在踏入外语教室之前可以将其脱下，弃之门外。"母语对于二语习得具有不可忽视的迁移影响。由于受到本族语和其他文化的影响，学习者不能完全习得目的语，而是会进入一个中间状态（intermediate states）。塞林（Selinker）用中介语（Interlanguage）来指代这种中间状态。

（二）本族语的正迁移现象

本族语的迁移对二语习得具有正迁移和负迁移两种影响。当学习者的母语结构或规则用于第二语言，并且这种用法是正确的时，就发生了正迁移，如图1-1与图1-2所示的句法结构。

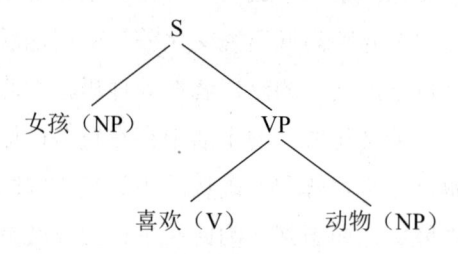

```
              S
             / \
        女孩(NP) VP
                / \
            喜欢(V) 动物(NP)
```

图1-1 "女孩喜欢动物"的树形图

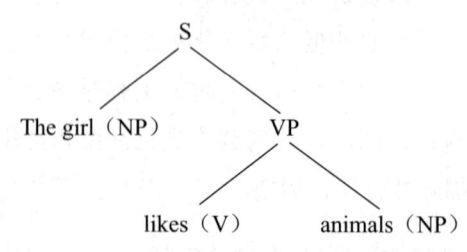

```
              S
             / \
      The girl(NP) VP
                   / \
              likes(V) animals(NP)
```

图1-2 "The girl likes animals"的树形图

以上两幅树形图清楚地显示了汉英两种语言陈述句的横向和纵向结构。通过对比，我们可以发现，汉英两种语言的陈述句都由主语和谓语两部分构成，基本语序都为"主语＋谓语＋宾语"。这就是语言的正迁移，对于母语为英语的汉语学习者而言大有裨益。

（三）本族语的负迁移现象

本族语迁移时也会出现负迁移现象。例如，对于"I will go to school tomorrow"这句话，母语为英语的学习者在将其转换成汉语会出现"我去学校明天"的错误。对于汉语初学者来说，出现上述错误是相当常见的。出现这种错误与汉英两种语言的结构差异有关。英汉两种语言在时间状语的位置上有较大差异。在英语中，时间状语处在句首或句末；在汉语中，时间状语一般位于句首或者谓语动词前。因此，在汉语国际教育中，教师要时刻关注语言迁移现象，将可能发生负迁移的地方要作为教学重点讲授给学生，并加以反复练习，使语言和文化紧密联系在一起。在形成中介语的过程中，中间文化也随之产生。中间文化产生的过程是一个动态的调整、适应的过程。当学习者遇到与自己原有的文化认知不同的部分时，思想就会产生矛盾，甚至对于学习汉语产生抵触情绪。只有经过进一步的学习和适应，慢慢知晓、掌握和应用中国文化，最终才能在母文化和中国文化之间找到一个中间状态，即中间文化状态，也叫第三空间文化。在汉语国际教育过程中，对外汉语教师应该提高对文化差异和文化距离的重视。这是因为，文化差异和文化距离的大小直接影响着中间文化状态的形成，进而影响中介语的形成，即影响二语习得者的学习效果。

四、文化距离对汉语国际教育的影响

文化距离是指不同民族、国家之间以语言为主要特征的文化差异程度，主要包括语言方面的差异、生活习惯的差异和价值观的差异。文化距离越小，学习者学习汉语就越容易。

从地理位置的角度来看，文化距离和地理距离有关。因此，可以将文化大致分为东方文化和西方文化。研究显示，文化距离越小，学习者越容易理解所学语言的文化，越容易学习第二语言。霍夫斯泰德将文化划分为四个维度，分别是权利距离、个人主义和集体主义、不确定性规避、男性主义和女性主义。这四个维度有各自的特点，从不同的方面左右着不同国家的人的价值观和行为。在汉语国际教育中，对外汉语教师可以根据各个维度的特点因材施教，以达到更好的教学效果。

（一）权力距离对汉语国际教育的影响

离中国较近的国家，如韩国、日本和东南亚国家与欧美国家相比，与中国文化的差异较小。霍夫斯泰德认为，地理纬度是判断权利距离的最具预测力的因素。处于纬度较高、远离赤道的寒冷地区的文化往往会有较低的权利距离指数，而热带或亚热带地域的文化常常会有较高的权利距离指数。权利距离直接规范着人们的行为。生活在权利距离较低文化中的人往往行为独立，彼此平等相待，强调权利的合法性，老人们不会得到特殊关照。生活在权利距离指数较高文化中的人更多地依赖他人，以不同的态度对待上下级，强调权力的必要性，老人们受到更多的尊敬。因此，在汉语国际教育课堂教学中，对外汉语教师会看到这种情况：上课时，有学生戴着耳机摇头晃脑不听讲，这是因为来自权利距离指数较低文化的学生认为学习是自己的事情，和教师没有关系，并且教师和学生是平等的，教师没有权利要求学生做学生不想做的事。在汉语国际教育课堂中，面对不同文化背景的学生时，教师一方面要树立作为教师的责任感，让学生意识到学习不仅仅是他们自己的事情；另一方面，教师要提高平等意识，缩小与学生的心理距离。

（二）不确定性规避对汉语国际教育的影响

不确定性规避受历史和宗教的影响较大。西方国家的不确定性规避指数往往偏低，而中国以及汉文化圈的其他国家的不确定性规避指数大多偏高。在不确定规避指数较低的社会中，成员较为宽容，不排外，赞同个人的独立和自治，乐于接受世界的变化，勇于迎接生活的挑战；在不确定性规避指数较高的社会中，成员不易接受偏差，对个人的力量缺乏信心。因此，在汉语国际教育中，教师可以设置不同难度的学习活动激发不确定性规避指数较低的学生的挑战热情；对不确定性规避指数较高的学生进行鼓励，并及时地给予反馈，以帮助学习者肯定自己的学习能力和结果。

（三）集体主义和个体主义对汉语国际教育的影响

集体主义和个体主义直接影响到人们对教育、宗教和政治等社会机制的意义与功能的理解。典型的个体主义文化国家的成员更重视人的自助力、自治力和自我价值的实现；典型的集体主义文化国家的成员则更重视集体忠诚、团队利益和相互之间的义务。因此，在汉语国际教育中，教师可以适当地针对来自不同文化的学习者设置个人任务型学习或小组讨论任务型学习，以调动学习者的学习义务感和责任感。

（四）男性主义和女性主义对汉语国际教育的影响

近年来，在女权主义的作用下，男性和女性的地位日趋平等，并呈现出全球化态势。但是，从总体来看，无论是传统社会还是现代社会，都或多或少地存在这样的倾向：男人负责维持家庭生计，女人负责照顾家庭和孩子。在男性主义指数值较高的国家，男性获得了更多的关注，权力欲望较强；而在男性主义指数值较低的国家，人们不注重社会中的性别差异，给予男女较为平等的机会和待遇。因此，在汉语国际教育中，教师应提高平等对待男女学生的意识，减少课堂中无意识的性别歧视，以实现较为公平的课堂教学环境，提高汉语学习者的学习积极性。

五、汉语国际教育的内容选择原则

汉语国际教育针对的是母语非汉语的学习者，选择合适的教学内容有利于教学活动的开展和中华文化的传播，而选择不恰当的教学内容不仅会阻碍教学的进行，还会造成学习者对中国及中华文化产生误解，影响中国的国际形象。

（一）代表性原则

中华民族具有五千年的灿烂文化，其文化博大精深、源远流长，非寥寥数字可以概括。在文化教学中，对外汉语教师应选择最具代表性的文化。中华文化分为传统文化、社会主义文化以及流行文化。在这三种文化中，传统文化是内涵，社会主义文化是基石，流行文化是表象。汉语国际教育是为了使中华文化走向世界，因此中华文化代表了中国在国际上的形象。传统文化以儒家学说为基础，而儒家宣扬的"仁"更是很多国家共同推举的价值观。因此，将传统文化作为汉语国际教育的代表性文化更利于中华文化"走出去"。

（二）普遍性原则

教育毕竟是通识教育，是非职业性和非专业性的教育，目的在于培养健全的公民。因此,汉语国际教育的教学内容应该涵盖社会的各个方面。就汉语国际教育而言,只有语言教学是不够的,还应该包括非语言教学和文化教学,如体态、衣、食、住、行、风俗习惯和文学等各方面的教学。

(三)针对性原则

普遍性教育原则是为了培养健全的公民,这对于培养专业技能人才而言还远远不够。这就需要选择具有针对性的教学内容。例如,对于针灸专业而言,教学内容需要细化到中医文化和医用汉语,以及针灸方面的专业术语。因此,对于不同的汉语学习者来说,汉语国际教育需要有针对性地细化到不同的专业领域,开展如医用汉语、商务汉语等专门用语的教学。

第二章　影响跨文化交际的因素

人作为社会生活的主体，需要不断加深对自身和他人在文化方面的认识。只有人们清晰地认识到自己、他人、群体、民族的文化身份，才能够"知彼知己"，与具有不同文化背景的人更好地交际。同时，近年来人类对人体生物方面的认识不断深入，以及生命科学的有关理论和实践内容（如克隆人的相关技术有可能会延长人的寿命）的迅速发展，为人们加深对人类自身和相关文化的认识提供了更好的条件。

需要注意的是，只有在与他人进行交际时保持自尊自信又不妄自菲薄，同时提高自己的审美水平和认知水平，避免出现"夜郎自大"、是非不分、没有辨别标准的情况，才能在跨文化交际中有更好的表现。

本章将以交际环境属性为依据，对影响跨文化交际的各种因素进行分析，主要包括环境因素、心理因素和语言文化因素。

第一节　影响跨文化交际的环境因素

通常情况下，环境对跨文化交际具有很大的影响。可以说，环境对于跨文化交际的影响应排在首位。

1936年，莱文（Levin）曾用B=f（P，E）来表示交际行为及其影响因素。在他看来，交际行为（B）就是在人（P）和环境（E）这两个要素的相互作用下产生的，因此他将交际行为的形成因素限定在人和环境两个方面，并认为环境是人们交际行为的核心影响因素。

同时，莱文对环境因素做了进一步分析。他提出环境可以被划分为两个不同的方面，即物理方面的环境与心理方面的环境。

另外，结合实际情况来看，影响交际的环境因素往往包含三个方面的内容，即自然环境因素、社会环境因素和人物个性因素。

将这两个角度的划分结合，环境因素对跨文化交际的影响主要包括以下几点。

（1）物理环境因素

物理环境因素主要是指自然方面的因素，如地理环境（地质及地貌）、气候环境（热带、温带或寒带等）、房屋建筑风格（庭院类开放式或小型别墅类封闭式的房屋）、是否有美丽的风景等。

（2）社会环境因素

社会环境因素包括不同角色的人之间的关系，以及不同身份的人之间的交际联系等。

（3）心理环境因素

心理环境因素主要是指对相关的物理环境和社会环境观察和认识的情况。

一、物理环境

环境作为"文化的调节器"，是调节文化的重要手段。

在对物理环境进行分析的时候，首先应注意这里所说的"物理"并非是理科类学科，而是文科意义上的物理环境，即气候、地理等，更偏向于地理学科。

（一）地理环境

通常认为，地理环境就是地面上人们所能看到的景物、面貌等，如高山、河流和平原等。实际上地理环境还包括一些较为深层次的内容，如山川的高度、平原的面积以及河流的覆盖程度等，这些都会给人们带来一定的影响。

在地理环境的表层内容和深层次内容的共同作用下，地理环境通常会对人类活动、人类心理以及社会行为等多方面造成影响，进而影响到人们的社会交往。

1. 中国

中华文明发源于黄河流域，位于北半球亚洲东部大陆架，属于内陆区域、大陆性季风气候，土地肥沃，四季分明。农业种植是人们解决生存问题的最主要的方式，其经济形态是农耕经济，依附于土地，无须频繁迁徙。因此，中国早期的家庭、家族、族群、社会和国家都是围绕农业文明形成的。可以说，农耕文化是中华文明的典型特征，农业生产的单一性，逐渐形成了天、地、人合一的自然主义世界观和内向、和平、人治的社会伦理和人文传统。

2. 西方国家

西方文明的主要源头在古希腊和古罗马。位于欧洲大陆东南部的希腊半岛与位于欧洲大陆南部的意大利半岛都属于半岛国家，多崎岖山地，河流短小，土坡贫瘠，不适宜农业耕种；海岸线曲折绵长，濒临地中海、黑海；北经陆路与欧洲内陆连接，南经地中海与北非相望，西经直布罗陀海峡连接大西洋，东经苏伊士运河连接印度洋。这种独特的地域特征使人们不能依靠有限的土地，只能利用海洋优势发展工商业和航海业解决生存问题。因此，西方国家自然而然地形成了典型的海洋文化特征。

（二）气候环境

气候环境包括气温、湿度等内容，是人类生存的物理环境。它在人们的生活中形成了很大的自然背景，具有一定的"烘托作用"，也会对人们的交际行为产生比较微妙的影响。人们把气候按照气温、湿度等方面的标准大致划分为寒带气候、温带气候和热带气候等不同种类。在不同气候环境的影响下，人们形成了不同的生活习性。

1. 居住在不同气候环境下的人们面貌不同

居住在不同气候环境下的人常常会呈现出不一样的面貌，如生活在温带气候中的人比生活在寒带气候中的人更加温和，而生活在热带气候中的人比生活在温带气候中的人更加热情。

2. 季节变化引起的社会现象

季节或气候的变化与人的社会行为之间的关系非常密切。人的身体在不同的季节会有不同的感觉，精神状态、工作热情也会发生变化，因此人们在不同季节或气候下的工作效率不尽相同。

(三) 房屋建筑的风格

首先，一座城市建筑的物理结构和内部的设计都会受到所处的文化环境的影响，并反过来影响着人们的生活方式、性格及交往方式。

其次，建筑形状、材料和朝向也反映出不同的文化环境特征，而文化环境特征会像文化取向那样影响人们的行为。传统的西方建筑长期以石头为主体、而传统的东方建筑则一直以木头进行构架。不同的建筑材料表达了不同的思想，流露出不同的情感，体现了中西方物质文化、哲学理念的差异。从形状上看，西方的石制建筑一般为纵向发展，充满了神秘的宗教主义情感；而中国古代的木制建筑以斗拱为主，构造出多种多样、形状各异的飞檐，呈现出不同的艺术效果，反映了儒家文化的思想。从朝向上说，中国的建筑大多坐北朝南，宫殿庙宇都朝向正南，表现出了礼与仁的统一以及威严和等级的结合；传统的西方教堂一般朝向耶路撒冷所在的方向，表现出了虔诚的宗教思想。需要注意的是，美国没有明显的方向偏好。

(四) 房间的布置

中西方在房间布局上也有所不同。美国家庭的房间设计具有多样化的特点，且充分利用了房间的四周，使每个人就有隐私空间，即使是父母也无权擅自进入子女的房间。这反映了欧美个人主义价值观，也反映了一种与权力分散、人人平等相对应的平权主义。古代中国的房间通常"一屋多能"，房间和房间的分隔也不严密，有时仅用门帘相隔；此外，现代的房屋也以房间中心为使用焦点。这既能反映出其乐融融的自然和谐气氛，又利于发展和谐的人际关系，体现出与权威主义相对应的中心主义。

(五) 交际空间

在以"家"为核心社会关系的中国文化中，人们习惯使用围墙、篱笆等围栏设施来保护群体或家庭的领域或利益。在中国文化中，没有围墙就称不上家、院、国。美国人习惯使用空间来维护家宅或群体的领域，用大小不等的空间调节群体、家宅或某一单位的隐私。在美国，你很难发现不同家宅之间的界限，但界限存在于美国人心中，并且十分明显。美国人对此十分敏感，他们绝不越雷池一步，不经允许也绝不会进入别人的领地。这一点对于拥有其他类型的隐私观的人来说是难以理解的。

二、社会环境

这里所说的社会环境是指人们的角色关系和人际关系。

（一）角色关系

1. 角色概念

（1）社会角色的概念

社会角色这一概念是人们把与戏剧有关的一系列术语引入社会学后形成的。当置身于不同文化环境中时，就应该按照其社会期望和社会规范扮演应该扮演的角色，并通过这个角色进行交际。

（2）社会角色的划分定位

我们在企业中为企业工作时，对于企业而言，我们扮演着员工的角色；对于企业中的其他人而言，我们扮演着同事的角色。回到家后，对于父母而言，我们扮演着子女的角色；对于子女而言，我们扮演着父母的角色。如果是在学校，我们扮演的角色可能是教师、学生；如果是在医院，我们扮演的角色可能是医生或患者；如果是旅途中，我们扮演的角色可能是司机或旅客。

在人际交往中，我们的社会角色会按照我们的社会属性进行迅速的划分定位。只有在这些划分定位的基础上，我们才能够被社会规则所接受，才能决定需要关注的内容与做的事。

如果不按角色所要求的标准做事，那么就无法形成合理的生活规律和生活观念，也会对整个社会的稳定造成一定的影响；而且在这样的情况下，个体往往会与社会格格不入，最终在一定程度上被社会所限制，甚至可能被社会淘汰。

（3）社会角色的不同标准

我们该如何对自己的角色以及角色行为标准进行规范呢？我们做到什么程度，社会才会认同我们的所作所为呢？下面将列出几个参考标准：

①是否对自己应当扮演的角色有准确的定位；

②对角色定位之后，是否具有一定的角色标准；

③在准确定位角色，具有一定的角色标准的情况下，能否满足角色各方面的要求。

（4）社会角色的规范功能

社会角色具有规范人们社会交往行为的作用，不仅对社会上各个成员的所作所为的规范性有一定的要求，还对不满足要求的社会角色有一定的惩罚措施。其目的是要让所有社会角色都达到相应的社会标准。

（5）不同社会角色的文化差异

目前，中西方的政治交往越来越密切，不同国家的人有更多的机会进行面对面的交往活动。在这种情况下，不同文化背景下的不同社会角色之间的交往常常会体现出一定的差异性。

下面将从"主客关系"的角度对不同社会角色的文化差异进行分析，主要涉及两方面的内容。

①中国文化的好客之道对他人造成的困扰

客人这一角色在中西方文化中的意义是不一样的，因此不同国家的人对客人表现出来的行为也是不一样的。中国式的客气、谨慎和敏感往往会使其他国家文化的人觉得非常不自在，进而产生一系列不必要的困扰。

因此，我们在与其他国家的人进行跨文化交际时，需要提前对对方国家的文化进行了解，并尽最大努力，积极调整自己的行为，使自己适应对方的文化。例如，中国人在吃饭时往往喜欢热闹，而且喜欢在吃饭时交流，但西方人则不习惯这种热闹的氛围。

②西方人的坦率给他人造成的不理解

某个中国人在参加西方朋友的宴会时穿了十分正式的西装，准备了很隆重的生日礼物，希望给朋友惊喜，并且打算在朋友家享受生日餐。但是，当他到了宴会现场，他发现别人都穿了休闲装，而且生日礼物被当面打开，也没有正式的生日大餐。这让他显得格格不入。经过了解之后，他才懂得了西方人的坦率、简单等方面的文化。

2. 角色关系

（1）角色关系的社会类型

在交际中，社会角色往往有上下级交际和平等交际等类型。例如，在生活中，较为正式的交际形式能够表现出交际双方的不同地位，而非正式的或较为随意的交往往往是朋友或其他比较亲近的人之间的交往。

因此，在与他人进行交流之前，要对自己和他人的关系以及双方的地位有所了解，并在此基础上按照一定的规则进行交流。这样不仅显得有分寸，而且能够使自身避免不必要的麻烦，减少他人的误解。

（2）角色关系的文化差异

角色关系的文化差异包括人际交往中的不同称呼体现出来的文化差异。

在我国，人与人之间的交往常常十分注重称呼。如果对方有一定的社会地位（如对方是教师），人们往往会使用尊称而不是直呼其名。这是有礼貌的一种体现。

西方人在交际时则认为人与人之间没有称呼方面的上下级礼仪，学生常常会直呼教师的名字，这种交际行为将本来不平等的社会关系转化为平等关系，是平等观念的体现。

（二）人际关系

1. 中西方社会人际关系格局及其差异

（1）传统中国社会人际关系格局

我国传统社会人际关系格局一直沿用至今，其原因主要有以下几点。

①社会结构

社会人际关系的形成离不开社会结构。对于我国来讲，宗法血缘关系网络是社会结构形成的核心和基础，无论是朝代变迁，还是时代更迭，这种宗法血缘关系网络都不会发生根本性的变化。因此，尽管我国的宗法社会结构早已解体，但是宗法制意识一直留在人们的心中，渗透在人际关系网络中。

②伦理纲常

伦理纲常的不变性也是我国人际关系格局不变的一个重要原因。

（2）西方社会人际关系格局

西方社会的人际关系格局形成于古希腊时期，经过几千年的发展，才形成了现代西方人所遵守的人际关系格局。其具体发展历史如下。

①较早摆脱血缘关系纽带

从历史文化以及人类社会的发展来看，西方国家被海洋包围，各种原因造成的对外联系的阻断和内部矛盾不断上升，使西方国家以商业活动为起点，以武力征服为手段，以获得更加广阔的发展空间为目的，对新大陆进行不断的探索和迁徙。这造成了他们的血缘纽带无法维持长期的稳定，因此以财产关系，即资本关系为基础的交际纽带逐渐形成。另外，民主政治家克里斯提尼（Clisthenesis）推动了旨在打破雅典社会结构残存的血缘姓族结构的政治改革，这也为新的人际关系格局的形成带来了非常重要的影响。新的社会结构关系直接宣布废除世袭世禄的种族血缘纽带制度，让人民选举国家公职人员，等级制度逐渐被取消。这使得平等意识逐渐萌生并发展，并形成了新的人际关系格局——民主政治。

②西方国家法律中的平等观

1776年美国颁布的《独立宣言》体现了资产阶级自由平等的民主原则，强调人们生而平等，万物自由，上天赋予了人们生存的权利，同时也赋予了人们追求自由、追求幸福的权利。而政府就是为了保障这些权利而设置的。

1791年，法国通过的《人权宣言》[①]极大地促进了资本主义的发展，并且指出人民生来平等，并且只能平等。所有人都具备自由的权利，任何人都不能对他人进行束缚，也不能对他人进行压迫。

这些历史著名事件巩固了西方社会崇尚平等的人际关系。

（3）中西方社会人际关系格局的差异对比

在古代中国，民一定要"顺"是指人民要顺从为官者的指示，服从管理。在一个家族中，族人必须臣服于家族的族长。家长文化也是如此，一家之中，家长有着绝对的权力，主宰着家庭中的一切，所有家庭成员都必须顺从于家长。

在这样的社会教育制度下，很多人都缺少独立自主的意识，没有敢于闯荡的勇气，缺少创新的意识，独立性不强。而美国的教育理念则认为从小就要培养孩子独立自主的意识。

中国的一位知名的幼儿教育者有过这样的经历：她随一个教育工作代表团访美，参观了位于加利福尼亚州的一所幼儿园，并且在参观的时候旁听了一节课。在课堂中，一位女教师指导一群五六岁的美国儿童在伟大人物的感染下自创图画，自著书文，并鼓励他们将来也可以与这些大人物一样做一些伟

---

① 《人权宣言》（即《人权和公民权宣言》，于1789年8月26日颁布）是在法国大革命时期颁布的纲领性文件，宣告了人权、法治、自由、分权、平等和保护私有财产等基本原则。

的事，从而培养孩子们的创造力和自信心。在这种教育方式下，大部分美国儿童都能够勇敢说出自己的想法，从而形成独立自主的人格，敢于对不公说"不"，敢于表现自身的优势。他们的父母也非常支持他们的想法，对于孩子自信、个性、竞争力以及独立人格的培养都十分重视，因为这些被认为是美国孩子从小就应当培养的基本素质，并且人们也将这些视作孩子能在美国生活的基本要求。

人们的身份不同，地位也会有所不同。其中，身份是指角色自身在社会中所处的位置，通常代表着个人所拥有的权利和义务。一个人的地位不仅指其在社会中的地位，还指其在家族中的地位。具体来说，这种地位主要通过人与人之间的沟通、交流等行为表现出来。

在我国，人们往往在做事之前会反复思考应不应该去做，而参考依据就是自身所处的社会地位。如果不按照自身的身份行事，那么很容易会做出越界的行为。如果所做的事情不符合自身的身份，或不去做符合身份的事情，就会造成一系列的问题。

在西方社会，人们重点表达的是个人的人格独立，这一点可以从人与人之间的相互尊重中体现出来。但丁（Dante）的名言"走自己的路，让别人说去吧"虽然是关于解放个人天性的理论，但是从中也能够看出，他所表达的是西方社会所崇尚的人性自由理论。西方文化中对于人性独立自主的解读有一个重要的论点，即人与人之间的相互尊重。这也是我们所要了解的西方文化的重要组成部分。相互尊重是指在两人交流的时候，避免侵犯对方的个人隐私。这一点也恰恰是西方社会不提倡相互帮助的主要原因。在西方人看来，没有缘由地帮助他人是对于他人的不敬，是不尊重他人人格的表现。

2. 人际关系取向的文化类型和比较分析

一般情况下，对人际关系取向的分类和对其他不同事物的分类相似，选择的角度不同，产生的分类结果也不同。在这种情况下，结合跨文化交流的相关理论知识，本书认同中西方学者将人际关系划分为工具型、情感型和混合型的分类方式。

（1）工具型

一般来说，工具型人际关系是人与人之间为了达到某一目的或者是为了获得某种利益而建立起来的较为短暂、容易分崩离析的人际关系。工具型人际关系取向往往只是临时性的手段，不具有长期性。

（2）情感型人际关系取向

情感型人际关系是一种建立在相互信任、相互了解的基础上的关系。一般来说，只有亲朋好友才会形成这样的关系。这种关系是最持久的、最稳固的人际关系，但是由于这样的关系影响颇大，如果双方之间产生矛盾就会造成情感方面的重大危机。

（3）混合型人际关系取向

混合型人际关系取向是结合了情感型人际关系取向和工具型人际关系的一种复合的人际关系。符合这种情感关系的人通常彼此相识，但是交往并不深入。

这种关系包含的人群数量十分庞大，如一同工作并且合得来的同事、一起学习的同学以及隔壁的邻居等都属于混合型人际关系取向。这部分人群在人际关系网络中虽不占主要地位，但是不可或缺。这样的关系能否长久地维持下去，通常由人与人之间的情感交流能否持续决定。在此基础上，作者对中西方社会的人际关系取向分别进行了分析。

（1）中国社会的人际关系取向

一般来说，在中国社会，人际交往更偏向于情感型人际关系以及混合型人际关系。

①中国社会较为注重人情，正所谓"礼尚往来""礼多人不怪"，在人际交往方面，对于人情的把握极为重要。可以说，情感型人际关系是中国人最看重的人际关系取向。人们常常认为只要满足了情感，生活就可以变得有意义。

②混合型人际关系对于中国人来说，是生活、发展的基本条件，是人际关系方面的上层内容和要求。

（2）西方社会的人际关系取向

一般来说，西方社会的人际关系常常表现为工具型人际关系，人们在人际交往中往往很少顾及人情、面子，而是公事公办、不讲情面。

①在交易时，这种关系常体现为以公平交易为准则，按法则办事，即使对方是亲朋好友，也要做到"人"和"事"两清，即把人情和事情分得清清楚楚。

②在公务处理上，这种关系体现为不受感情驾驭，以客观法则为准，对事

不对人，公私分明。

在长篇小说《喜福会》①中丽娜和她的丈夫哈罗德在生活中一直平摊各种费用，也就是"AA制"②。这在大多数中国人看来，太过斤斤计较的生活是不能继续下去的；而在丽娜和她的丈夫哈德罗眼中，这种"斤斤计较"的方式却很正常，"唯有如此，我们才能排除一切错觉，一切捆绑感情的束缚，从而达到相互间真正的平等尊重"。虽然小说具有虚构性，但是其所反映出来的中美文化差异是生活中真实存在的。不同文化对人际关系取向的选择，往往会让人们的一些行为习惯产生完全不同的结果，因此才会有中美双方待人处事方面完全不同的态度和策略。

在这样的环境下，文化背景不同且人际关系取向不同的人在交流时一定会遇到一定的困难。例如，中国人会觉得西方人不够坦诚，而西方人又觉得中国人意气用事，不够理智。

三、心理环境

（一）隐私

经济全球化的飞速发展使得中西方之间的政治、经济、文化交流变得越发频繁，但由于中西方在隐私文化方面具有差异性，因此在交际过程中难免会产生一些误会。

1. 中西方隐私文化之间的差异性

（1）基于礼貌的隐私文化之间的差异性

从礼貌的角度分析，中西方的隐私文化之间具有明显的差异性，这一点体现在多个方面。一些在中国被视作礼貌的表现在西方却往往被认为是侵犯他人的隐私。例如，中国人见面寒暄时往往会就双方的婚姻情况进行讨论。这在中

---

① 《喜福会》是美国华裔女作家谭恩美所著的长篇小说。"喜福会"是移民美国的母亲们为打麻将而取的聚会名。作者通过描写四对母女间的代沟和隔阂冲突，反映了华裔母族文化和异质文化相遇而产生的碰撞与兼容以及人们在两种文化在碰撞中对自我文化身份的艰难求索。

② "AA制"指各人平均分担所需费用，通常用于饮食聚会及旅游等共同消费、共同结账费用的场合，可以避免个人或者部分人请客的情况，做到消费均分。"AA"是"Algebraic Average"的缩写，意思是"代数平均"。

国是一种非常普遍的现象,并且被大多数中国人认为是关心的表现。而在西方国家,人们的婚姻情况等信息通常被视为隐私。由此可见,西方国家往往对个人的隐私权益更为重视,而这与中国的隐私文化之间有着较大的差异性。

(2) 基于公司的隐私文化之间的差异性

在人与人之间寒暄的过程中,中国人通常会询问他人的工作以及工资情况。然而在西方国家,就算是夫妻或者是父母子女之间也不会询问对方的工资情况。这主要是因为西方国家往往将工资情况视为一个人的隐私,这也是西方人在社会上独立的重要体现。西方国家将工资情况视作隐私的最主要原因是工资情况能够体现个人能力的强弱,且西方国家往往有着较强的贫富观念;此外,将工资情况视为隐私同时也是对自身、家庭财产进行保护的一种体现。然而,即使西方人将工资情况视为一种隐私,但是这并不代表西方人完全不会谈论工资情况。例如,同类型工作的人往往会通过对比工资来判断自己在工作中是否被公平对待。

(3) 基于空间的隐私文化之间的差异性

受历史文化因素的影响,中国人在日常的工作与生活中通常不介意与他人共享空间。但是,对于西方国家而言,空间也是一种隐私文化。西方人往往具备非常强烈的私人空间意识,对他们而言,私人空间不能受到侵犯。这也是西方人在日常的工作与生活中会通过多种方式将自己私人的空间与其他区域相分离的主要原因之一。在西方国家,如果办公室的门呈打开的状态才代表办公室的主人会欢迎你的到来,当然在进入办公室之前也需要通过敲门来表示自己的尊敬。

(4) 基于年龄的隐私文化之间的差异性

在中西方的隐私文化中,年龄问题是一个非常明显的差异性表现。中国人在交谈中常常会涉及"芳龄""贵庚"等问题,并且在中国的传统思想文化观念中,年龄越大表示人生阅历越丰富,知识涵养越高。而在西方,询问一个人的年龄却是侵犯隐私的行为。这主要是因为,西方社会的竞争非常激烈,对于西方人而言,年龄大往往意味着丧失了在社会中的竞争力以及自身的魅力。此外,受独立意识和自尊心的影响,西方人往往都具有"不服老"的心理。

2. 中西方隐私差异历史原因分析

从根本上说，中西方隐私观的差异是由在不同文化影响下形成的不同价值观取向造成的。在历史发展进程中，不同的国家和社会产生了不同的文化并代代相传。这些不同的文化体现在社会生活的方方面面，影响着人们的思维模式和价值观。例如，西方文化造就了以个人主义为核心的价值观，即以个人为本位的人生哲学。其主要内容是相信个人价值，高度重视个人自由，强调个人的自我支配、自我控制和自我发展。在此基础上，西方形成了高度重视个体隐私的隐私观。而在中国传统文化影响下形成的价值观以集体主义为核心，即以群体为本位，重视家族观念，强调国家、群体至上的原则。因此，中国形成了轻个体隐私，重集体隐私的隐私观。

（1）西方个人主义价值观及其文化渊源

个人主义是西方国家价值观的核心，被定义为提倡个人行动自由与信仰自由的理论，包括自主动机、自主抉择、自力更生、尊重他人、个性自由和尊重隐私等层面。西方个人主义价值观以个人为中心，个体的行为完全从自身的内在情感和动机出发，反对对个性的扼杀以及对个人权利的侵犯。英语中的"我"（I）永远大写就是个人主义在语言方面的具体体现；英语姓名中代表个人的名字位于姓氏之前也表现出西方人思想观念中的个人中心地位。一切与个人主义相关联的观念，如"自由""平等""独立"等均在西方人心中占据着至高无上的地位。西方人喜欢在平等的基础上与他人建立关系，即使是父母与子女之间也是如此。因此，在西方国家父母尊重子女的隐私，而子女也可以直呼父母的名字。

西方文化源于古希腊文明。追根溯源，《荷马史诗》（*Homer's Epic Poems*）中为个人荣誉而战的英雄就是西方个人主义价值取向的萌芽。在古希腊时期，个人主义以及个人权利、价值和自由观念与强大的集体主义相比虽然还非常孱弱，但是已经初露端倪。虽然古希腊哲学家柏拉图（Plato）在《理想国》（*The Republic*）中将集体主义的价值推向极致，否定个人利益存在的价值和意义。但是，通过柏拉图的《法律篇》（*Laws*）可以发现，他在晚年向现实生活中的个人主义做出了妥协。古希腊思想家亚里士多德对个人本性、家庭和社会经济政治制度的认识在一定程度上承认了个人权利、价值和人格平等。他认为："人人都爱自己，而且爱出于天赋""每个人是自己的最好朋友，并且应该最爱自己"。这种认识成为个人主义价值的源头。在私人生活领域，古希腊人认为要理解、尊重和宽容个人自主做出的选择和行为。斯多葛学派（Stoicism）对自然法理论的系统阐述深深地影响了西方对人自身的认识，使得西方人抛开现实差别，从抽象的角度出发去认识自身，引申出人内在的精神自由和平等的理念，从而突破了古希腊因种族、地位、身份等不同而产生的不平等观念的桎梏，为西方个人主义的自由平等观念奠定了基础。西方近代自然权利学说和社会契约论思想认为人们的自由和天生的权利来自自然权威，而不是君主的恩赐；国家权力来自个人权利的让渡。这标志着西方对个人权利认识的重大突破。总而言之，西方个人主义价值观的产生和发展是随着西方对人的本质的认识而不断丰富并深化的，是西方文化核心价值理念不断积淀和传承的结果。

（2）中国集体主义价值观及其文化渊源

集体主义是中国价值观的核心，被定义为一切从集体出发，把集体利益放在个人利益之上的思想，强调个人对集体的义务和责任，强调集体利益至上。因此，西方人眼中的"大我"在中国人眼中则是"小我"。在中国，集体的最小单位是家庭。在家庭内，"孝"为道德规范，强调对于家族的依附和服从。因此，中国人具有浓厚的亲情与家族观念。在个体与国家的关系上，中国集体主义价值观表现为国家利益至上；在必要时，个人需要压抑自我，甚至牺牲自我；个体行为要尽量符合道德规范和社会要求，同时要意识到他人的存在，顾及他人的需要和愿望。中国人个人的荣辱和成败与集体紧密地联系在一起，"光宗耀祖，显赫门楣""先天下之忧而忧，后天下之乐而乐"等，都是这一观念的体现。

中国文化建立在儒家思想之上。西汉文化的"罢黜百家，独尊儒术"确立了儒家在中国文化中的核心地位。孔子创立的儒家学说，其目的是维护国家安定、群体和谐，主张建立一种以群体主义为主要特征的社会；强调集体利益高于个人利益，个人只有克制自己，服从群体，以国家的需要为需要，才能与世俗融洽相处。董仲舒提出"大一统"的主张后，更是把这种群体意识提升到了一个新高度。

（二）时间观念

1. 不同的时间意识

农业生产无法摆脱气候的影响，"靠天吃饭""天公不作美""寒往则暑来，暑往则寒来""日中则昃，月盈则食"都说明了农耕与气候之间的关系。古代中国人结合土地耕种和气候变化的关系，对时间进行了天文学层次的研究和总结。"天干""地支""农历""二十四节气"和日晷等的发现与发明，都是基于农耕文化对时间进行的阐述，其影响延续至今。[①]

这种农耕文化，使人们逐渐形成了循环时间观，如图2-1所示。

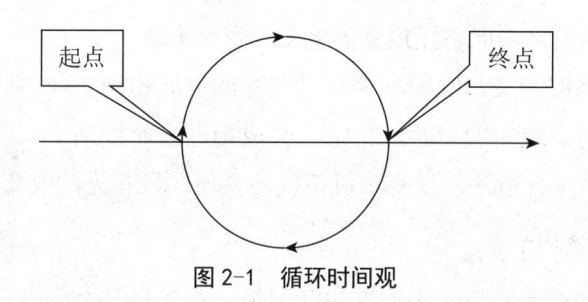

图 2-1 循环时间观

图2-1中带有箭头的直线，代表时间的运行方向，也是时间发展的轴线。古代中国人认为时间具有不可逆性，这是一种朴素的自然主义世界观。带有箭头的闭合圆形代表日，寓指完整的一天的时间。其中，起点为一天的开始，终点为一天的结束，起点和终点始终在向前行进，以旋转一周为单位不断交合与重复。农业社会需要人们日出而作，日落而息，年复一年，循环往复，生生不息。早期农业生活的重复性特征，表现在时间观的取向方面，简单地说就是"执过去之牛耳"，即今日的开始，便是昨日的结束，由起点到终点，再由终点回归起点。

西方人受海洋文化的影响，逐渐形成了线式时间观，如图2-2所示。

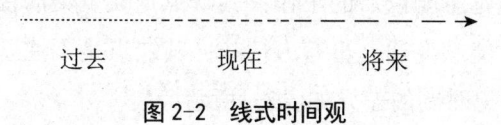

过去　　　现在　　　将来

图 2-2 线式时间观

---

① 孙英旭.中西方时间文化差异及其翻译认知能力[D].哈尔滨：哈尔滨理工大学，2014.

在图2-2中，虚线箭头代表时间，是不可逆转的。线式时间观的运行方式是线式的，它将时间分为过去、现在和将来三个部分，反映出客观事物的形态和序列不断发展、延续的过程。线式时间观表现为未来不断走向现在，现在不断走向过去，过去不断走向更远的过去。其中，过去是已经无法挽回的事物，现在是短暂的必须珍视的事物，未来是遥远的值得期待的事物。时间文化的取向游离于现在和将来之间，迎接和面对的是将来，把握和实施的是现在，回忆和逝去的是过去。奥古斯丁在他的时间相对性理论中进行了这样的论述："过去事物的现在是回忆，现在事物的现在是视觉，未来事物的现在是期望。"这句话可以理解为，人们在时间面前虽然享受和体验视觉的现在，但它终归会成为一种对过去的回忆，而寄托期望的将来一定会来。

这种时间观取向又与欧洲早期科学精神的发展相辅相成，即已存在的规范和标准，被应用于现在的同时，肯定又会成为过去而被淘汰，新的事物未来一定会出现。科学没有道德，没有不可替代的真理，只有无法改变的真相。

2. 不同的时间观念

时间观念的差异塑造了不同的生活习惯。霍尔在其著作《单向记时制与多向记时制》中将时间划分为单向制和多向制，前者讲求效率，强调在一定期限内完成任务，着重于近期的计划，一个时间段只做一件事。而后者着重于长期的计划，对时间的安排比较灵活，一个时间段内可以做多件事。霍尔还指出，美国、德国和瑞士等欧美国家属于单向记时制国家，而非洲、阿拉伯世界和希腊等国家和地区属于多向记时制国家。胡文仲指出，中国应属于单向记时制。但是，通过对比两种时间制的概念，并对中西方人的时间观念以及时间分配进行分析，作者认为中国应属于多向记时制。此外，还有很多专家学者都认为，中国应属于多向记时制国家。

单向记时制的优点是效率较高，一次只能做一件事，并且严格按照时间安排进行，不会因拖延影响以后的工作；其缺点是缺少灵活性。多向记时制的优点则是比较灵活，能够变通，富有人情味；其缺点是不注意遵守时间安排，容易影响工作。两种记时制的差异如表2-1所示。

表 2-1　单向记时制与多向记时制的差异

	单向记时制	多向记时制
综合特征	长计划，短安排，一次只做一件事，已定日程不易改变	没有严格的计划性，一次可做多件事，讲究水到渠成
形象比喻	像一串珠子，空间上的位置是一点，每个位置上只容一个珠子；像一间封闭的屋子，一次只容一人进入	像一堆散落的珠子，无所谓时间顺序和空间秩序；像一家开放的茶馆，可以同时会晤多个人
思维习惯	线性思维、线形逻辑、缜密思维、科学思维、理性思维、条块切割的思维	整体思维、全面思维、形象思维、直觉思维、情感思维、"前科学"思维
大概分布	工业化程度较高的文化，如北欧和北美文化	工业化程度较低的文化，如地中海文化、阿拉伯文化和大多数亚非拉文化
相对优点	讲究效率，尊重个人"私事权"	富有自然性、弹性和人情味
相对缺陷	人为性、强制性、日程的僵硬不变使许多假以时日可以完成之事功败垂成	效率较低，个人"私事权"较少

3. 不同的时间价值取向

中西方时间价值取向的差异体现在很多方面。中国人倾向于过去时间价值取向，重视传统，尊敬长辈，认为前人总结的历史经验能够给后人带来极大的帮助，追求稳定的生活，不愿多做改变。西方人倾向于将来时间价值取向，而不是关注过去，更愿意在改革变更中创造美好的未来。

（1）历史态度

中西方对历史的态度体现了中西方时间观的差异。在中国，有很多这样的语句，如"前事不忘，后事之师""前车之鉴""以史为鉴，可以知兴替"等。可以看出，在中国人眼中，历史是非常重要的，能够作为向导指引发展的道路。五千年灿烂辉煌的文明使中国人非常自豪，也使中国人十分重视历史。而西方人比起回顾过去，更愿意放眼于未来。

（2）对未来的计划

中国人习惯用长远的、发展的眼光来看待问题，中国人制定的未来计划，并不是只着眼于短暂的几年或几十年，而是着眼于未来相当长的一段时期。例如，在中华人民共和国成立初期，中国共产党把实现共产主义作为最高理想和最终奋斗目标。实现这一理想和目标是一个相当漫长的过程，直接影响到中国未来的发展道路。而西方人对于将来的计划则更倾向于短期，通常着眼于最近几天或几个星期，即使是国家对于未来的计划也不过几十年。可以看出，中国人对未来的计划是长远的，而西方人对未来的计划是短期、可预见、更加具体的。

（3）稳定和变化

中国人追求稳定，西方人则注重革新。中国寻求稳定的态度有深刻的历史根源。孔子把中庸称为至德，作为其哲学的基础和最高道德准则。中庸，简而言之，就是无过无不及，保持事物稳定不变。在中国几千年的历史中战乱使得经济文化常常受到破坏，需要稳定的环境来恢复经济文化的发展。这使中国人在大多数事情上都秉持着中庸的态度，不愿做出较大的改变，害怕破坏平稳、安宁的生活。在面对新鲜事物的时候，许多中国人也保持慎重的态度，不会轻易接纳。这一点还体现在就业问题上，如稳定的工作更受中国人的欢迎，希望这份工作能够成为自己的终身职业。很多人对于一些大学生在毕业后因为觉得工作不适合自己而频频更换工作的看法是刚毕业的大学生过于浮躁、没有定性且不够忠诚，他们以后的求职道路会遇到很大的阻碍。

与中国人不同，西方人对生活中的变化革新持积极态度。例如，霍尔指出美国人喜欢新事物且一心希望发生变化。美国前总统奥巴马（Obama）在其演讲《一个更完美的联邦》（*A More Perfect Union*）中说："美国的精华是美国能够自我变革，能够使我们的联邦日臻完善。"在美国人看来，变革意味着发展、提高，以及美好的未来。从17世纪初开始，美国人一直在不断开拓进取，不断地改变着美国的面貌，美国的经济也因此得以迅速发展。对待工作，西方人也同样秉持着变革的精神，他们随时可能因为各种原因更换自己的工作；而且在工作中，西方人乐于接受挑战，具有开拓精神。此外，西方人经常更换住所，有时候是因为工作，有时候是希望换一个新的生活环境。

总而言之，中国人倾向于过去时间取向，注重历史，不希望发生变革，因为中国人认为能从历史中寻求成功的经验和吸取失败的教训；相反，西方人倾向于将来时间取向，喜欢改革及变化，较少考虑传统方面的内容。

第二节　影响跨文化交际的心理因素

影响跨文化交际的心理因素有很多，如刻板形象及态度、民族中心主义以及民族偏见等都是跨文化交际的关键影响因素。这些因素可以使我们对于交际行为产生一定的期待和想象。民族中心主义强烈的人，更倾向于从自身文化的角度了解他人，并且还希望他人的想法能够与自身的行为相似或有着相互连通之处。

影响跨文化交际的心理文化因素有刻板印象、民族中心主义和文化相对主义等。下面将对刻板的印象、民族中心主义以及文化相对主义对于跨文化交际的影响进行研究。

一、刻板印象

（一）刻板印象的概念和作用

刻板印象是指人们对某个社会群体形成的一种固定的、概括的看法。刻板印象给人们的社会交往和生活带来消极和积极两方面的影响，前者包括社会认知失准、群体偏见、群际冲突和刻板印象威胁效应等；后者集中表现为能使个体迅速地获知有关他人人格、行为的大量信息，简化人们的认识过程和降低认知偏差等功能。

早期的研究者更多地将刻板印象与消极态度联系起来，认为刻板印象与某种社会类别有直接的关系，是对社会类别的歪曲、笼统的看法。20世纪70年代后期，人们开始关注刻板印象的积极作用，即人们能快速地从复杂的社会群体中抽离出某一群体，对其形成初步的印象。这种快速的识别方式能降低人们的认知负荷程度，简化了认知方式。随着认知心理学的发展，研究者对刻板印象进行了新的定义，认为刻板印象是人们对于某个群体的一种特殊的认知结构或认知图式，这一认知图式涉及对该群体的观念和想法。与此同时，也有研究者认为刻板印象是一种具有认知图式特点的高度结构化的社会范畴。例如，王沛在自己的博士论文中将刻板印象定义为"个体关于某群体的特征或属性的观念集"。从不同学者对于刻板印象的研究中可以看出，刻板印象的研究不仅仅局限于刻板印象的消极作用，随着社会范畴的丰富和多样化，刻板印象被赋予了更多的功能。

（二）对刻板印象的认识

1. 刻板印象是人类心理认知无法跨越的一步

实际上，从心理学的视角来看，刻板印象是人类心理认知无法跨越的一步。人类对新事物的认识过程是抽象化、概括化的过程，是通过思维寻找内在联系与规律的过程。思维的基本单位是表象和概念，表象是事物不在面前时，人在头脑中出现的关于事物的形象，是人们进行多次感知的结果。它不表征事物的个别特征，而是表征事物的大体轮廓和主要特征，是事物一般的、概括的形象。由此可见，刻板印象的形成与思维的必经之路——表象的形成极为相似。首先，刻板印象与表象一样，都是人们在头脑中对某一文化群体形成的形象。其次，在与异质文化相遇的过程中，我们会本能地对该文化群体表现的各种特征进行归纳、概括，以便形成整体认识，从而判断采取何种交际策略。人类的认知体系要求我们在面对该文化纷繁复杂的具体特征时，提炼出我们在与不同异质文化相遇时重复出现的特征，由此形成对异质文化群体的概括性印象。通过前面提到的跨文化学者关于刻板印象的定义可知，刻板印象正是对某些反复出现的文化特征进行概括，从而得到对整体文化群体形象的判断。因此，刻板印象的形成过程符合认知规律，是人类理解新事物的必经之路。

2. 刻板印象是文化互动的必经环节

从文化互动的角度来说，刻板印象是必经的环节。从文化互动角度来看，刻板印象形成的前提条件是互为异质文化的双方存在交际的实际需求。概括化的形象有助于高效率地进行交际，有助于双方采取有效的交际策略。但是，刻板印象这一概念在跨文化交际学中被列为负面的概念。这主要是因为它对异质文化群体存在偏见。事实上，互为异质文化的双方相互审视、对彼此形象进行判断不可避免地会带有偏见。德国哲学家汉斯·格奥尔格·伽达默尔（Hans-Georg Gadamer）提出的哲学阐释学对"偏见"的理解，给刻板印象的形成提供了理论支撑。他认为人的存在局限于传统之中，人对事物的理解不可能做到绝对的客观、准确。因此，"偏见"在理解行为中已经成为一种积极因素，是在历史和传统下形成的，是理解者对所处世界的意义的选择。由此可见，刻板印象中的"偏见"其实是理解异质文化群体、主动探求另一种文化的一种积极因素。它不仅合法，而且具有理解的普遍性。

当两种文化相遇时，首先要解决"我是谁"和"他是谁"的问题，即确定交际双方的本质属性——身份。身份是关于相似和不同的概念。如果两种文化相似性较强，交际双方便更倾向于喜欢和欣赏对方；如果两种文化相似性较弱，交际双方便倾向于借助刻板印象来了解对方。因此，了解刻板印象的形成有必要先分析身份的形成。实际上，对身份的解析表明，对异质文化的刻板印象根植于文化之中。建构主义认为身份在交际双方第一次相遇前并未形成，而是在双方互动的过程中形成的，并会随着互动关系结构的改变而产生变化。虽然互动双方的身份需要在互动时才能确定，但是交际双方在第一次相遇之前确实存在身份预设，即"再现"。正如美国芝加哥大学政治学教授亚历山大·温特（Alexander Wendt）所说："自我和他者不是白板，他们原有的特征会影响他们的互动。他们原来有着两种东西，一是物质的，表现为身体及其相关需求；二是再现，表现为一些关于自己身份的预设观念。"但是，人不是生活在真空里，不可能在一片空白的情况下形成预设观念，因为预设观念总是和人们已有的文化知识联系在一起，人们的世界观、价值取向、思维模式、认识方式和审美情趣等都会影响人们解释事物的方式、角度和观点。因此，刻板印象的形成离不开文化的土壤，根植于交际双方的文化。

3. 刻板印象具有合理的文化内核

异质文化的某些特性会以刻板印象的形式留存在人们的记忆中。能够留存在记忆中的异质文化的特质是那些不断重复出现的特质，这些重复出现的特质往往与该文化的典型特点密不可分。显然，刻板印象是人们在感受到异质文化中的典型特质后在头脑中留下的深刻印痕。文化中的典型特质通常反映了文化的价值观，因此，刻板印象最终也具有不应被忽略的合理的文化内核，即能够体现异质文化的历史，反映异质文化的价值观。也就是说，刻板印象可以成为我们认识某一文化群体的文化价值观的桥梁，帮助我们寻找文化形成的历史原因，为深入了解某一文化的本质奠定基础。

（三）跨文化交际中对刻板印象的正确态度

1. 积极利用刻板印象的动态发展变化过程

如前文所述，刻板印象并非简单的概念，它与身份密切相关，无论是身份的预设还是身份的形成发展，都会以形象的形式刻印在双方的头脑中，而那些反复出现的形象便会在其他文化群体的头脑中形成刻板印象。按照建构主义的观点，文化与身份之间是建构的关系，文化是交际双方在互动的结构关系中形成的，并对于交际双方具有建构作用。显然，身份的动态变化表明了刻板印象也应该是动态发展的变化过程，并不是静态、一成不变的。

从自我角度看，积极利用刻板印象的动态发展变化过程，首先要留意到刻板印象的动态变化趋向，获得了解他文化历史发展变化的思路，因为不同历史时期的文化深刻影响着该文化群体的身份，会给其他文化群体留下不同的刻板印象。收集、整理不同时期关于某一文化群体的刻板印象，能为我们了解该文化的发展变化提供快速、高效的研究路径。

其次要通过留意留给他者的刻板印象的动态变化，观察他者自我认识的变化过程，并通过大众传媒等交流形式，在互动过程中有意识地修正自己在他者心中的形象，以改进双方关系，形成良性互动。

2. 时刻对刻板印象保持警觉

当然，在承认刻板印象的积极作用并对其保持开放心态的同时，我们也不能否定其过于简单、笼统的缺陷以及对他文化理解造成偏见的消极方面。因此，在交际双方互动的过程中，应保持彼此开放的态度，主动突破自身的视域狭隘性，有意识地避免认识的绝对化，不断根据具体交际情况修正对彼此的印象，避免认识的僵化与固定。因此，在跨文化交际的实践中，我们不仅要时时对自己产生的关于异质文化的认识保持警惕，时刻反思自己对异质文化群体的印象是否已经固化、绝对化，而且在对某一文化群体进行评述时，要有意识地留意到该评述是否能够代表对整个文化群体的认识，不能只反映某一文化群体中部分个体在某些情景中的情况。

总而言之，基于文化的刻板印象蕴含了部分合理的文化内核，是便捷、高效地了解异质文化的起点。刻板印象不是静止的概念，它会随着文化和身份的互动而不断发展。因此，我们在跨文化交际实践中不应简单地排斥、反对刻板印象，而是应该保持开放的心态，在充分利用其合理方面的同时，时刻保持警觉的态度，防止自身对某一文化群体形成固定、僵化的印象。

二、民族中心主义

（一）民族中心主义的基本内涵

威廉·格雷厄姆·萨姆纳（William Graham Sumner）曾对民族中心主义进行了比较详尽的解释。他认为，民族中心主义是指某个民族把自己当作世界的中心，把本民族的文化当作对其他民族文化的参照，以本民族的文化标准衡量其他民族的行为举止、交际方式、社会习俗以及价值观念，并把本民族文化与其他文化隔离开来。

人们总是对自己国家的文化充满自豪感，而且大多数人总是有意无意地把自己的文化视为正统，认为其他国家的人的言行举止滑稽可笑，即便这些看似古怪的言行举止、价值观念对该国人民来说是十分正常的。这种普遍存在的现象和心理倾向即为民族中心主义（ethnocentrism），具体是指特定文化的成员倾向于相信自己的文化优于别的文化，将自己的价值观强加在别人身上的观念形态。

其实，民族中心主义是一种无意识的产物，包含了强烈的感情因素。一方面，民族中心主义对于本民族来说，有利于保护本民族的自我认同感和自我价值，提高本民族的自信心，加强内部团结，增强凝聚力；另一方面，它极容易导致交际双方互相否定、指责，在交际中产生文化冲突、种族偏见等问题，造成交际失误甚至失败。需要强调的是，文化差异仅仅是不同文化的人用不同方式处理本民族内部事务，文化不存在优劣之分。

（二）民族中心主义的影响

在民族中心主义的影响下，交际双方在交际过程中，很容易忽视对方的文化，把自己的种族、文化和价值理念等方面的特质高高置于其他民族文化之上，参照自己的生活方式和核心价值标准衡量和批判其他民族及其行为，对其他文化做出错误评定，最终造成难以化解的误会和难以克服的挫折。民族中心主义压制了个人的跨文化交际潜力，因为它剥夺了对于跨文化交际具有重要意义的积极态度、学习热情和交流能力等。能够首先看到其他民族和文化值得肯定之处，并信任对方，对跨文化交际是极有意义的。

虽然许多人都努力克服民族中心主义，但是任何人都不可能完全避免民族中心主义。一个突出的例子就是各个国家出版的地图都把本国放在中心，如美国人在看中国出版的世界地图时会感到生疏，因为他们习惯把美国放在地图的中心；同样地，我们看美国出版的世界地图也会觉得奇怪。

在跨文化交际的过程中，很多留学生出国的共同感受就是会更加热爱自己的国家。身在异乡，留学生代表的不仅仅是单独的个体，还是他们的国家。一提到自己的国家和民族，他们就会产生一种难以言喻的骄傲感和自豪感。然而，这样的情感若是超过了应有的度，就会引起负面效果，阻碍留学生学习新知识、开拓新视野，导致文化冲突，使留学生无法客观、公正地看待其他国家和民族，无法达到留学的真正目的。很多中国留学生在国外常常感到孤独和无助，认为西方国家缺少人情味，人与人之间的关系有些冷漠。其实，这只是因为西方国家的人际关系模式与中国不同。留学生不应该单纯地否认和歪曲这种行为模式，而是要客观地理解和接受这种模式。需要注意的是，民族中心主义是普遍存在的现象，它是与文化共生的。既然民族中心主义不可避免，就必须要掌握民族中心主义的度。把自己文化的价值观强加给另一文化背景的人，自以为某一行为天经地义的行为，或者以自身文化的解释方式解释不同文化的符号和行为，导致歪曲原意，都是引起跨文化交往中的误解甚至冲突的原因。这种民族中心主义严重阻碍了跨文化交际的顺利进行。

（三）如何应对民族中心主义

在充分认识了民族中心主义之后，我们应该在跨文化交际的过程中尽最大的努力避免、克服民族中心主义带来的交际障碍，充分认识跨文化交际参与者的起始角色是完全平等的，保证跨文化交际顺利完成。

首先，加强自身文化移情意识，合理运用文化移情策略。移情是指对他人情感产生共鸣，并能站在对方立场思考问题。文化移情在跨文化交际中是一种有效的沟通技巧和能力，指不同文化的交际双方有意识摆脱自身文化束缚，真实地理解感受并尊重对方的文化习俗。我们应该充分认识到文化差异存在的必然性和客观性，重新定位自己对待不同民族、国家和种族的文化的态度，在跨文化交际中充分尊重他族文化和本族文化，克服民族中心主义的束缚。

其次，应该以发展的眼光看问题，意识到任何国家和民族的文化都会随着社会历史的变化与他族文化交融渗透、取长补短，发生或多或少的变化，而不是仅仅停留于我们固化的看法和态度之上。

最后，要注重语言能力的培养，要注重语言表达能力和语言使用的得体性，要结合一定的语境、场合来选择在跨文化交际中使用的表达方式。

世界各民族国家的多样性和复杂性决定了跨文化交际中必然会存在民族中心主义这种交际障碍。因此，我们只有不断提高自己的跨文化知识，充分学习不同国家和民族的文化习俗，了解和尊重对待事物的不同看法和处理方式，才能使跨文化交际顺利完成。虽然在短时间内不可能完全清除民族中心主义，但是我们至少应该认识到这些障碍存在的客观必然性、存在的社会历史渊源以及对跨文化交际产生的影响，从而减少它们对跨文化交际造成的障碍。

三、文化相对主义

（一）文化相对主义的缘起

文化相对主义源于文化进化主义，并经历了很长时间的发展才得以形成。在早期文化理论中，比较有影响力的是宣扬文化等级差别、西方文化优越性和世界文化线性发展的文化进化主义。在文化进化论者看来，西方文化具备进化的基本能力，能适应多种环境，西方文化是文化进化的基准范本，是文化比较的元评价标准。文化进化论的理论基础是达尔文（Darvin）的生物进化论，斯宾塞将其引入了文化领域，于20世纪五六十年代经由雷斯利·怀特（Leslie White）等人发展正式成形。丁立群对于文化进化论的理解是根据文化进化论，人类社会是线性发展的，遵循着一定的发展阶段顺序，而判断文化优劣的标准是文化与周围环境的能量转化水平的高低。根据这样的理论观点，所有的文化形态都属于整体进化过程中的某一环节，是可比较的，有高低优劣之分。作为经济文化殖民侵略的理论支撑，文化进化论在资本主义发展至帝国主义时期备受西方国家推崇。继文化进化论之后，文化传播论和文化普遍主义开始登上历史舞台。文化传播论认为，各民族文化的相似之处大多是历史上的文化接触与传播所致，而作为文化源头的民族的影响则为数不多。文化普遍主义学说认为，最优秀的文化应该最能适应经济发展。如今的西方主流文化便是个中楷模。需要注意的是，若以上理论推行过度，则可能演化为民族中心主义、民族沙文主义乃至文化帝国主义。

在反侵略斗争初期，殖民地国家用民族中心主义与西方中心文化学说相抗衡。第三世界国家借用西方中心的文化逻辑推崇本族文化，抵制文化侵略与渗透，从而提出了第三世界民族主义学说和本土文化中心论。事实上，这样的理论与宗主国的理论属于同一个逻辑，接受了同样的价值准则，都认为文化是可比的，是有优劣之差的。因此，第三世界民族主义学说和本土文化中心论也必然会导致失败。

两次世界大战给人们的生活和思想带来了深刻的转变。战后，文化理论开始强调由西方中心转向价值中立和价值多元，文化相对主义、文化多元主义应运而生。至此，第三世界国家也放弃了原先的文化理论，转而强调本土文化的特殊性和内在价值，用文化相对主义为自身文化形态、价值观念和生活方式正名。随着全球化范围的扩大，文化相对主义学说逐渐成为第三世界国家对抗西方霸权思想的有力思想武器——每一区域文化和民族文化都力图以其不可比较的特殊性、个性与西方文化相抗衡，争取自己应有的权力和地位。

（二）文化相对主义理论分析

18世纪初期，法国的一些学者在对印第安人进行民族学分析时首次提出，不应以欧洲人的道德标准看待土著居民文化。韦斯特马克（Westermarck）在《道德观念的起源和发展》（*The Orgin and Development of the Moral Ideas*）一书中提出了文化相对思想；之后，文化人类学之父博厄斯（Boas）在20世纪20年代正式提出了文化相对主义理论。他通过研究发现，各民族的智力和体力并没有本质的差别，每个民族都有某种内在的合理结构和独特的组合方式，都有自己存在的理由；古今文化也没有好坏高低、进步落后之分，蒙昧与文明的区分只是种族主义偏见；在遇到异族文化时，人们会习惯性地用本族文化的标准进行评价，把其他民族的文化行为放在本族文化的行为范式中进行理解和阐释，但实际上这样的评判和阐释是不客观的。此外，博厄斯还认为，在社会科学中,并不存在所谓的绝对标准;在对于文化的评价解释中,同样也不存在绝对的、普世的评价标准。总而言之,博厄斯认为,每种文化模式都因自身的独特价值而有其特殊性,所谓普世的评判标准是不存在也不可行的;评价一种文化现象只能以存在其中的文化形态的价值标准来衡量,并且各文化形态之间没有优劣、高低之分。

之后,美国文化人类学家梅尔维尔·赫斯科维茨(Melville Herskovits)对博厄斯的理论进行了继承和完善,并将结果系统地阐述于《人类及其创造》一书。书中指出,文化相对主义的核心是对差异的尊重,它强调不同生活方式的价值,强调理解与和谐共处,不去评判甚至摧毁那些与自己原有文化不相吻合的东西,强调多个而不是一个生活方式的价值,肯定每种文化的价值。

作为文化进化论和文化普遍主义的对立理论提出的文化相对主义,强调文化的相对性,认为每种文化形态都有自身的根基和特性以及平等的价值,倡导平等交流和不同文化之间的融合互补。

第二次世界大战后,文化相对主义理论体系日趋完善,也得到了世界各国人民的支持。人们认识到,每种文化之内,总有一些特别的、没必要与其他类型的社会分享的内容。正如斯宾格勒(Spengler)指出的:"每一种文化都以其原始的力量从它的故土中勃兴起来,都在它的整个生活期中坚实地和那故土联系着。每一种文化都有自己的观念、自己的情欲、自己的生活、情感和愿望,以及它自己的死亡。"

(三)文化相对主义的内涵

不同文化背景的人在跨文化交际活动中常常对来自其他文化的人感到困惑甚至导致交际失败,因此文化对现代社会起着非常重要的作用。文化作为历史沉淀的稳定的生存方式,熔铸在人类总体文明的各个层面,自发地左右着人的各种生存活动,极大地影响着人们的跨文化交际活动。从跨文化交际角度来看,人们对文化所持的态度,即文化价值观决定着人们在现实生活中跨文化交际活动的成败。在跨文化交际的过程中,人们都自觉或不自觉地认为自己的文化更优越,用本文化的标准去衡量判断甚至要求他文化,即总是以"我是对的,你是错的"的态度去处理交际活动中出现的分歧和困难。显而易见,这种文化价值观只会导致跨文化交际活动的失败,甚至引起民族、国家的对立和冲突。因此，文化相对主义者以宽容的态度和开阔的胸襟提出的各文化平等、文化无优劣之分，民族的不同文化是该民族在特定的自然环境和文化环境下形成的，不能根据自己民族文化的标准来评判他民族的文化，而必须根据该民族特定的自然文化环境来做出解释的观点很快便深入人心。

（四）对文化相对主义的评价

实际上，文化相对主义的现实价值取决于具体语境，因此学术界对于文化相对主义理论褒贬不一。

一方面，文化相对主义具有积极进步的文化价值。它支持抛却西方中心主义和民族中心主义思想，承认每种文化的特殊性和独特价值，尊重不同文化，反对干预落后民族文化发展。文化相对主义具有限制西方中心、抑制霸权萌芽、解放思想的积极意义。在全球化时代，文化相对主义是发展中国家对抗发达国家文化入侵和文化渗透的有力思想武器。文化相对主义观念有利于人们发现不同文化体制、文化形式的可行性，让人们能够理解不同的价值模式和行为方式，让人们知道不同文化的观点并不是一一对应、彼此互通的。

另一方面，文化相对主义也受到不少显性或隐性的批判。虽然文化相对主义为促进文化多样性、文化宽容理解做出了贡献，但是在保护发展中国家文化的同时，它也抑制了发展中国家的文化与世界其他文化的交流，这与文化发展的时代性格格不入，因此文化相对主义被认为具有文化保守主义的倾向。

更重要的是，对文化相对主义的过度推崇可能导致无条件的宽容，这也是文化相对主义最受批判的地方。国外最尖锐的批评是文化相对主义的问题在于任何一种行为都可以被接受和认可。冯多伦（Van Doren）也认为，文化无法判断价值观本身是好是坏。我国学者乐黛云认为，文化相对论的自身弱点可能导致为维护本民族文化的认同，而牺牲部分成员变异求新的要求。陈国强认为，文化相对主义存在夸大各种文化的相对性，否认文化发展的规律性和统一性，进而否认社会发展水平的差异，不主张帮助落后民族提高文化等弊病。

不可否认，与否定排斥他文化、拒绝与他文化交流的文化中心主义和民族中心主义相比，承认文化多元性的文化相对主义的提出是一个了不起的进步，是人类认识史的一大飞跃。文化相对主义承认他文化存在的合理性，承认世界是由不同文化组成的。这种文化价值观有利于人们以宽阔的眼光看待他文化，防止人们陷入自我中心和民族中心的泥潭。这对于维护各民族平等和团结有着积极意义。然而，从跨文化交际的角度出发，文化相对主义具有片面性，容易导致民族封闭主义和自守主义，并可能引发价值判断的缺失以及返本论的滋生，导致文化相对主义这一价值观难以成功地指导人们的跨文化交际活动。

第三节 影响跨文化交际的语言文化因素

一、高语境与低语境

（一）高语境与低语境的概念

德国语言学家韦格内（Wegener）是第一个提出语境概念的学者，他认为语境由三种情况组成，即交际时的客观情景，信息接收者能够直接联想到全部因素和成分，交际者的全部心态和对彼此身份的了解。英国社会人类学家马林诺夫斯基（Malinowski）把语境简单地分为两类，分别是文化语境和情景语境。他指出每一个交际者生活、工作的社会大背景就是文化语境，而交际行为发生的具体现场则为情景语境。英国语言学家弗斯（Firth）则在马林诺夫斯基的研究基础上把语境分为三种情况，分别是语言上下文、情景上下文和社会环境。英国语言学家韩礼德（Halliday）是语言学系统功能语法的创立者，他在研究了马林诺夫斯基和弗斯的观点之后，结合两者的主张，把语境分为文化语境、情景语境和上下文语境。

霍尔认为，任何事物均可被赋予高、中、低语境的特征。高语境事物具有预先编排信息的特色，并且编排的信息处于接受者手中和背景中，仅有很小一部分存在于传递的信息中。低语境事物则恰好相反，大部分信息必须处在传递的信息中，以便补充语境中丢失的部分信息。根据霍尔的观点，在高语境情况下，信息是由社会文化环境来传达的，或者依附于交际者本人的记忆与思维，显性语码只负责少部分信息，人们对于交际时所处的具体环境中各种微妙的细节都会变得异常敏感与在乎。在低语境情况下，显性语码要保证大量信息的传递，隐性环境只负责传递少部分信息，交际更多地依赖于言语本身。在低语境文化中，人与人之间的纽带是比较脆弱的，而根据许烺光在《美国人与中国人：两种生活方式比较》中提出的观点，在高语境文化中，人与人之间的纽带非常牢固。

（二）高语境与低语境的形成原因

每一种文化都有其独特的交际特点，人们的日常生活和言行深受宗教和社会历史的影响，宗教和社会历史根深蒂固地植根于人们的心灵，形成了一种固定的思维模式和言语交际方式，因此高语境与低语境也有深刻的宗教和社会历史根源。

首先是宗教根源。高语境文化经历了悠长的历史发展过程，变化速度相对缓慢，受多年积累的传统文化影响，高语境文化与宗教联系紧密。相同的宗教信仰使人们形成相似的价值观和行为准则。西方很多国家信仰基督教，西方人对上帝的极度崇拜，因此他们的语言形成和宗教有很大关系。西方人普遍认为，上帝创造了世界，创造了人类与宇宙，人类为了交流创造了语言，人类和上帝的关系依靠语言的维持和交流。

其次是社会历史根源。中国具有深厚的文化积淀，秦始皇统一六国后，为了稳固政权，实施了各种改革，如统一文字和度量衡，以及为了维护统治地位采取"焚书坑儒"等文化专制政策。受到这种社会历史环境的影响，当时人们的真实想法只能依赖于非语言行为，因此促进了高语境文化的形成。西方文化始于古希腊古罗马文化，当时城邦所实施的民主制度、重视发展海洋贸易的传统、对科学的重视、独特的建筑艺术等，都对西方文化产生了很大的影响。以美国为例，在哥伦布发现美洲大陆后，欧洲许多国家都纷纷前往美洲大陆开荒种地，因此美国没有统一的民族，人员构成复杂，流动性大。由于人们缺少相同的生活经历，也就无法形成统一的语言文化背景。因此，在交际时，为了避免产生误会，人们必须依靠意思明确的语言信息表达想法。在这种背景下，低语境文化逐渐形成。

1. 中国高语境文化的形成原因

孔子创立的儒家学说对我国社会文化产生了深远的影响。儒家思想精髓以"仁义"为核心，倡导仁、义、礼、智、信，使得中国人形成了内敛敏感、谨慎谦逊、自省睿智的民族性格。以儒家思想为基础的中国文化强调以和为贵，倡导建立和维护和谐的合作关系，强调集体主义高于个人主义。这些特点促进了中国高语境文化交流特点的形成。

佛教起源于东方，佛教在中国的传播历史十分悠久。佛教主张凡事文明礼让，和谐共处，和气生财，不要见利忘义。受佛教思想的影响，中国人进行人际交往的最终目的往往是追求人际关系的和谐。因此，中国人在交际时会避免矛盾发生，为人和气礼让，文明谦逊。

道家思想的核心是讲究仁道，注重礼节，当利益与道义发生冲突时，当以"义"字为先。这使得中国人在交际中注重和谐、含蓄、内敛，也促进了高语境文化的形成。

2. 西方低语境文化的构成原因

早在古希腊时期，低语境文化就已经产生。很多西方国家都属于低语境文化。西方人推崇个人主义至上，在集体中体现个人价值的重要性，注重行动中的自由竞争和利益；具有强烈的竞争意识，追求独立、自由和平等。这使得西方人在沟通时习惯于把事情当面讲清楚，将反应外露，没有太多的限制和规定，注重交流中的平等；如果双方存在利益划分，要通过公平竞争来获得，而不是靠良好的人际关系获得。这些特点推动了低语境文化的形成。

（三）高语境与低语境的特点与差异

1. 高语境与低语境的特点

在高语境文化背景下，大部分信息都存在于语境中或内化在个体身上。因此，在与陌生人交谈时，高语境文化的人显得比较谨慎。可以说，在高度语境化的文化中，人们在第一次与陌生人交往时，没有太多的非言语行为。此外，由于高语境文化中的人往往趋于群体性、同类型，人们更倾向于猜测陌生人的文化背景，更加关注文化差异给交际带来的影响。而猜测陌生人文化背景的途径是了解他进行语言输出时周围的情景。与此同时，因为不了解陌生人和陌生人的行为，所以高语境文化背景下的人在与陌生人交往时往往表现得非常谨慎。对于对高语境文化了解不深的人来说，高语境文化背景中人们的过于含蓄的表达方式，会让人感觉不够真诚。但是，这些只是外在表象，其实质是为了维护对方脸面而采取的一种礼貌和委婉的语言输出方式。

丁允珠曾推断，高语境文化是集体主义文化，更多的是为了维护双方的尊严和维护集体利益的和谐一致。其沟通方式是暗含的，人们会仔细斟酌所要表述的每一句话，如果能够避免不愉快，在一定情境下善意的谎言也是可以接受的。学者路斯迪格（Lustig）结合高低语境文化的传播特点，总结了高语境文化的主要特征，即隐含的信息和非言语信息比较多，感情流露比较深沉，人际关系比较紧密，处理问题的方式可根据所处环境而灵活改变。

在低语境文化中，人们在交流时强调的仅仅是双方输出的语言内容，很少顾忌所处的环境和社会背景。低语境文化的交际特点比较直接明了，有较多的言语信息输出，情感外露，人际关系不亲密，重视客观因素；强调把话说清楚，双方不需要过多地考虑彼此语境或是猜测对方隐含的意思。在不断变化的社会环境中，处于低语境文化中的人喜欢直接面对语言所传达的内容本身，很少涉及社会背景和说话人所处的环境。这就导致了低语境文化在交流内容时缺乏复杂性和多变性。

2. 高语境与低语境的差异

下面将对高语境与低语境进行比较。

陈雪飞在《跨文化交流论》中用一句极为简洁却又非常形象的话概括了高语境与低语境的差异，即"话里有话"和"话里直说"。

霍尔在《超越文化》（*Beyond Culture*）里对高语境与低语境的特点进行了比较，见表2-2。

表2-2 霍尔对于高语境与低语境的比较

高语境	低语境
信息含蓄、间接、模糊	信息外显、直接、精确
注重非语言编码	注重语言编码
依赖信息接收者解码	信息由发出者确切传递
重综合联系，重悟性	重分析性逻辑思维
重整体，重人际关系	重个体，人际关系淡薄
稳定，注重历史	易变，着眼将来

第二章 影响跨文化交际的因素

我国跨文化交际领域的专家贾玉新在他的著作《跨文化交际学》一书中对路斯迪格和科斯特（Koester）二位学者关于高低语境的对比进行了翻译与总结，具体见表2-3。

表2-3 贾玉新对于高语境与低语境的比较

高语境	低语境
内隐、含蓄	外显、明了
暗码信息	明码信息
较多的非语言编码	较多的语言编码
反应很少外露	反应外露
（圈）内（圈）外有别	（圈）内（圈）外灵活
人际关系紧密	人际关系不紧密
高承诺	低承诺
时间处理高度灵活	时间高度组织化

总体来说，高低语境的差异如下。

（1）口头交际的表达习惯不同

在高语境文化中，人们在面对事件和问题时会选用比较隐晦和含蓄的表达方式来表达个人看法，这样可以显得自己不那么突兀和冒失。譬如中国有"枪打出头鸟"的说法，在说话做事时宁可把自己的真实看法隐藏起来，也不愿意做那只"出头鸟"。而在低语境文化中，每个人都乐于清晰、明确地表达自己的观点，担心自己的想法没有引起人的注意。

（2）编码信息的方式不同

在高语境文化中，人们总是选用编辑暗码的方式来组织语言。编辑暗码是指双方都基于社会文化背景理解交谈内容，或者是在了解交际者个人的境况与心境的基础上进行交谈。这就意味着每一位交际者都要琢磨字里行间蕴含的意思。这在中国被称为"说话的艺术"，编辑暗码的能力越高，就越会被众人称赞"会说话"。在低语境文化中，除了表达幽默之外，人们一般都把信息编辑在明码中，习惯"打开天窗说亮话"。

（3）交际中心点的不同

由于编码信息的方式不同，高语境与低语境的交际中心点也不同。在高语境文化中，信息发出者会选择简短、晦涩的词句表达意思，信息接收者需要通过意会、联想或猜测得出真正的意义。也就是说，交际中的大量任务其实是压在了接收者身上。在低语境文化中，由于信息发出者会将意思明确地表达出来，接收者只需要理解表面意思就可轻松直达对话的意义。也就是说，低语境文化中的交际中心在信息发出者。

（4）交际心理不同

处在高语境文化中的人往往是集体主义观点强烈的人，他们较为注重人际关系，说话时会照顾对方的心理，以免造成不必要的麻烦。因此，他们在交际时处处小心，习惯以对方作为对话的基础，用螺旋式的思维，一步一步将对方引向自己需要讨论的事件上。处在低语境文化中的人的个人主义观点较为强烈，他们的人际观念相对淡薄，在交际时更多的是考虑自己的利益，不会过多地照顾对方的心理，具有直线型思维，喜欢一步到位，直接进入想要讨论的话题。

二、社会文化身份

影响跨文化交际社会的文化身份种类众多，主要包括文化身份、民族身份、年龄身份和性别身份等。

（一）文化身份与民族身份

1. 文化身份

文化身份也可称作"文化认同"。1993年，张裕禾撰写的《民族文化与民族文化身份》一文首次从西方引进了文化身份的概念。这一概念在西方学术界的确立经历了一个漫长的过程。文化身份问题从地球上的人类开始以家庭、部落、城邦或帝国为单位群居在一起的时候起就已经出现。19世纪，欧洲的社会学家和民族学家对殖民地中所谓的"落后"部落进行了研究，发现了文化身份的存在和不同民族文化身份的差异。20世纪上半叶，随着心理学的发展和弗洛伊德（Floyd）精神分析学的传播，文化身份的形成和发展在理论和实践两方面得到了支撑。

哈默斯（Hamers）和布兰克（Blanc）将文化身份定义为复杂文化结构整

合后进入个体人格并与之相结合的结果。这个定义强调文化身份是人们从儿童时期逐步形成和发展的一种动态机制，在社会和心理事件的影响下不断改变，是人类个体社会化的过程。个体的自我认同在这种动态机制形成的过程中具有主要作用。谢伯端认为，文化身份包括对家庭、集体、社会、民族、种族、性别、宗教信仰、政治和道德价值等不同层次内容的认同，是个人或者集体对自己所拥有的群体特征的接纳和认可态度。段龙江认为，文化身份是一个相当抽象的概念，主要包括三方面的内容，即自我认同、他人承认和角色定位。文化身份是一种民族本质特征，体现了文化成员对自身文化的归属感和认同感，蕴含着具有鲜明民族性的向心力。

综合以上几种定义，作者认为文化身份是某一文化群体成员对自身文化的认同感，体现在个人的言行。身处特定文化的人会形成所属文化的价值观、行为准则和社会准则，因此不同文化身份的人具有不同的文化特征，从而形成了"圈内人"和"圈外人"。文化身份的概念是一个概括的概念，大致包括两个层面。在宏观层面，文化身份包括民族和国家身份；在微观层面，文化身份包括个体根据性别、职业、地域、年龄和经济收入等形成的文化身份。

世界文化具有多元性，各种文化在特定的背景中都具有独特的魅力和价值。因此，任何民族文化都有存在的合理性和必然性，都应该受到充分的尊重。在跨文化交际中，人们不应该把某种具体的文化标准作为衡量其他文化的标尺。在和外来文化进行接触的过程中，交际者不可避免地会体验到不同文化身份带来的矛盾和冲突，但是这种矛盾和冲突并不是通过两种文化的强弱对比产生的，因为在交际过程中，两种文化展现的多是其丰富多样性的一面。实际上，交际中的矛盾和冲突是由文化身份的差异导致的。也就是说，正确的文化身份定位，可以帮助交际者尽量避免冲突和矛盾，从而提高跨文化交际的质量。

各种文化都有其内在系统，不论是以民族为基础的文化还是主流文化内不同群体形成的次文化。大多情况下，共享历史地理等条件使得各文化成员在某些方面有共同之处，如交际规范、价值观念和生活方式等。在这种背景下，文化系统会随着相应群体的形成而产生。从跨文化交际的角度来看，主流文化下可能覆盖着众多的文化群体和文化系统；从社会语言学的角度看，任何社会都包含着众多的语言社团；从交际和文化的角度来看，任何文化中都可能存在众多的文化群体。因此，在不断变换的环境中，一个人在不同的时间、不同的情景下会属于不同的文化群体，具有不同的文化身份。

交际的过程是人们进行信息编码和解码的过程，而个体的文化身份决定了个体如何理解和感知周围世界，并将自己的思想表达出来。在跨文化交际中，编码者和解码者拥有不同的文化身份。由于编码者和解码者的交际行为规范和意义范畴不同，信息意义的传递会发生变化。但是，跨文化交际的顺利进行并不是要求任何一方放弃自身的文化身份去迁就对方，而是要求双方共同努力，构建一种新的文化结构，也就是萨默尔和波特提出的第三种文化。

2. 民族身份

在跨文化交际中，要想了解对方的民族身份，最主要的是了解对方的"民族标签"。交际双方通常会在交际过程中详细了解对方的民族类别（包括种族、国籍和宗教等），并对对方产生一定的民族认知。需要注意的是，民族标签具有不稳定性，因此人们非常容易被贴上不符合自己的"标签"。

例如，美国人在同美籍华人进行交流的时候，前者会将后者视作美国的少数民族；而后者则将前者视作地道的美国人。可以理解为，后者认同前者的身份、地位。在这种情况下，双方在心理上存在一定的界限，并会对双方更进一步的跨文化交际产生影响。

（二）年龄身份与性别身份

1. 年龄身份

年龄身份在交际中的作用是显而易见的。人与人在刚开始交际时，会瞬间捕捉到对方的年龄信息（对方是孩子、青年、中年还是老年，与自己年龄是否相当等），对对方产生模糊的认识。

在中国文化中，老人具有丰富的处世经验，因此被看作权威的象征，中国人也以尊重老人和关爱老人为美德。中国社会生活的各方面都表现出对老人的优待，老人也很享受这种优待，认为这是社会对他们的尊重。西方人对此则持完全不同的观点。西方人认为年老意味着能力的退化，因此他们特别忌讳人们将自己视为老人。这一点体现在西方社会对老年人的称呼都是"senior people",而不是"old people"。如果人们出于好心而主动提出帮老人做一些体力活时说:"您老了,让我们年轻人来做吧",即便年轻人的本意是尊重老人,但老人也会认为被冒犯,因为在西方人的观念中,这是对老人能力的质疑,甚至是对老人人格的侮辱。

2. 性别身份

性别分为生理性别和社会性别。生理性别是指男性和女性在生物学意义上的人体差异,而社会性别则侧重于男性与女性的社会差异,在于外界对男性和女性寄予的不同的期望。有一种说法是,性别是后天习得的,是社会性的。

对于性别身份在跨文化交际中的影响,可以从语言交际和非语言交际两个方面进行论述。语言交际是指交际双方用有声语言或文字交流、传达感情和思维,进行各种信息的沟通;非语言交际也可称为"副语言交际",包括在日常交际中的面部表情、服饰打扮、沉默、身体接触以及交际者之间的距离等,在交际中同样发挥着重要且不可替代的作用。

(1) 语音语调上表现出来的先天性别差异

两性的发音器官存在与生俱来的差异,如青春期变声以后,男性声带趋向厚实。社会因素也同样会对男性和女性的发音方式产生影响,人们趋向于认同男性拥有浑厚的嗓音,女性拥有委婉清脆的嗓音。女性在语言表达方面更有先天优势,如女性比男性更早地发出清晰的声音。另外,女性声调温柔而且变化幅度较大,富有表现力;而男性对语调的使用则显得不够灵活,更善于借助句法和词语来表达情绪。

(2) 在词汇上表现出来的性别差异

①感叹词

感叹词一般不构成句子的语法成分,却富于表现力,专门用来表达喜怒哀乐等情感与情绪。一般情况下,女性更倾向于使用这类词语。例如,在汉语中女性喜欢用"呀""哎呀""天啊"等感叹词,她们的语言极富个人感情色彩,男性常常使用表达不满的语气词,以体现男子汉的粗犷和豪爽,社会对男性的容忍度也比对女性高得多。

②程度副词

在汉语中,女性比男性更多地使用诸如"及其""特别""格外""多么""简直"等语气副词来强化语气。相关的语料调查数据证明，女性比男性更善于用一些包含强烈感情色彩的副词作为修饰词。

（3）在话题选择方面的差异

男性与女性关注的核心和谈论的话题有很大的差异，女性话题往往涉及个体、人和人之间的关系以及此时此刻正在发生的事件；而男性关注整体，较少直接表露情感，热衷于谈论历史和经验。由此可见，男性和女性日常语言交际的内容存在很大的差别。

（4）在话语方式与策略上的差异

抛开语音这层语言的外衣，综观两性对话的内容，可以发现男性的话语风格更加开门见山，有攻击性；而女性的话语风格则相对含蓄委婉，更注重回应和配合对方的谈话内容。这和男性与女性各自所维系的社会结构不同有关系。男性更在意相对独立，喜欢竞争性和具有对抗色彩的活动；而女性喜欢集体活动，更在意彼此之间的相似性。

①女性更具有合作性

女性天性敏感，擅长表达和交流，乐于与他人配合，较少具有攻击性。因此，女性在交谈中常常表现得容易合作，在谈话中会较多提及和考虑对方已经说过的内容，避免冲突。女性更善于倾听，并会边听边对听到的内容做出积极的回应，更多地表达同意的倾向；即使心存异见，也力求委婉，经常用"大概、也许、或是、但是"等转折词来缓和矛盾，避免在交流中出现针锋相对的情况。

②女性更注重礼貌和委婉

语言交际中的礼貌原则是交际双方都要遵守的重要原则。很多例子都可以证明，女性语言比男性语言更符合礼貌准则的要求。具体表现为在不存在原则性问题的前提下，女性一般很少持批评或反对的意见；即使万不得已，她们的语音也常常是柔和的。女性在表达生气、责备之意时，也往往比男性更委婉、间接。

（5）对"沉默"的不同理解

沉默即不言，是一种独特的体态语。虽然人在沉默时没有语言和表情，但是能在一定的场合和语境下表达特定的意义。"此时无声胜有声"就描述了沉默被赋予各种含义的现象。根据不同的语境，沉默可以意味着默认、羞涩、不满、放弃、威严、挑衅或暧昧等不同情绪。需要引起重视的是两性对于这一非语言的不同理解。采取行动、气氛庄严、具有尊严等正面印象常常是男性对沉默的理解；但在女性眼中，沉默更多地意味着逃避交流，包含对对方的漠视、不理解、拒绝或不满意等负面情绪。

第三章　跨文化交际面临的障碍及对策

第一节　跨文化交际面临的障碍

语言既是文化的载体，又是文化的主要产物。作为承载了人类发展以及思想的主要工具，每一种语言都有其独到之处，每一种文化都有一定的特点。汉语和英语文化产生的环境不同，其所承载的内容也不尽相同，因此两种语言在表达方面存在一定的差别。在跨文化交际中，因为语法错误、发音不标准等诸多情况造成的交际方面的困扰时有发生。虽然人们可以通过纠正减少这样的错误，但是在用外语进行语言交流的时候依然难免产生一些问题，包括无法准确表达自身的想法、对于交流方面反应较少、说话的语气较为绝对等。这些问题容易被视为缺乏素质，甚至被当作对于他人人格进行践踏或是侮辱的行为，最终导致误解甚至是仇恨的产生。在这样的情况下，交际自然会失败。

文化冲击是指人对于自身不熟悉的文化环境产生的心理反应。一切进入他文化环境的人都会受到他文化的冲击，但是冲击程度不尽相同。一般来说，一个人从一个地方迁徙到另一个地方，此前所拥有的一切行为规范、习惯、价值管理和信念都会产生不适用的问题。在这样的情况下，可能会出现焦虑、情绪不稳定甚至是抑郁的情况，甚至可能逐渐演变为心理方面的问题，最终导致身体受到伤害。

国际人才的交流合作，往往面临着许多跨文化的问题，我们应当正视这些问题。赵启正先生表示，跨文化交流最重要的一点就是对不同文化的态度。态度不同，交际结果也不同。如果能够相互尊重，使得文化能够全方位互补，那么就能使文化内容更加丰富多彩；如果对跨文化交流采取敷衍的态度，那么就

第三章　跨文化交际面临的障碍及对策

可能因文化差异造成一定的误解；如果持歧视的态度，那么文化差异将会导致一定的矛盾；如果政治家利用这类问题进行宣传，有可能导致战争的发生。因此，我们不能忽视跨文化交际对于人类发展的重要作用，要理性地看待跨文化交际中出现的问题。只有正确地对待这些问题，才能使跨文化交流更加和谐。

一、语言障碍

交际既离不开语言，也离不开文化。语言是文化的载体，是人类逻辑思维与交际的工具，交际则是通过语言将文化外现的手段。语言不通不仅是指语言不通的障碍，还包括不理解和不接受对方的文化，不能有意识地在对方的文化背景下进行语言交际，具体表现在两个方面。

（一）对词汇内涵意义的误解

就语言要素与文化的关系而言，语音与文化的关系最不密切，语法次之，而与文化的关系最密切、反映最直接的是词汇。来自不同文化的人们拥有各自的一整套语言符号系统，虽然语言符号系统可以通过学习掌握，但是由于语言是文化的一部分，而文化内涵层次较深且丰富多样，跨文化交际并不顺畅。

语言中有部分词汇能够集中反映一个民族的文化。早在1964年，著名语言学家、翻译理论家奈达（Nida）就在他的著作《翻译的科学探索》（*Towards A Science of Translating*）中将"terms"一词分为三类：一类是具有许多对应词的文化词汇；一类是功能相似但具有文化差异的文化词汇；还有一类是文化特有词，即只为某一民族所特有的词。文化词汇与一般词汇的不同有两点：一是文化词汇本身含有明确的民族文化信息，并且隐含着深层的民族文化的含义；二是它与民族文化，包括物质文化、制度文化和心理文化有千丝万缕的关系，或间接反映，或直接反映，或和各种文化存在渊源关系。

文化词汇的界定对于对外汉语教学来说无疑具有实际帮助，尤其是积淀了数千年民族文化内涵的汉语，这对于把汉语作为第二语言的人来说是不小的挑战。正所谓知其然，更要知其所以然。

例如，蓝色在英语中不仅有蓝色的意思，还可以用来表示沮丧、忧伤，如"feel blue"就是"不高兴"的意思。"blue"还含有下流、猥琐的意思，如"blue talk"是指"下流的言论"。除此之外，"blue"亦象征着高贵，"blue-blooded"即为"出身高贵的"的意思。用作复数时,"blues"特指一种伤感的黑人民歌。由此可见,"blue"一词不只是自然色彩,还具有丰富的文化内涵,而这些丰富的内涵意义都是汉语所不具备的。

中国人对蓝色不像西方那样感兴趣,却对红色情有独钟。在中国,红色象征着喜庆、吉祥、红火和幸福。说起红色,就不得不说中国最为隆重的传统节日——春节。春节一到,人们身着的是大红袍,讲究的是新年新气象;门上贴的是大红对联,求的是顺遂平安;除夕夜燃放的是大红鞭炮,为的是辞旧迎新;大人们发的是红包,图的是好运吉祥;人们嘴里说的是开门红、满堂红,讨的是大红大紫。如此丰富的传统文化含义,是其他任何语言所不具有的。

除了颜色词,动物、数字等词也常被人们赋予不同的感情色彩。例如,在中国文化中,"鹤"是长寿的象征。在中国传统国画中,"松"与"鹤"大多同时出现,取"松鹤延年"之意。而在英语中,鹤(crane)只代表一种动物,没有与中国文化中的"鹤"类似的联想意。

还有前文提到的"龙"。中国人常常骄傲地说自己是龙的传人,"龙"在中国古代是能够兴云降雨的吉祥神物,在封建时代更是最高统治者的象征,只有皇帝才能够龙袍加身。"龙腾虎跃""龙凤呈祥""藏龙卧虎""生龙活虎"等成语都有积极的意义。而在西方文化中,龙像是一只巨大的蜥蜴,长相丑陋怪异、凶残恐怖,通常是罪恶、邪恶的代表。在英语中,用"dragon"来形容一个人,就表示此人飞扬跋扈。例如,英国作家狄更斯(Dickens)笔下的斯巴塞太太就被人们称为银行的"毒龙"(bank dragon)。因此,西方人对中国人自称为"龙的传人"感到困惑不解。

上述例子充分证明了词汇的内涵意义最能反映出文化差异。由于具有不同的文化背景、操着不同语言的交际双方不能完全共享两套截然不同的意义潜势系统,信息交换也就不能以双方期待的方式进行。在对外汉语教学过程中,来自不同文化背景的学生拥有不同的参考系统。当学生不能理解某个词汇的内涵意义时,就会以自己的参照系统为参照。这样一来,势必影响文化移情作用的发挥。

(二)对语用差异的文化特征缺乏了解

若西方人能对中国人提出的"吃了吗""干嘛去""你不想念家乡吗"

第三章 跨文化交际面临的障碍及对策

等问题进行深入思考，探寻背后的民族文化内涵的本质，或许他们就不会对这些问题感到不可思议，甚至是抵触和排斥。与语言规则相比，语用规则更难掌握。交际双方很容易理解在跨文化交际过程中出现的一些语法错误，但如果出现语用失误，后果就不那么简单了。

跨文化语用失误是指在跨文化交际过程中，说话人不自觉地违反了交际规范或社会规约，或是不合时间、空间，不看对象，不顾交际双方的身份、地位、场合等，违背目的语特有的文化价值观念，使交际行为中断或失败，使语言交际遇到障碍，导致交际不能取得预期效果。语用差异极易导致语用失误，涉及生活的方方面面，如称谓、问候、道歉、恭维、禁忌和消费等。

中国有句老话，"民以食为天"，因此朋友、邻里之间，见面常会问一句"吃了吗"。这是一种亲切的问候。然而，若问其他国家的人这个问题，一定会让外国人摸不着头脑。他们会想："是要请我吃饭吗？平白无故为什么要请我吃饭？"有时，他们甚至会觉得自己被认为没钱吃饭。午饭时间，在餐厅里碰到熟人，顺口说一句"来吃午饭啊"，在我们看来习以为常。但是，对外国人说同样的话，他们会想："我不来吃午饭还能来做什么？"

我们常说，美国的孩子是在鼓励声中长大的，中国的孩子是在批评声中长大的。赞美表扬的话谁都喜欢听，然而中国的孩子最常听到的却是"别人家的孩子"。例如，张叔叔家的孩子考试成绩比你好，李阿姨家的孩子又得了"三好学生"。相信这样的话对每一个中国人来说都不陌生，有时甚至觉得自己一直都活在"别人家的孩子"的阴影中。在美国，人们常常说些恭维的话，从不吝啬对别人的赞美；哪怕是对于一件再普通不过的衣服，他们也会发出赞叹声。而中国人秉承的谦逊态度，使中国人对恭维话语有了一种"免疫力"，哪怕是听到他人对自己工作的肯定与赞扬，或是听到对自己的赞美之词，也会不由自主地说"哪里，哪里"。重男轻女的思想在中国影响颇深，甚至到了今天还广泛存在。因此，很多人看到孕妇时都会说："看你这反应，这肚子的形状，肯定是要生男孩。"这样的话会使很多准妈妈感到高兴。然而，以"生儿子"来取悦外国孕妇的情况则比较少见，除非是孕妇个人有这种意愿。

此外，在我们的日常生活中，以下对话绝对不陌生：

A："这是你儿子啊？都长这么高了！今年多大了？"
B："25岁了。"

A:"时间过得真快！孩子都已经25岁了。谈对象了吗？"
B:"还没有，才刚刚开始工作。"
A:"那也要抓紧时间。现在在哪儿工作呢？收入怎么样啊？"
B:"在×××工作，收入还不是太高。"

这样的对话可能是两个熟人之间的寒暄，却无不透露着个人隐私——年龄、工作、收入。中国人将这样的"问候"视为关心，没有任何不妥。然而，在西方国家，这些就属于"不该问"的范畴。西方人对个人隐私的保护意识特别强烈，尤其是个人收入，对他们来说是"最高机密"，是交际中最大的忌讳。在西方国家，父母、孩子之间，甚至是夫妻之间都不清楚彼此的薪水。

中国人讲究"和为贵"，待人之道要按照礼的要求做到和谐。因此，中国人在拒绝别人时，不习惯直截了当，而是委婉地说"我再想想""让我再考虑考虑"。这样的托词对中国人来说习以为常，当得到这样的答复时，多半意味着没有希望。可是这对大多数西方人来说，会让他们误以为他们的要求会马上得以实现而充满期待。

二、非语言障碍

非语言交际是指不需要通过语言手段进行沟通的方式，包括面部表情以及手势等多种方式，涉及对时间以及空间的利用等多种因素。许多专家在研究后表示，在面对面进行交流时，一般只有35%左右的信息是通过语言传递的，其余部分的信息都是通过非语言进行沟通的。美国有关研究表明，在表达情感以及态度时，语言所占的实际交流行为约7%，而非语言占据了绝大多数，约55%。无论这些数据是否可靠，毋庸置疑的是，人类的交际是由语言交际以及非语言交际共同组成的，非语言交际是整个交际过程中不可缺少的部分。人们所说的"行动比语言更具有说服力"中的行动就是指非语言行为。在任何时候，即使是在语言信息与非语言信息相互矛盾的情况下，非语言行为也更加流畅，更像是出乎本能的行为，更加自然。因此，在交际中，非语言行为传达出的信息更准确可靠。非语言交际在特殊环境下能够完全取代语言交际，但也可能出现一些问题，或是在进行交际时出现一些交流障碍，主要包括以下几个方面。

第三章　跨文化交际面临的障碍及对策

（一）体态语交际障碍

体态语也就是肢体语言，在交际中有时会伴随语言行为出现。法斯特（Fast）认为，体态语是用以同外界交流情感的全身或部分身体的反射性或非反射性动作。例如，朋友见面打招呼时，不同国家的人就会使用不同的肢体语言。《国际汉语教学案例与分析》一书分析了一则发生在中国的跨文化非语言语用失误案例。在成人短期国际班里，一名中非男生用本国打招呼的方式，用肩膀撞击了一名来自东南亚的女生的肩膀，结果女生误以为是骚扰，惊恐万分地跑进办公室告状。如果这名来自中非的男生能够了解对方的民族文化，知道在和东南亚的女性交流时不要有肢体接触，换用点头或者挥手致意来问好，就不会产生此类矛盾和尴尬了。艾克曼（Ekman）和弗里森（Friesen）把人的身体和脸部的连续动作按照各种行为的起因、用法和代码情况分为五类：一是象征性动作（emblems），如表示"OK"和"胜利"的手势；二是说明性动作（illustrators），如问路时手指向某个方向时的动作；三是情绪表露动作（affect display），如高兴时的微笑；四是调节性动作（regulators），如表示暗示性的动作；五是适应性动作（adaptors），如紧张时的抓挠。

（二）副语言交际障碍

副语言是以感官（视觉、听觉、嗅觉、味觉和触觉等）的感知为信息载体的符号。在交际中，以感官传达副语言的方式是多样的，如人的喜、怒、哀、乐，以及潜意识的话轮转接。例如，一位西方人在日本居住了一段时间后，观察发现日本人和西方人的谈话方式截然不同。在日本式的谈话中，谈话者在进行话轮转接时，要讲究先后顺序、地位尊卑以及与前一位发言者的亲疏远近程度。因此，在和日本人交谈时要按照这样的谈话习惯，耐心地等待轮到自己表明观点后，再等待别人发起谈话。相比之下，西方式的谈话不会按照顺序、社会地位或者亲疏关系来进行，而是以自由随意的方式来交谈，不用等待别人说完，就可以发表自己的观点。这位西方人最初在加入日本人的谈话时，从来不在意该轮到谁发言了，而是直接插入自己的想法，令在场的日本人瞠目结舌。后来，他意识到了日本人的谈话方式，才避免了这种交际矛盾。

（三）客体语交际障碍

通常情况下，人们穿戴的衣物、使用的物品、肤色的修饰、长相等都可以向别人传达信息，显示个人的爱好、宗教信仰和民族等信息。这样的非语言被称为"客体语"。在幅员辽阔的中国，不同的少数民族服饰蕴含着不同民族的信息；来自五大洲的人们，通过不同的肤色和体貌特征告诉了他人自己来自哪里；看到生活中穿着不同制服的人，人们便能知晓他们从事的职业，如警察、医生、消防人员和厨师等。在不同的场合，也可以靠着装分辨正在发生的事情。例如，举行婚礼时，新娘新郎总会穿着漂亮得体的婚礼服；在海边游泳时，人们都会穿上泳装。

气味也是重要的客体语，在电影《闻香识女人》中，失明的中校有着异常敏感的听觉和嗅觉，能够从对方的香水味道中识别出对方的身高、发色乃至眼睛的颜色。吃完一些有刺激性气味的食物（如洋葱、大蒜等）后和西方人交谈，是对人不礼貌的表现，而且会影响交际效果。

（四）环境语交际障碍

环境语是指人们受环境影响而产生的生理或心理反应。本部分将从以下几方面进行阐述。

1. 空间信息

在不同的文化中，人与人之间的身体距离也不同。对于在公共场合的身体距离，中西方存在很大差异。比如，在非常拥挤的地铁上，一排可以坐三个人的座位，在中国可能会有四个人紧挨着坐，以便最大化地利用空间，不会太在意体距；而在西方，人们不会紧挨着坐在一起，他们宁愿站着，也不愿意与陌生人紧挨着，喜欢更宽松的间隔。

英语国家的男士通常会发扬绅士风度，让女士优先，该习俗在空间的利用上也有所体现。例如，在集体合照时，通常是让女士坐在第一排，男士在女士后面，职位高的人站在最后一排或两侧。这与中国截然不同，中国通常是领导或者辈分高的人坐在第一排，其他人不论男女前后自由组合，或者根据身高，按照中间高两边低的原则排列。

2. 时间信息

拥有不同文化的人的时间观念也有所差异。例如，在非洲，约客户会面时，如果时间定在早上9点，中国人通常会准时或者提前到达约定地点，但非洲人则会按照他们的时间观念迟到一段时间。对于中国人而言，对方迟到、拖沓和不积极是觉得这件事情不重要的表现，会对此感到不悦。我们可以想办法来避免这样的冲突，如见面的时间是九点，可以告诉非洲合作者见面的时间是八点半，以免对方迟到。

3. 颜色信息

颜色在不同的文化中有着不同的象征意义。例如，在中国文化中，红色象征着喜庆、吉祥，人们在一些传统节日会用红色来装扮，如挂红灯笼、穿红衣服、发红包、贴红色的对联等。而在西方，红色通常象征着血腥和残暴，带有贬义。

三、心理障碍

（一）定势

利普曼（Lippmann）称定势为"我们头脑中的图片"。定势是指通过对某一社会群体的预先设定性的判断形成的一种概括而固定的看法。定势作为一种认知的心理过程，以概括和类型化的方式看待人和事物。例如，根据国籍、种族、职业、社会阶层和人格类型等把人分成若干类，并总结不同类型的人的特征。定势有一定程度的真实性，减少了不确定性和焦虑感，有利于人们把握不同社会主流文化的典型特征，为跨文化交往和对他人行为的预期提供指导。定势通常建立在容易辨别的特征上，如性别、族裔、服饰和口音等。这种概括往往流于表面，只看到了文化群体外部的共同性，忽视了文化内部丰富多彩的个体差异和独特性，夸大了群体间的差异，使人们认为群体内部的个体完全相同，而不同群体之间毫无共同之处。文化定势将对他文化的瞬间印象作为对所有群体的永恒的印象，不以时间、地点、对象的变化而变化，是一种静态的研究，忽视了文化的动态性、变迁性和相互融合性。例如，按照我国的文化传统，在受到赞扬时要说一些自谦（或否定或贬低自己）的话。但是，相关调查发现，当代青年中有相当数量的人（约占调查人数的一半）在听到赞扬时说"谢谢""还行"或其他肯定的话，而不说否定或贬低自己的话。

当我们对陌生人进行分类时，定势就自动地产生了。交际者焦虑的程度越高，就越倾向于对交际对方产生定势。焦虑分散我们对环境的注意力，使我们更加依赖社会定势这种认知结构对他人的判断。焦虑程度越高，在其他人身上看到的可变性越少，就更加容易认为其他群体的人都是相似的，做出负面的评价，从而影响交际的有效性。在我们拥有支配他人的权力的时候，我们很可能对他人产生定势，原因之一是我们没有注意个性化的信息。当群体定势发挥作用的时候，就会有意或无意地导致偏见的产生。通常情况下，我们记得更有利于本群体的信息和不利于他群体的信息，影响了对输入进来的信息的解释。信息加工偏向于维护以前存在的信念系统，可以说，信息加工的过程就是证实定势的认知过程。定势会使我们对他人的行为方式产生预期，下意识地认为我们的预期是正确的，彼此的行为是可以想象的。当我们与他人交际时，会下意识地试图证实我们的预期。

（二）偏见

奥尔波特（Allport）认为偏见是"建立在错误观念或先入之见基础上的教条化观点"。偏见也可能是一种厌恶和反感，甚至仇恨等不合理的情感，是对其他群体片面的感知和基于间接经验和第二手材料获得的观念，是对其他群体成员的一种消极和不公正的行为态度，这种心态可能被别人感觉到，也可能被别人表达出来。它可能是针对一个群体，也可能针对群体中的个体。偏见作为一种评价和看法，建立在个人感情或其他的不合理的成见之上，并不是以事实为基础的，甚至在铁一般的事实面前，持有偏见的人也不愿意承认自己持有偏见。偏见来自我们的社会身份、过去的经历、情绪状态和迫于缩短与陌生人的距离而急切寻找共同点的愿望。偏见常常是消极的，伴随着怀疑、恐惧、憎恨或者蔑视，而这些情绪是滋生更深刻的偏见的温床。种族主义就是一种文化偏见，它以对人种的成见为判断的基础，使人们对其他文化的习惯和传统做出错误的判断，影响跨文化交际的过程，从而导致产生排斥或孤立其他种族的行为。在跨文化交际中，偏见是歧视和仇恨的根源。歧视指拒绝给予他族成员以相同的机会等不公平、负面或伤害性的行为，如年龄歧视表现为偏好年轻人，拒绝年纪大的人。

在社会生活和跨文化交际过程中，人们对他人或某事物存有某种程度的偏见是不可避免的。社会认同理论认为，偏见在基本的社会化过程及区分不同团体的认知加工过程中产生；文化心理学认为，偏见的产生主要源于害怕。偏见的加剧使人产生了脆弱、不安全感和排外情绪，使人担心自己的文化、社会习惯以及身份地位正在经受外来者和移民思想的冲击。由于外族人带来了另一种价值观、准则和生活方式，直接挑战着本族人的基本生活方式，使本族人变得忐忑不安。这种基本的害怕会诱发其他情感，如憎恨、挫败、气愤或焦虑。其中，有些情感是合理的，有些情感是毫无根据的。一旦对某一类人形成偏见，就会有意回避他们甚至对他们所做的事、所说的话产生抵触情绪。

具有低程度偏见的人更愿意和与自己有相似之处的人交往。例如，人们愿意与有相同文化、信仰或工作背景的人结交，这比与陌生人交往更为舒服，压力更小；与那些不熟悉的人相处，会威胁到标准的统一性。需要注意的是，把差异当作危险的和错误的，会破坏正确的道德秩序。

带有偏见的或定式的交际有明显的或隐含的定型思维、偏见的态度和歧视的意图。除了包含明显的仇恨语言、歧视政策和极端的态度的偏见之外，大多数偏见都是微妙的，而且交际者常常意识不到这些行为传递着对群体外的人的偏见。偏见存在于制度层、社会层和心理层，存在偏见的交际方式常常通过打断他人讲话来控制交际、表现不礼貌和迂腐的成见。例如，使用诽谤、中伤等仇恨的语言。这会对他人的自我概念和种族身份带来极大的伤害。

（三）文化的负迁移

在进行跨文化交际时，交际者常常先入为主，用自己已有的语言模式和文化观念系统对对方的语言和文化进行自觉或不自觉的对比、评价和筛选。交际者容易接受与自己的语言模式和文化观点系统相同的部分，也容易对相异部分产生抵制情绪。在运用新学的语言时，人们常常将自己的语言习惯和文化模式套入新的语言文化，对于套不进去的地方，就按自己原有的尺度进行"削足适履"式的改造。这就难免造成语言上的错误和文化上的误解。这种出现在跨文化交际中的母语文化模式对第二语言的干扰，称为文化的负迁移。

在交际中，拥有同一文化背景的人使用共同的语言，按照同一文化规约进行交际。这种规约是自然习得的,是该文化内的人们所共享的。因此,这种交际一般不会出现文化差异,只会存在个人知识水平、文化修养和信息上的差异。跨文化交际则不同,不仅存在语言问题,同时隐含着文化问题。盛炎在《语言教学原理》一书中指出:"人们在习得第一语言的过程中,已经形成了一种自我认同……这种自我认同跟第一语言息息相关,在学习第二语言的时候就会表现出来,影响第二语言的学习,形成一种自我疆界。"

然而,由于本民族文化的影响根深蒂固,母语文化多多少少地会对目的语发生负迁移作用。交际双方文化背景差异越大,文化的负迁移作用也就越强,语用失误也就越容易发生。

四、思维模式

(一)思维模式的不同

1. 整体思维与分析思维

几千年的文明积淀使汉民族形成了以群体观念为核心的思维方式,因此人们在看待事物、处理问题时往往将整体置于个体之上,认为个体只是整体网络中的一个环节或一分子,个体之间是稳固的融合关系。在观察和处理问题时,人们也往往从大处入手,从大到小,整体综合,各部分协调对称,上下层次分明,先后顺序清楚,呈现出一种主客观相互适应且和谐统一的关系。在考虑问题时,人们也往往从宽泛的外围入手,然后逐步缩小范围,考虑具体细节。因此,中国人的思维特点是直观的、综合的和整体的,思维方式以直觉、具体和圆式为特征。在西方,人们强调个体的独立和主体的作用,观察和处理问题时以主体为中心,从小到大,由近及远,进行个体分析。在这种背景下,整体只是个体的不稳定的合成体,主客观之间往往是一种分离和斗争的关系。天人相分和物我对立使西方人形成了习惯分析和重逻辑的思维模式,西方人凡事喜欢从局部到整体、从特殊到一般。这是一种解析式的思维方式,一种由点到线的线式思维方式。

2. 形象思维与抽象思维

中国人的形象思维较发达,非常重视直观经验,而在理论上往往停留在经验论。人们广泛运用形象类比的方法，借助物体的形象表达思想，而且在得出思想后可以忘掉形象，超越经验，从而获得直觉的体悟。中国人习惯形象思维，表现在文章上，就是辞藻华丽，用词形象、鲜明、生动。

西方人擅长抽象思维，即逻辑思维。在欧美文化中，亚里士多德建立的逻辑体系——三段论推理使逻辑思维成为西方人思维的基石。西方人善于用抽象概念表达具体的事物，比较重视抽象思维能力的运用，表现在语言上就是大量使用含义概括、指称笼统的抽象名词来表达复杂的理性概念。

3. 统一思维与对立思维

中国传统文化强调"人与天地万物一体"，人与人和谐，人与自然和谐，以"天人合一"为最高境界。中国古代哲学家还认为整个世界是统一体，没必要严格区分整体与部分，因为部分不能作为一分子流离出整体。在中国"天人合一"的思想影响下，人们在思想意识、思维模式等方面都更重视整体、笼统、综合和直觉。虽然中国人也习惯于把事物分成对立的两个方面，但是这两个对立面被视为一个不可分割的整体。人和自然处于统一和整体的结构中，因此天与人、阴与阳、神与物质是不可分割的统一体。这种"亦此亦彼"形成了中国人的思维习惯，也形成了中国人的辩证法。

西方人从古至今都倾向于把宇宙分成两个截然不同的世界，强调天人相分，二者对立。西方人对"原罪"的自我意识使他们为赎罪而不屈不挠地征服自然，改造自我，认为"自助者天助之"，希望达到"神人合一"。他们认为世界上的万物都是对立的，分为人与自然、物质与精神、社会与自然等。这使西方人形成了对待事物重理性分析的思想方式和重逻辑的思维模式，注重内在的差别和对立，寻求世界的对立，倾向于进行"非此即彼"式的推理判断。

（二）中西方思维方式差异产生的原因

中西方思维方式差异产生的原因，主要有以下几个方面。

首先，中国古代社会是原始的农耕社会，农业生产方式及内容复杂艰深，需要社会成员们相互协调、合作。这种以农业为主体的传统文化所孕育的思维方式，被中国先贤赋予了道德意义，成为中国文化的核心原则，构筑了礼乐文明。与中国农耕文化相反，西方文化发源于爱琴海和地中海沿岸，岛屿众多，属于海洋文明。因为岛屿众多，西方人的祖先不仅生活长期居无定所，还要面对气候恶劣、反复无常的海洋环境。此外，欧洲的地理、气候条件不适宜农业发展，因此欧洲人喜欢海上冒险，性格比较外向；加之工业革命推动了社会的发展，从而形成了西方国家喜欢拓展生活领域和疆土，喜欢用武力征服其他国家和地区的个性。在这样的社会文化背景下，西方人形成了理性客观的逻辑思维方式。

其次，中国人喜欢追求和谐，追求人与自然的和谐共生。中华民族的思维方式是综合性的思维方式，喜欢观察事物的总体特征，倾向于从大局思考问题的思维方式。在西方哲学中，人与自然是相互矛盾的，人类的根本任务是征服宇宙、征服自然、与大自然抗争。例如，达尔文的进化论强调适者生存，优胜劣汰。在这种哲学和科学指导下的思维方式也可以被称为一种综合性的思维方式。在文艺复兴时期，自然科学被分成了相对独立的学科，如物理、化学、机械学、天文学和医学等学科。这种对学科的精准划分和深入研究，有利于揭示事物的内在本质，从而科学地把握事物的普遍规律。这种思维方式和思考方式对现代科学的创立和发展具有非常关键的作用。

最后，中国人崇尚集体主义，重视整体利益，其中包含家庭利益和国家利益。中国人主张以大局为重，提倡奉献精神，反对极端个人主义和个人利益大于集体利益。中国人经常把个人利益同国家利益紧密联系起来，鼓励人们在关键时刻为国家献身。中国传统文化以儒学为主干，儒家文化倡导的"中庸"使中国人的性格比较含蓄内敛，喜欢反省自身，重视身心合一。然而，过度地崇拜中庸思想，则会导致中国人过于封建和保守，使人们安于现状，缺乏创新意识和开拓精神。在这种背景下，中国人形成了求同存异的保守的思维方式。在西方，外向化的文化使西方人更注重个人利益，追求人权平等，崇尚自由。他们认为如果连个人利益都不能保护，就更不用说维护集体利益了。功利主义思维方式和急功近利的价值观念，使得西方人非常看重个人利益的得失和个人价值的展现。在这种背景下，西方人形成了发散性的思维方式。

总而言之，每种文化都有着迥然不同的发展轨迹。西方人具有探险精神，倡导理性思维，以强调逻辑性和分析思维为特征；而中国人习惯借鉴和相信先人的经验，相信权威，较为缺乏创新和探索精神，形成了以辩证主义哲学和整体思维方式为主的思维特征。

（三）思维模式差异对跨文化交际的影响

受整体倾向和圆式思维模式的影响，中国人说话习惯绕弯子，常常避开主题，从宽泛的空间和时间入手，从整体到局部，从大到小，由远及近。在向别人提出要求时，中国人决不会使对方感到突兀，而是尽量委婉、迂回和礼貌，先述说细节，与对方取得共识之后再提出自己的具体要求。

受直线式思维的影响，中国人这种由大及小、由远及近的迂回做法会使西方人感到扑朔迷离。西方人习惯开门见山，把话题放在最前面，以引起听话人或读者的重视。他们往往会径直提出要求，先讲结果，后讲原因。即使是朋友之间打电话，他们也往往会先说明打电话的目的，再讲述原因或事件的发生过程。

五、价值取向

中国文化中强调集体利益。为了维护整体的和谐和统一，维护和巩固良好的人际关系，集体中必须存在道德规范，以约束人们的行为，如正义、自省、自我控制、等级、集体主义和对群体价值的依赖。中国社会提倡集体主义价值观，人们的一言一行都应符合社会和集体的期望，强调集体利益高于个人利益，个人服从集体、服从大局，推崇"卑己尊人"的礼貌行为。"礼"文化教导人们要尊敬长辈和尊重地位比自己高的人，懂得维护长幼尊卑、上下级有别的社会秩序。例如，见了长者要主动打招呼，要尊称对方为"老先生""老师傅""老奶奶"等；称呼比自己职位高的人要贯以职位和头衔以示尊敬，让对方觉得有"面子"。中国文化一个明显的特征就是群体观念，具体表现为自谦、尊敬他人、相互关心和体谅对方。此外，中国人在聊天时喜欢同人提及自己的私事，因为中国传统文化认为"君子坦荡荡，小人长戚戚""事无不可对人言"，了解彼此的私事是互相亲近、关心对方的表现。例如，我们经常会看到许多退休的老人们在广场聊一些家长里短的事情，见面寒暄的话题总是离不开"老伴儿身体挺好的？""儿女孝顺不？"。这些交际语言在西方人眼中似乎都是隐私话题，不可与人言。集体主义思维方式使中国人习惯了把自己的私事告诉他人，同时也希望他人将私事告诉自己、告诉大家。在中国，私密行为和个人意志常常不受重视，个人独立意识非常淡薄，过分保护个人隐私还会被人误认为有不可告人的秘密，引起别人无端的猜测。

西方人推崇的是独立自主的个人主义。他们强调和重视个人意志、个人自由、人与人之间的平等和个人权利。西方人尊重个人权利，崇尚自由和平等，不仅体现在打招呼、称谓行为模式上的平等，还表现为对陌生人以及家人的客气和礼貌，如对于家庭成员甚至是晚辈的帮助，也会说"谢谢"。以个体为中心是实现个体自主、利益均等和避免冲突的一种策略，也是处理人际关系的一种方式方法。在西方社会，个人隐私受法律保护，不允许他人控制和支配。因此，西方人在交谈中忌讳谈及个人的年龄、健康、收入和婚姻状况，希望给对方留下一个健康、年轻、完美的形象，同时也是为了保护自己，有利于个人在竞争激烈的社会环境中的生存。

第二节　跨文化交际障碍的解决

一、"跨越"与"超越"

有学者提出，要想成功克服跨文化交际中的诸多障碍，就必须做到"超越"和"跨越"。跨越是指对于目标文化知识以及交际能力的获取，将立场、情感、行为模式从本族文化传递到目标文化。跨越是最直接、最基本的交际能力，而超越则是深层次的交际能力。事实上，"跨越"比较容易达到，因为人们可以从多方面了解本族文化和其他文化；而"超越"需要付出很大努力才能做到。要想实现"跨越"与"超越"，首先，人们必须摒弃文化差异或文化定势的束缚；其次，要开放、灵活、有效地与他人进行交际；最后，要建设性地构建自我认同。[1]

二、培养"通世"能力

一般来说，在异国他乡，人们应该尊重当地的文化。每一种文化的社会规范、习俗、价值观、道德规范及法律都不一样，应避免用自己的文化观随意评

---

[1] 高一虹.跨文化交际能力的培养："跨越"与"超越"[J].外语与外语教学，2002（10）:27-31.

判和规范他人的行为，否则双方极有可能产生误解甚至暴力冲突。需要注意的是，在异国他乡，人们要做到入乡随俗，和当地人保持言行一致，但同时也要注意避免盲从。当遇到文化冲突、不同信仰和不同价值观时，要注意把握入乡随俗的度，尽可能做到"求大同，存小异"，避免冲突和矛盾升级。

跨文化意识的培养要做到摒弃语言和文化定势、各种偏见与民族中心主义，然后在不同文化的影响下对自身行为做出调整，通过有意识地表达对对方生活、习俗、信仰和价值观的态度与看法，开展更加高效和积极的交流。

三、培养"移情"能力

"移情"（empathy）一词源于德语。通俗地说，移情是指把自己的主观情感赋予到客观事物上，使该事物同样也有人的感情。"移情说"是1873年，由德国著名哲学家、美学家弗里德利希·特奥里多尔·费肖尔（Friedrich Theodor Vischer）之子罗伯特·费肖尔（Robert Visher）在其父"审美的象征作用"命题的基础上提出的。他认为，一切活动都或多或少涉及外射作用，而外射的不是感觉就是情感，因此外物具备人的某种情感，产生了移情现象。1909年，美国心理学家爱德华·布雷福德·铁钦纳（Edward Bradford Titchener）将移情作为心理学命题提出，而后被德国心理学家和美学家利普斯（Lipps）引入了人际交流领域。

利普斯说："移情作用就是这里所确立的一种事实：对象就是我自己。根据这一标志，我的这种自我就是对象；也就是说，自我和对象的对立消失了，或者说，它并不曾存在。"他认为，要能够欣赏作为艺术品的花瓶，欣赏者必须在某种意义上将自己想象为一个花瓶，然后再感受它、体验它。这就是美学上的移情。

在中国古代，移情之说最早出现在东汉时期《琴操》一书的《水仙操》中，但对于其是否含有审美移情理论，学界说法不一。作为理论体系的移情大约是20世纪30年代传入中国的，并在中国美学讨论中影响较深，而后被广泛用于文学、哲学、心理学和社会学等各个领域。语言学家何自然于1991年在《外语教学与研究》中发表了一篇题为《言语交际中的语用移情》的文章，首次在国内学术界提出了移情的概念。他认为："移情在语用学上指言语交际双方情感相通，能设想和理解对方的用意。"例如，在中国传统文化中，梅花具有不屈不挠的品格，有在严寒中"凌寒独自开"的孤傲；竹子在春回大地之初破土而出，坚韧不拔、高风亮节，让人赞叹。人们并没有单独地去审视这些植物，而是将主观情感赋予这些客观的植物，让它们承载了人们丰富的思想内涵，最后实现物我合一。这样的例子，就是对移情概念的最佳诠释。

由于人们在跨文化交际中存在潜在的障碍（包括习惯回避不熟悉的人或事物、有意降低不确定性、交际目的的多样性、心理定式与偏见、滥用权力、文化冲击和民族中心主义等），我们在交际中必须首先了解自己，思考自己的行为是否伤害了对方，寻找自己与对方共同的特点，对文化差异保持足够的宽容，考虑物理和人文环境，培养移情能力。

首先，尊重文化差异，识别文化差异。文化差异最突出的表现为价值观的差异。每一种文化价值判断的标准，在其文化体系内都有其存在的合理性，具有独特性；任何一种价值标准既不比其他标准优越，也不比其他标准落后。因此，必须提高对异族、异地文化的敏感性和包容精神，学会尊重文化差异。我们应该在尊重的基础上，充分发掘不同文化间的差异。按照美国人类学家霍尔的观点，文化可以分为三个范畴，即正式规范、非正式规范和技术规范。正式规范是人的基本价值观，是判断是非的标准，能抵抗来自外部的企图改变它的强制力量。因此，正式规范引起的摩擦往往不易改变。非正式规范是人们的生活习惯和风俗等，引起的文化摩擦可以通过较长时间的文化交流来克服。技术规范可以通过人们技术知识的学习而获得，很容易改变。由此可见，不同规范的文化所造成的文化差异和文化摩擦的程度和类型是不同的，只有先识别文化差异，才能采取针对性的措施。

其次，克服文化偏见，发展文化认同。跨文化交际中经常会出现民族中心主义和部落主义等文化偏见，这也是影响不同文化沟通的无形心理障碍。贾玉新指出："偏见是一种以错误的或不可变通的概括为基础的反感心态。它不是一般性看法错误，它对使其改正的证据总是固执地抵抗，是僵化、不可逆转、不可改正的态度。它基于错误的判断，或先入之见，是对别的群体或个人采取的否定的态度，这是一种不健康不合理的心态。"世界上所有的人都是时间和空间的产物，都自觉或不自觉地经历了促使民族中心主义心态发展的社会过程。人们在特定的生活范围和文化场景中，形成了带有本民族特色的价值准则，形成了本民族判断善恶是非的标准，对民族文化具有一种天然的好感和自恋心理，容易对异民族的历史文化传统、风俗习惯、宗教信仰、审美情趣和民族心理等方面产生陌生感；再加上各民族之间在政治、经济、文化诸方面存在的利害冲突，使这种陌生感进一步上升为民族偏见，严重妨碍跨文化交际中的双向沟通。因此，在跨文化交际中，应该将不同民族的文化都看作是人类文化系统中不可缺少的重要组成部分，以一种平等的眼光加以比较，既要"知己"（即对个人感觉的自我认识），又要"知彼"（即了解他文化，发展文化认同）。只有先理解自己的文化，理解自己的文化模式，包括其优缺点的演变，才能促进文化关联态度的形成使我们在跨文化交往中能够获得识别自己和他文化之间存在的文化上的类同和差异的参照系统，他文化中的人是怎样感知自己的。这样一来，我们就能够更好地理解他人的反应，在从一种沟通情境转入另一种沟通情境时对沟通方式做出合适的调整。

最后，在融入中寻求超越。跨文化交流涉及来自不同文化背景、有不同期待的交际双方，要想使交际顺利进行，就要互相融入对方的文化。需要注意的是，在融入对方的文化时，要对他文化采取一种较为超然的立场，而不是盲目地落到另一种文化的俗套中，或是强求一种文化服从于另一种文化。在交流中，交际双方要超越自我，既不固执于自己的文化，也不盲从于他文化，而是在融入中寻找超越，结合他文化完善自己的文化，使自己的文化更容易为另一种文化所理解和接受。因此，跨文化交际应以主体与客体的友好合作为基础，达到文化移情的最高境界。

第四章 跨文化交际中的文化休克及预防

第一节 文化休克概述

一、文化休克的概念

文化休克（cultural shock）这一概念最早是由美国人类学家奥博格（Oberg）在20世纪60年代提出的，是指一个人初次进入与本民族文化完全不同的全新文化环境后产生的心理上的不适应，是由于失去了熟悉的社会交往信号或符号，对于新社会符号不熟悉而产生的一种"深度焦虑"；是指一个人在进入不熟悉的文化环境后，因失去自己熟悉的社会交流的符号与手段而产生的一种迷失、疑惑、排斥甚至恐惧的感觉。

之后，哈瑞斯（Harris）和摩兰（Moran）的研究开启了文化休克研究的新视角。他们指出，在人们由异国返回家乡的时候，可能会发生一种反向的文化冲击。这种反向文化冲击普遍表现为重返国土后反而思念在海外结交的朋友，或是由于失去了海外业务给他们带来的名与利而倍感惋惜。反向文化冲击的显著特征就是对自身文化的强烈批判。

二、文化休克的经典理论

（一）"U"形曲线模型

进入非本民族文化的生活环境，或者学习目的语文化的过程中，人们都会经历一定的文化冲突，经历从不适应到适应的过程。也就是说，文化休克呈现

第四章 跨文化交际中的文化休克及预防

出"U"形曲线，如图4-1所示。

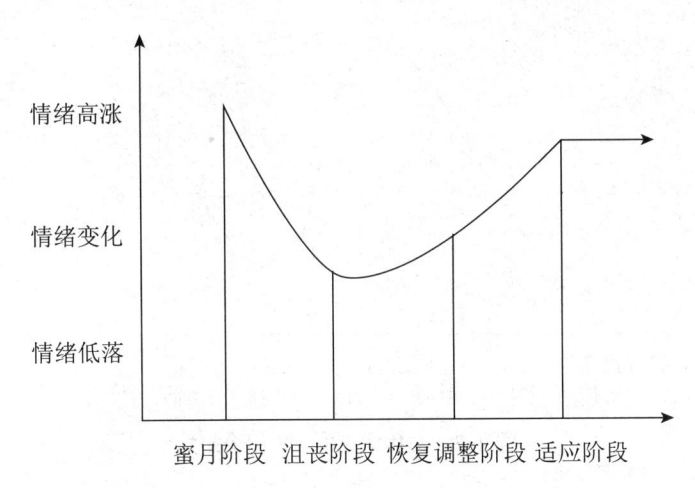

蜜月阶段　沮丧阶段　恢复调整阶段　适应阶段

图4-1 文化休克的"U"形曲线

"U"形曲线最能代表文化休克的典型特征。例如，一名旅居者在刚来到一种新文化中时，处于兴奋的状态。在这个阶段，旅居者与当地居民的接触相当肤浅。一段时间之后，在旅居者寻求与当地居民建立更深层的人际关系时，新奇感会渐渐消失，语言问题开始出现，同时出现迷惑、误解、挫败感、孤独感和焦虑感等情绪。再过一段时间，旅居者开始学会交朋友，逐渐熟悉了当地的社会环境，情绪逐渐好转。[1]

（二）回归本土文化的第二次文化休克——"W"形曲线模型

一个人在适应了他文化之后再回到本民族文化中，可能会面临第二次文化休克。因此，葛勒豪（Gullahorn）在"U"形曲线理论的基础上，提出了"W"形逆向文化休克模型，如图4-2所示。

---

[1] 孙佳明.跨文化交际中的"文化休克"现象研究[D].苏州：苏州大学，2013.

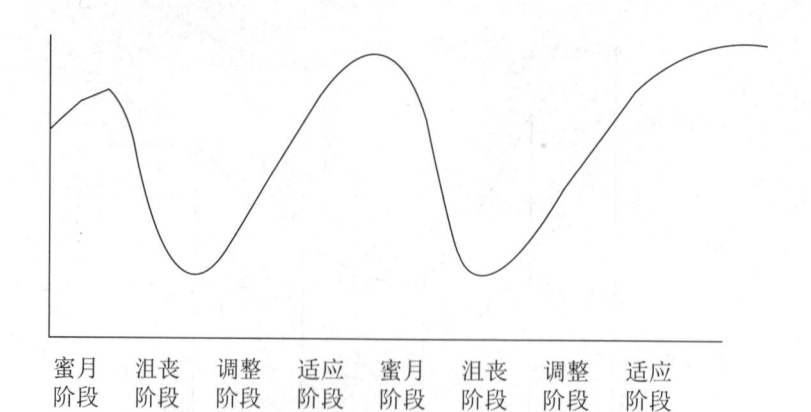

| 蜜月 | 沮丧 | 调整 | 适应 | 蜜月 | 沮丧 | 调整 | 适应 |
| 阶段 | 阶段 | 阶段 | 阶段 | 阶段 | 阶段 | 阶段 | 阶段 |

图 4-2 文化休克的"W"形曲线

人们在进入一个新的文化之前，或多或少都有一定的心理准备，这在无形中降低了文化休克的强度。但是，当人们回到自己的国家时，往往会认为自己不需要适应新的文化，只是回到了自己熟悉的文化中。这种错误的感觉加重了回归文化休克的症状。回归文化休克与身份认同有关。如果身份认同变得模糊或发生改变，就可能导致回归文化休克的症状加重。葛勒豪对回归文化休克做了实证性研究，并得出一个结论，即回归文化休克症状明显的人与回归文化休克不明显的区别主要在于个人调节。

三、文化休克的阶段

（一）新奇阶段

新奇阶段的持续时间大概为一到两个月。在新奇阶段，人们往往会由于接触到新的语言体系和文化环境而感到兴奋和好奇。因此，文化休克现象在新奇阶段并不明显。

（二）沮丧阶段

在沮丧阶段，人们由于无法与非本民族文化的人顺利交流而感到焦虑和厌烦，容易在人际交往中表现出彷徨、紧张和挫败的情绪，从而出现跨文化交际受阻、人际交往不顺等问题。沮丧阶段往往持续几周到几个月不等，在此期间心理上的压抑情绪还会导致身体疲倦、头疼或厌食等不良反应。

（三）恢复阶段

在经历了彷徨、迷茫之后，人们会逐渐适应新的文化，并自觉针对文化休克现象寻求解决办法，主动了解新的文化。在恢复阶段，跨文化交际能力得到了大幅度提升，跨文化交际活动基本顺畅。

（四）适应阶段

到了适应阶段，人们的烦躁、焦虑等情绪彻底消失，取而代之的是对新的语言环境的适应和对新的文化背景的接纳。在这一阶段，人们能够利用第二语言与当地人进行流畅的交流。

四、产生文化休克的原因

（一）价值观念的差异

价值观念的不同，是导致文化休克最根本的原因。价值观的差异往往会导致不同国家对同一事物有不同的理解，从而导致人们在跨文化交际过程中出现误会甚至冲突。例如，虽然日本和中国都奉行儒家的"仁义"之道，但是中国人对"仁"的理解是"仁慈、和谐、平衡"，认为人和人之间的相互关爱、尊重与宽容是"仁"的精髓；而日本人对"仁"的理解则更趋向于"礼"，认为在社会上要长幼有制、尊卑有序，并以强者为尊。如果交际双方不能深刻理解彼此在价值观念上的差异，就难免在跨文化交际中产生隔阂，阻碍双方的顺利交流。

（二）语言习惯的差异

语言在一定的历史背景和人际交往的过程中产生，能如实地体现一个国家或地区的文化特征。因此，不同国家或地区的语言习惯往往存在巨大差异，即使是同一词汇，也会具有完全不同的含义，从而在跨文化交际中引发文化休克现象。例如，汉语中的"你"适用于一切第二人称，并且在同一辈分或同一级别的人之间的使用十分频繁；然而，在日本，"你"往往只适用于亲密的恋人或夫妻之间，在与其他人的交往过程中往往用"姓氏+职务/敬称"等形式来代替"你"。一个简单的"你"字，在中日交往当中就存在如此巨大的差异，可见语言习惯对跨文化交际的影响之大。

（三）风俗习惯的差异

不同的风土人情和风俗习惯也是导致文化休克的重要因素之一。例如，在我国，农历五月初五的端午节是重要的传统节日，人们以赛龙舟、插艾草和吃粽子等形式来纪念爱国诗人屈原；而在日本，这一天却是"男孩节"，是属于男孩子们的节日。其庆祝形式是在门窗上插上菖蒲，并在院中悬挂鲤鱼图案的旗帜。如果在跨文化交际中不了解这些风俗习惯上的差异，就很容易造成沟通障碍，导致文化休克。

（四）思维方式的差异

同一国家的人在长期的共同生活、学习和工作之中，形成了固定的思维方式，而这种思维方式，也往往容易导致跨文化交际中文化休克现象的产生。例如，同样是拒绝他人的宴会邀请，西方人会直接回复"对不起，我去不了"；而中国人则会用"我当天有十分重要的事情要做"这类话语回复，不直接拒绝，而是让对方通过领会自己的语意来做出委婉的拒绝。在跨文化交际中，如果交流双方不了解彼此的思维方式，则很难理解对方的真实意图，引起文化休克。

五、文化休克的表现形式

（一）言语行为

言语行为是人们通过语言所完成的行为，如人们在日常交往中相互之间的恭维、寒暄、允诺、问候，甚至是侮辱和威胁，都有各自的言语行为方式。由于文化背景的差异，不同国家的人在进行交往时，难免会在言语行为上产生误解。例如，中国人在拒绝他人的要求时通常不会直接否定，而是委婉地说"让我再考虑一下"或"再研究研究"。这种回答在中国文化中是一种托词，也是被普遍接受的言语行为。但是，对于直言快语的美国人而言，这几句话意味着他们的要求很可能可以得到满足,否则不会再考虑、研究。在邀请、称赞某人时,中国和美国的表达形式和语义也大相径庭。当美国人邀请别人时,他们会说"你想来的话就来",但中国人会觉得美国人的邀请极不诚恳。汉语的称赞语一般是以"你"或"你的"开头,而英语的称赞语主要是以"I"(我)开头。由此可见,思维方式不同,语言文化也会有所差异。

需要注意的是,不同民族的文化有可能存在某些相同或相似的地方,即文化的耦合现象,这种相似性必然会反映到言语行为中,使言语行为具有可翻译性(translatability)。具体来说,汉语中的某些语言在英语中能找到对应的表达;同样,英语中的某些词句在汉语中也可以有准确的表达。例如,汉语中把外表仁慈但包藏祸心的人称为"披着羊皮的狼",而英语中也有同样的表达,即"wolf in sheep's clothing";英语中的"we are in the same boat",也就是我们所说的"同舟共济";"三思而后行"在英语中也有类似的表达,即"think twice before you act"等。文化的这种耦合现象,可以促进英语学习中的正迁移,也有利于跨文化交际活动的开展。然而,不同的民族由于在地理、民俗、宗教及价值观念等方面存在较大差异,言语行为更多地表现出不可翻译性,即某些语句被译成其他语言后可能会与原句的意义存在一定的出入,丧失其本义。

(二)非言语行为

非言语行为是指语言行为以外的所有交际行为,如手语、体态语、目光语、沉默语和环境语等。非言语行为贯穿于整个交际过程,是交际中极其重要的形式。中国古代思想家孔子在两千年以前就十分重视非言语行为,他主张人们要多用姿势、容貌方式进行人际交流,提倡人们交际时先要"察言观色",见什么人做什么姿势。人们对本文化的非语言交际行为往往习焉不察,对他文化的非语言行为却极为敏感,但也容易发生理解偏差。例如,中国人重视交谈中沉默的作用,认为沉默蕴含着丰富的含义,具有"无声胜有声"的艺术魅力。沉默既可表示无言的赞许,也可以表示无声的抗议,又可以是符合众意的默认。因此,人们在听报告时只是静静倾听,很少提问,交谈中也不会以响亮的声音表示自己的态度或感受。这种行为在西方,往往会使报告人或是说话人认为自己所讲的内容不受欢迎。西方人在交谈时喜欢用眼睛直视对方以示真诚和自信，而中国人则喜欢低头或平视，并不直视对方的眼睛，这常使西方人觉得中国人不真诚、不自信。其原因在于，在亚洲文化中，直接的眼睛凝视会让人感到不快。眼神接触的时间也因文化的不同而各有差异。如果凝视时间过长，对方可能会感到冒犯；如果接触时间过短，对方可能会认为你不感兴趣。

正如言语行为一样，非语言行为也存在多义性。有的是跨文化交际中各文化背景的人都通用的非言语行为，如用来表示胜利的"V"形手势语；而更多的非言语行为是某一文化所独有的或是与其他文化具有对立含义的。例如，在交谈时，西方人往往先进行目光接触，表示对对方的谈话感兴趣，而中国人在交谈时大多不直视他人以示谦卑。例如，看到"OK"这一手势，许多国家的人首先想到的都是"顺利、许可或不错"等，而希腊和巴西等国家则认为这是一种卑鄙下流、令人作呕的污秽行为。再如，中国人要把别人叫到面前时，常使用手心向下、手指向内连续弯曲的手势，而这种手势在西方国家是在召唤小动物走近时用的。西方人常使用四指弯曲食指向内勾动的手势，而这种手势在中国则是极富挑衅性的一种行为。另外，点头这一动作在许多国家的人看来都表示"同意"或"赞许"，但在有些国家（澳大利亚某些土著区域和中东地区的国家等），点头并没有以上含义，而摇头才是"同意"或"赞许"的意思。

握手是对他人的尊敬和友好的象征，我们在被介绍时总是与对方握手以示友好和问候，可是在有些国家或地区，如在拉丁美洲，有力而且热烈的握手被认为是心怀不轨的举动。

以上例子充分说明非语言行为能反映一个人的真实态度、心理活动和价值观念。在交际中，如果我们对某些非言语行为的理解不充分，或按本民族文化的理解运用了不恰当的非言语行为，就很容易引起别人的误解。因此，在对外汉语教学中，非语言文化的教学要比言语教学难得多。

六、文化休克现象的影响

（一）消极影响

文化休克是一个人进入一种新的文化或亚文化中丧失方向，突然失去熟悉的社会交往中的符号和象征而产生的一种突如其来的忧虑和无所适从的迷惑状态，会使人产生不舒服、不适应的感觉。在个人的成长过程中，熟知的话语、手势、面部表情、习惯或规范已经成为人的一部分，人会依靠这些线索保持心智的平和。当个人进入一种陌生的文化中，这些线索有了不同的含义，自己所尊崇的价值观在其他文化中并不被看重，因此便产生了一种因无从定位而招致的焦虑、沮丧和敌视的情绪。此时，人们开始对新文化感到不满意，将旧的文化方式理想化，用偏见和定势消极地评价新的文化。文化休克现象不同程度地影响着大多数初次接触他文化的人，产生文化休克的人大多思乡、心境不佳、自尊心减低、自信心下降、多愁善感、兴味索然、不愿外出见人、胆小怕事、心绪不宁、急躁易怒、寝食不安、注意力不集中和学习工作能力减退等，更甚者还会出现严重的抑郁或焦虑，甚至产生厌世自杀的情绪。

（二）积极影响

文化休克除了具有负面的、消极的影响，还具有积极的影响。实际上，它是个人或社会在文化系统中开始转变的起点。文化休克给跨文化的人提供了适应新环境、学习新文化的机会，而通过这种适应和学习，人们会增强迎接挑战的勇气。阿德勒（Adler）认为文化休克是一种深刻的学习经历，可以促进较高程度的自我意识的形成和个性的成长。他认为，不应把文化休克看作是一种疾病，把对他文化的适应看作病愈，而是应当把文化休克看作跨文化学习经历的核心。

第二节　克服文化休克的策略

克服文化休克的策略有很多，本节将从心理策略、意识策略、能力策略和知识策略四个方面对克服文化休克的策略进行阐述。

一、心理策略

要想克服跨文化交际中的文化休克现象，保持良好的心理状态至关重要。在跨文化交际中，要始终保持以下心理状态。

（一）乐观

大多数人在面临文化休克的时候都难免表现出紧张、焦虑的心理状态，这时候就要始终提醒自己保持积极乐观的心理，用开朗豁达的心态面对和解决这些问题，培养自己虚心学习、大胆交流的信心和勇气。

（二）耐心

克服跨文化交际中产生的文化休克现象是一个漫长的学习、适应和调整的过程，不能操之过急。只有始终保持耐心，时刻丰富自己的文化知识，调整自己的语言习惯和思维模式，完善自身的知识结构，才能使自己尽快适应对方的语言和文化，确保跨文化交际顺利进行。

（三）细心

在跨文化交际的过程中，要细心留意对方在语言结构、文化背景、思维模式等方面存在的差异，并及时做出调整，使自己尽快克服文化休克，融入新的文化环境。

二、意识策略

（一）跨文化交际意识

跨文化交际意识，主要是指摆脱原有文化体系、道德标准、语言习惯和思维定式对自身的干扰和束缚，对不同国家、地区和种族之间存在的文化差异有充分的认识和正确的理解，并抱着包容和尊重的态度，接受和融合其他国家的文化，避免出现文化休克。例如，与中国人不同，日本人认为与陌生人攀谈不仅不是热情的表现，反而是没有礼貌的行为。那么，我们在与日本人交往的过程中，就要自觉地培养这种意识，尊重日本人在与人交往方面的习惯，不贸然找日本人搭讪或攀谈，避免给双方的交流带来误会或障碍。

（二）文化整合意识

伴随着不同国家和地区之间文化和经济交融脚步的加快，无论是东西方文化之间，还是不同国家的文化之间，都存在着相互分离又相互统一的关系。这种关系使不同文化之间相互影响，相互作用，共同发展。因此，要想克服文化休克，就需要具备文化整合意识。具体来说，就是在学习、掌握和应用其他国家语言，了解、熟悉和研究其他国家文化的同时，对落后的、糟粕的文化进行剔除，对先进的、精华的文化进行吸收。这样一来，不仅可以促进本民族文化不断进步，而且可以有效避免文化休克。

三、能力策略

能力策略主要包括三个方面，即提升认知能力、文化移情能力以及行为能力。其中，提升文化移情能力已在上一章进行了简单的介绍，但是由于其在克服文化休克中十分重要，此处将对其进行更为详细的论述。

（一）提升认知能力

认知能力主要是指在解放思想、开阔眼界的基础上，用全新的角度来认识问题和解决问题的能力。延伸到跨文化交际当中，就是要加强对对方文化的学习和对对方国情的了解，在客观、全面、深入地了解对方的文化背景、语言特点、思维模式和风俗习惯的基础上，站在对方的角度审视问题、进行交流沟通。例如，在与日本人交往的过程中，我们发现日本人在用餐之前都习惯郑重其事地说"我开始吃了"。这是因为日本人不仅认为食物是上帝的赏赐，而且是劳动的结晶，这种行为表达了他们对劳动的崇敬之情。在了解了这种文化背景之后，我们就应该在与日本人交往的过程中自觉尊重这种文化，使双方在和谐友好的基础上进行交流和沟通。

（二）提升文化移情能力

文化移情就像是跨文化交际中的润滑剂，无论面对哪个国家，哪个民族，甚至是某个地域性的文化，适度的文化移情都会使交际双方更为和谐、有效地进行交流。

1. 文化移情的概念

语言学家久野暲（Susumu Kuno）把移情概念移植到了语言学领域，是指说话人与其所描写的事件或状态的参与人或物的关系密切程度。跨文化交际是两种不同文化之间的交流，并不仅仅是语言交流。不同文化背景的人若想顺利交流，就要自觉地进行文化移情。根据美国语言学家汉威（Hanvey）的解释，有效的跨文化交际行为必须经历文化移情的四个阶段：第一阶段是初次接触到异国文化，对一切都充满了好奇，与本国文化的不同和异国情调似乎都充满了挑战，令人兴奋；第二阶段是在新鲜感褪去后，逐渐发现并不是一切不同都很美好，进而产生排斥感，甚至难以接受细微而有意义的文化差别；第三阶段是开始细心观察并理性分析，反思这些微妙而有意义的文化差别；第四阶段，当经历了好奇、排斥和思考的过程后，交际者对该文化有了一定的了解，久而久之，就会使自己的思想感情融入该文化。这四个阶段和文化休克的四个阶段基本一致。

通俗地说，文化移情就是交际主体自觉地转换文化立场，在交际中有意识地超越本土文化的俗套和框架模式，摆脱自身文化的约束，置身于另一种文化模式中，如实地感受、领悟和理解另一种文化。它是跨文化交际中连接主体与客体语言、文化及情感的桥梁和纽带，是有效沟通的技巧、艺术和能力。简单地说，就是在与拥有不同文化背景的人交流时，不仅要做到形式上的"入乡随俗"，更要做到心理上的"将心比心"和"设身处地"。

高永晨认为，文化移情是跨文化交际中主客体相互适应和情感沟通的重要方法。鲁本将跨文化交际能力分为七个要素：①对他文化表示友好和尊敬，不消极对待对方；②能够客观面对交际者的能力，不妄加评论，不擅自下结论；③充分发挥主观能动性了解对方的个性、品行；④个人的移情能力；⑤在面对不同的情景和不同的事件时，交际中的任何一方都要灵活应变；⑥在交际过程中，不能某一方一直处于交际主动状态或是被动状态，要做到你来我往、互相交谈；⑦当对方抛出含糊不清的话语或问题，抑或向你展现出了全新的姿态时，要做到从容不迫、处变不惊。在这七个要素中，文化移情能力的重要性毋庸置疑。文化移情既立足于本土文化，又超越本土文化，能够站在对方立场理解对方的话语促使交际成功。然而，跨文化意识及文化移情能力的培养并不容易，能否进行文化移情、文化移情是否得体、文化移情是否成功会受到多种因素的影响。

2. 影响文化移情能力的因素

人是社会动物，除了天生具有的自然性，人所处的环境、接受的教育、遵守的法律制度和保持的风土人情等社会属性也是人的根本特征。影响文化移情能力的因素大多来自人后天形成的社会属性。

　　文化同语言一样，不会先天习得，而是需要后天的学习。不同文化背景的人，在世界观、人生观和价值观方面往往存在巨大的差异。站在一个全新的文化面前，人的外来性特征尤为明显，其主要表现就是与该文化的主流节奏不合拍，大到思维模式、行为方式，小到穿衣打扮、饮食习惯，都有极大的不同。我们可以在中国体会到"远亲不如近邻"的邻里关系，谁家吵架拌嘴，谁家喜事迎门，或劝解，或帮忙，而且串门聊天是人之常情。而在西方社会，我们可以用"鸡犬之声相闻，老死不相往来"来形容邻里关系。在西方人看来，他们需要的是密闭的私人空间，没有主人的允许或邀请而登门造访，很可能被视为侵犯私人领地。由此可见，文化差异无处不在，存在于生活中各个微小的细节中。

　　然而，在所有差异中，最重要的就是价值观念的差异。文化就像洋葱，由很多层构成。最外层是人们可以看到的事物，如衣着、建筑等；透过显而易见的表层，第二层是某种文化的典型人物代表；第三层是各文化都具备的行为规范——礼仪；最后一层，也是最难理解、最深层的部分——价值观。价值观是一个具有文化色彩的结构特征，只有当遇到来自其他文化的具有另一种价值观的人，人们才会意识到自己的价值观。价值观是文化中最深层次的部分，它是一个民族、一个国家文化内涵、底蕴的集中体现。价值观的形成，使人们对人类生存的价值和意义形成了不同的看法，支配着人们的信念、态度、看法和行动，形成了衡量"真、善、美"的不同的价值标准。由于不同文化价值观念上的差异，人们在最初接触到与自己的文化截然不同的文化现象时，难免会采取消极的态度，从而导致文化移情的失败。

　　下面是一个文化移情失败的例子。

　　在电影《刮痧》中，北京人许大同一家三口在美国奋斗多年，终于实现了他们的美国梦。许大同的父亲来到美国和儿子一家团聚，发现自己的孙子丹尼斯病了，于是便用中国的刮痧疗法为孙子治病。刮痧是中国流传了数千年的民间疗法，人们认为，通过刮痧，可以达到疏通经络、活血化瘀的作用，促进血液循环。但是，刮痧后，皮肤上会有很深的印迹，并且短时间内不会消退。随后，丹尼斯在儿童医院治疗时，医生发现了丹尼斯身上的痕迹，便以虐待儿童罪将许大同告上了法庭。最终，丹尼斯被儿童福利院收养，许大同被禁止再接近儿子，原本幸福美满的一家人转眼间支离破碎。

在美国，人们不相信刮痧可以治病。无论许大同如何辩解，美国人更愿意面对事实，相信自己所看到的。电影中还有一个情节让人印象深刻。在公司的宴会上，许大同的儿子和公司经理的儿子在玩耍中打了起来，许大同不问缘由就直接给了自己儿子一巴掌，他认为这给了经理极大的面子，是在对经理表示尊重，而且许大同认为他打自己的儿子是私事，别人无权干涉。但许大同没有意识到，既然身处美国这样一个文化背景与中国截然不同的国家，就应该考虑到个人的所作所为能否为他人接受，有没有触犯该国的法律。正是因为许大同固守本民族文化，才导致了电影最后的结局。

文化移情的失败贯穿电影的始终。纵使许大同在美国生活多年，他身上所具备的仍然是根深蒂固的中国传统文化。在不同文化产生碰撞时，许大同本能地用中国的价值标准衡量是非对错，将大部分精力集中于自身的感情和行为，不能及时有效地注意对方的行为与情感并做出反应，文化移情能力较低，以致交际失败。

在对外汉语教学中，无论面对哪个国家的学生，都必须意识到文化差异的存在。文化差异不可消除，因此教师应多了解学生所处的文化背景，有意识地拉近不同文化的距离，消除交际屏障，消除陌生感，激发学生学习汉语的热情，以确保最终实现对外汉语教学的真正目的。这就要求教师在对外汉语教学过程中要不断渗透多样化、深层次的文化内容。

3. 提升文化移情能力的途径

文化移情能力不是天生的，而是靠后天训练、培养形成的。文化移情能力的形成也并非一朝一夕之事，需要在跨文化交际实践中刻苦努力，逐渐积累。重视和培养文化移情能力，是培养跨文化交际能力的重要内容，具有重要的作用。因此，培养文化移情能力应贯穿培养跨文化交际能力的始终。为此，我们要认识不同文化模式的差异性和相似性，提高语言学习中的文化敏感度，自觉进行文化移情。

（1）影视作品、文学作品欣赏

电影和文学是展示某种文化的重要形式，是向世界展现本国文化的窗口，拥有不同文化的人架起了一座交流和沟通的桥梁。影视和文学作品能直观地反映一个国家的生活方式、社会习俗、礼仪、思维方式以及价值观等内容，透过鲜活的小人物映射多元文化。需要注意的是，在欣赏电影和阅读文学作品时，只有尊重其中的文化传统和民族精神，才能真正领悟到影片和文学作品的艺术价值。实际上，人们在欣赏电影和文学时，往往倾向于透过自身的文化角度审视其中的文化。这种情况下，文化移情就显得尤为重要。在文化移情的作用下，人们为了能更加透彻地理解作品，便会自觉地置身于相应的文化之中，领悟作品传递的文化信息。

传统武术造就了中国武侠电影，而中国武侠电影使许多外国人都对中国武术兴趣颇深。从李小龙到成龙，从《英雄》到《叶问》，武侠电影所要展示的并不是谁的功夫更为高深，谁的江湖地位更加显赫，牺牲自我、委曲求全的侠义精神和儒、道、佛的精神境界才是武侠电影最终呈现给观众的精髓。然而，如果对中国文化不够了解，在欣赏这类电影时，也只能是"外行看热闹"。因此，通过欣赏影视文学作品培养文化移情能力前要对相应的文化有一定的了解。

（2）体验"汉语沙龙"

就像中国学生学习英语时开展的英语角活动一样，汉语沙龙是为汉语学习者搭建的一个具有中国文化氛围、用汉语交流的平台。汉语沙龙可以每周举行一次，每次选一个主题，如美食、旅游、电影、剪纸等，让所有学生都参与进来，调动他们的积极性，多进行汉语交流。在进行与主题相关的话题讨论、音乐或电影欣赏的同时，还可以设计游戏环节，增加"沙龙"的趣味性。在轻松愉快的氛围中边玩边学，不仅拉近了不同文化背景的学生之间的距离，更激发了学生学习的兴趣和热情，使学生在实际交流中运用到所学知识并及时发现错误，并在与他文化交际者近距离接触中提高文化敏感性和文化移情能力，增强跨文化意识。

（3）重视非语言交际

在跨文化交际中，如果不能深刻地理解非语言文化的专属性问题，就会产生交际误解和冲突。这是因为，非语言交际和文化密不可分，人们非语言行为的形成取决于一定的社会文化环境。各国有各国的历史民俗、传统文化、社会环境和民族特色，受这些因素影响形成的非语言交际方式当然也各具特点。各个民族的非语言交际方式表现的是本民族的价值观念、思维方式、社会制度和宗教信仰，因此人们通常会对本文化的非语言交际方式习以为常，但对他文化的非语言交际方式感到比较陌生、难以理解和难以接受。

中国人在表示无奈的时候，常常会摆手或是摇头，而西方人则会用耸肩的动作来表示。许多年轻的中国人在照相时喜欢比出"剪刀手"，也就是"V"手势，殊不知正反掌的V手势有着天壤之别的含义。我们所熟知的是掌心朝外，即正掌的"V"手势，它表示胜利，也就是英语中的"victory"和法语中的"victoire"的首字母。据说这是一位比利时律师为了反抗纳粹想出来的手势，后来这个手势得到了推广，便广泛流传开来。但若掌心向内，即反掌比出"V"手势，则十分粗野，表示对对方的侮辱。该手势源于英法百年战争期间，法国人扬言要砍掉英国弓箭手的食指和中指，让他们变成残疾人，再也不能打仗。然而，法国大败，英国人在取得胜利后伸出食指和中指，掌心向内，向法国战俘示威。因此，反掌"V"手势在英国大多用于辱骂对方，并非像我们认为的那样表示胜利。在土耳其和希腊人眼里，反掌的"V"手势则是请求对方拿两杯酒，或是要两把椅子。总而言之，在不同的文化中，不同的手势传递着不同的信息，表达不同的意义。因此，重视非语言交际是提高文化移情的有效途径之一。

（4）提高适应力

环境和人的关系就好比是水和鱼的关系，不同水域滋养不同种类的鱼群，不同的环境中成长起来的就是拥有不同文化背景的人。人们走出国门，就像是鱼群游到了一片新的海域，要想很好地生存下去，就必须调整自己，让自己适应新的环境。

当然，在生理方面，人对环境的依赖程度远不及鱼群对水域的依赖那么深；但是，人在心理方面对环境的依赖是有过之而无不及的。衣食住行中的任何一个方面都会引起人们心理上的变化。只有身体适应了生活环境，才有可能识别并尊重文化差异，克服文化偏见，发展文化认同，融入其中并寻求超越。

4. 提升文化移情能力需注意的问题

提升文化移情能力最重要的是要遵循适度原则。凡事都有一个度，文化移情亦是如此。文化移情只有适度，才能保证跨文化交际的质量。在跨文化交际

第四章 跨文化交际中的文化休克及预防

中，要想坚持文化移情的适度原则，就要区分文化移情、文化矫情、文化同情和文化恣情。

文化矫情在跨文化交际中是文化移情不到位的表现，即"缺位"现象，是指在交际过程中过度压抑自己的情感，反应冷漠，不能敏感地捕捉对方的情感并予以回应，做出适当的共鸣。其结果必然导致交际双方产生情感阻隔，使跨文化交际遇到巨大障碍。在中国人中有一种特殊的文化矫情现象，这种现象源于中国人的"面子文化"。典型的例子就是中国式的"聋哑英语"。中国学生在学习英语的过程中，常常由于怕出错而不敢张嘴说、张口练，不敢主动和外教进行面对面交流。有些人在出国前通过了"托福"和"美国研究生入学考试"，英语单词量必然不在话下，对于英语语法也很熟悉，但在走出国门后，他们每说一句话之前都要先考虑自己的语法有没有错误，在和别人交流时生怕自己听不懂。在这种情况下，他们不能积极主动地参与跨文化交际。渐渐地，这种语言障碍再加上文化障碍会导致心理障碍产生，甚至使人产生厌恶异国文化的情绪。

文化同情是从自身出发，用自身的价值观和评判标准解释和评价别人的行为。从表面上看，文化同情具有文化移情的倾向，但是并没有从根本上转变，没有转移情感内容。在交际中，文化同情并没有打破本土文化的束缚，更没有置身于新的文化中体验他人的情感和情绪，产生情感共鸣。文化移情与文化同情的差别在欣赏文学作品时尤为突出。在阅读一篇外语文章时，我们会不自觉地把外语转换为自己最为熟悉的母语。这是因为，即使掌握了外语，但是由于母语具有的强大的文化力量，外语也无法替代母语对我们的影响。一篇文章、一本书，不仅仅是词汇语法的排列组合，更是作者感情的抒发，是用语言去传达更深层次的东西。无论它所描述的是衣食住行还是油盐酱醋，再普通的东西都与作者的语言文化环境有着千丝万缕的联系。因此，我们在阅读时，不仅要看完它，更要看懂它。我们将一句话转换为自己的母语时，所要考虑的不只是意思是否正确，语句是否通顺，还要考虑这样翻译是否影响对文章的理解。从文化同情的角度来看，用自身的视角、本身所具有的评判标准去阅读，仅仅能做到将书读完，并没有实现文化移情。我们阅读外语书籍是为了从不同的角度了解异国文化，只有在真正做到文化移情的时候，才能够真正读懂。

有"缺位"现象，就会有"越位"现象。文化移情的"越位"就是文化恣情,是指在交际过程中过度放纵自己的感情,完全丢弃了本民族的文化立场。文化恣情真正做到了文化移情,然而却过度移情,模糊了交际双方的界限,也会在跨文化交际中产生新的心理障碍。中国的姓氏文化源远流长,它是社会结构中的一种血缘关系符号。众所周知,中国人的姓名是姓在前,名在后,而美国人是名在前,姓在后。很多中国留学生及学者到美国后,便"入乡随俗"地按照美国人的姓名顺序介绍自己。例如,一个学生叫马林,在介绍自己的时候说"I'm Lin Ma."接下来,美国人理所应当地认为按照中国的文化习惯,这位学生应该姓林,就会称呼其为"Miss Lin",因为美国人知道中国人的姓名顺序与他们不同。这就会导致混乱。其实,得体的介绍应该是"I'm Ma Lin. My family name is Ma. My given name is Lin."诸如此类文化恣情的例子,常常会让人想起"不要忘本""崇洋媚外"等词语。在他文化碰撞的过程中,我们所代表的不仅仅是个人,还有身后的整个民族。当一个人完全将本民族的文化立场弃之不顾,何谈以交际一方的身份去进行交流呢?我们常说某些外国人是"中国通",在中国生活了许多年,对中国上知天文、下知地理,可以在端午节和中国人一起包粽子,在重阳节陪老人去登山。但是,这并不意味着他就不信奉上帝、不去教堂祷告。无论何时何地,无论与哪个国家哪个民族的人进行交流,作为一个中国人,我们都不能忘记自己来自中华民族。

上述三种现象,无论哪一种都是失败的文化移情。实际上,回归到文化移情的定义,我们就可以发现其中关于"度"的原则。我们所说的"超越本土框架模式,摆脱文化约束",并不是让交际者摒弃自身的文化。置身另一种文化模式中,去感受、理解和领悟,也并不是用自身的价值观标准去衡量对方的言行举止,而是坚持文化移情的适度原则,承认文化间的平等性和互补性。对于本民族的文化立场,做到既不一成不变,也不完全放弃,力争在本民族文化和他文化中寻找平衡。

(三)提升行为能力

行为能力也叫交际能力,是指在具体的跨文化交际过程中认识和解决具体问题,为双方营造轻松愉悦的交流环境,并始终保持流畅顺利的沟通的能力。日本的筷子比中国的筷子短得多,那是因为在日本,每个人都只吃自己面前的菜饭,而不像中国人一样需要伸长筷子夹桌子另一边的菜。如果我们在第一次遇到这种情况的时候贸然发问，表示质疑，难免会让气氛变得尴尬。这个时候，就是锻炼交际能力的时候，对具体问题进行具体分析的时候。

四、知识策略

（一）加强理论学习

要想顺利开展跨文化交际，提升跨文化交际能力，需要有一系列的理论支撑。因此，要回避文化休克，就需要加强对文化适应理论、文化冲突理论和不确定性减少理论等基础理论的学习与研究，以理论研究为指导，有计划、有规律地开展跨文化交际学习与实践。

（二）加强文化学习

要想真正避免文化差异给跨文化交际带来的干扰，从根本上回避文化休克，就需要加强对外国文化的学习，对他国的经济、政治、历史、文化、习俗等做到了然于胸，充分了解一个国家或民族的价值观念、思维方式和行为守则，并透过文化表象看到民族本质，从而避免文化休克现象。例如，要想避免与美国文化之间的文化休克现象，就应该多阅读跟美国文化有关的书，观看与美国文化有关的视频或浏览与美国文化有关的网站，提升自身的美国文化知识储备，为跨文化交际奠定基础。

（三）加强交流实践

文化休克是出现在跨文化交际中的现象。因此，要回避这种现象，就要从"交际"入手，加强与外国人的交流，并在沟通中不断发现、摸索、适应和进步，在实践中提升自身的跨文化交际能力。例如，可以通过结交外国朋友、在社交网站上与外国友人沟通等多种形式，在交流中学习、在学习中交流，不断进步。

（四）开展各项培训

目前，有很多培训方式对提高跨文化交际能力、回避文化休克大有帮助。首先，传统培训。传统培训主要是指通过理论课学习、跨文化交际讲座、电教放映和举行研讨会等形式进行培训。其次,情感培训。情感培训是近几年来兴起的培训方式,通过跨文化交际情景模拟、跨文化交际能力培训和外语能力强化训练等形式提高受训者的跨文化交际能力,避免文化休克现象。最后,实践培训。实践培训是指为受训者营造真实的跨文化交际环境,让受训者通过与来自目的语国家的人进行口语交流,并在实践中发现和解决跨文化交际中存在的问题,从而提高跨文化交际水平。

综上所述,在全球化时代背景下,跨文化交际日趋频繁,并且已经成为不可逆转的大趋势。因此,我们应该不断提高自身的跨文化交际能力,克服文化休克带给交际者的干扰和阻碍,促进不同国家和地区之间的交流与沟通,为促进国际经济发展和文化交流做出应有的贡献。

第五章　跨文化交际中的语言交际与非语言交际

语言作为文化的载体，是交际的重要工具，在跨文化交际中具有举足轻重的地位。一般来说，不同的文化群体都会使用自己独特的语言进行交流和沟通。而语言作为文化的载体，能够展现不同的文化。

无论是跨文化交际，还是一般的语言交际，都必然会涉及静态的语言系统和动态的言语过程。而无论是哪一种，都需要遵循语言系统规则、言语行为、交际规则及话语组织规则。静态的语言系统是指语法、语音和词汇三种语言要素，在跨文化交际中，主要涉及词汇、句法、语篇三个方面的内容。动态的言语过程是言语行为规则、言语交际规则及话语组织规则，如合作原则、礼貌原则和言语行为理论等。前文对语言交际和非语言交际进行了简单的介绍，本章将对语言交际与非语言交际进行系统的研究。

第一节　跨文化交际中的语言交际

不同要素对跨文化交际的影响程度不同。其中，词汇对跨文化交际的影响最大。

一、词汇与跨文化交际

在构成语言的各种要素中，词是最基本的要素。当我们想要表达自己的意图的时候，首先应该选择合适的词。跨文化交际中最重要的一步就是选择合适的词进行交际，这也是决定交际成功与否的关键。杰弗里·利奇（Geoffery

Leech）指出要将词汇意义置于整个社会背景来理解。他将词义分为七类，即概念意义、内涵意义、文体意义、情感意义、反射意义、搭配意义和主题意义。在以上七类词义中，第一类词义不会引起严重的问题或麻烦，而其他意义则有与人们生活经验、实际意图和情感密切联系的不同的语用学特点。因此，一些语言学家称其为"社会文化意义"或"语用学意义"。

在跨文化交际中，当信息的发出者和信息的接收者掌握同一词的不同社会文化含义时，很容易造成误解，引起文化冲突。如果信息发出者使用了一个褒义词，而该词对信息接收者而言没有任何褒义色彩，那么信息接收者将会失去这种善意的暗示，并且没办法理解对方的好意。如果一个词对于信息发出方来说没有任何的贬损色彩，但是对信息接收者来说有一定的贬损意味，就会使交际双方造成矛盾冲突；如果该词对双方而言拥有相反的文化意义，那么交际冲突则更加严重。

（一）词汇差异

1. 内涵意义差异

词语有基本的概念意义和内涵意义。概念意义是指词语的字面含义，而内涵意义是指超出词语语境的应用意义。例如，在汉语中，"日"与"月"的概念意义分别是指白天能给人们带来强光和热度的天体和夜晚给人们带来柔光且有盈亏现象的天体，其内涵意义是"阳刚"与"阴柔"。同样，在西方语言中"blue"的概念意义是指自然界中一种常见的基本色彩，而其内涵意义是"忧郁"。例如，小约翰·施特劳斯（Johann Strauss Jr.）于1866年所创作的圆舞曲《蓝色多瑙河》就是一种忧郁中潜藏着力量的音乐作品，能给人们从黑暗、悲观、失望的情绪中冲向光明的力量。

2. 指称意义差异

指称意义是指词语在一定的情境中所提供的概念性指称。任何语言中都有一词多义现象的存在，有些可以根据词性来具体确定词的指称意义，有些却需要根据具体情境来确定词的指称意义。这些现象，对于熟悉本民族语言特点的人来说很容易理解，但是在跨文化交际中，词语的指称意义往往会给交际双方带来理解上的错位。

第五章 跨文化交际中的语言交际与非语言交际

3. 联想意义差异

联想意义是指人们在使用语言时，语言符号所唤起的人们对某种事物或现象引发的文化暗示或者关联想象所产生的含义。在交际中，人们通常利用自己已有的认知联想来对交际信息进行评估和推理，即有什么样的认知就有什么样的联想，认知不同，联想与推理的结果就会存在差异。例如，我国古代喜欢用玉来形容美人，因此会有"书中自有颜如玉"的说法；而西方通常用玉代表过时的趣味、庸俗轻佻的女子，习惯用百合和玫瑰形容女子的花容月貌。因此，在使用某一种语言的某些词语时应尊重该民族的语汇联想意义。

4. 文化差异

在跨文化交际中，文化差异是造成交际失误的一个重要因素，文化的隔阂是交际的主要障碍，很容易造成费解、误解和曲解等问题。由于交际者文化背景、交际习惯和思维模式的差异，说话者潜意识地把本族语的语用规则和交际模式生硬地迁移到目的语的交际之中。这种迁移对交际产生了一定的干扰，容易出现失误。影响文化差异的因素包括交际双方的风俗习惯、饮食、禁忌、礼仪甚至气候等。

在饮食上，我国长久以来形成的饮食结构是以五谷杂粮为主食，以蔬菜、豆制品为副食，肉类较少。这与我国传统的农业经济有关，同时也受佛教的影响。佛教倡导素食，严禁杀生，不食荤腥，因此中餐中有许多素菜美食。而在西方国家，不论是美国、英国还是俄罗斯，其主食多为面包、奶酪等，副食是肉食配以简单的蔬菜，如土豆、大头菜、胡萝卜等。此外，西方人一般不吃麻辣的东西，不吃动物内脏以及猪手、鸡爪等部位，而且相比中餐的煎炒烹炸，他们的烹饪方法也比较简单。又如，不同国家和民族有各自的禁忌，它见于文化习俗的各个方面，深植于人们的心里。在数字方面，中国人喜爱双数，结婚、庆贺时的红包要送双数；偏爱"6"和"8"，忌"4"和"7"，因此有些人的手机号、入住酒店房间号、确定结婚乔迁日期等，都要避开"4"和"7"这两个数字。在西方文化中，"7"普遍被视为幸运数字，有"lucky 7"的说法，人们对"7"格外地钟爱，将很多美好的文化内涵都附加在了"7"这个数字上，譬如美满、幸运等。这是因为"7"这个神圣、神秘的数字，对西方文化和世界文化都产生了深远的影响，具有浓烈的宗教色彩，如上帝用7天创造世界,一个星期有7天,希腊有7贤,埃及人认为天有7层、地有7层等。此外,西方人忌"13",这起源于基督教传说,西方人吃饭、聚会等都会避免13个人一起出席,甚至有的街道没有13号,有的楼房没有13层。

(二)词汇的语义

一般来说,词汇所代表的含义与文化息息相关,也是跨文化交际中不可忽视的重要内容。

1. 指示意义与隐含意义

在日常交往中,词语本身所指称的明确的意义,称为指示意义(denotation);有的意义却是暗含在词语背后的,称为隐含意义(connotation)。一个词除了具有字面的指示意义外,还可能具有隐含意义。指示意义也称字面意义、概念意义或明指意义;隐含意义也称联想意义、引申意义或暗指意义,它是在特定的社会和语境中产生并表现出来的意义。例如,"海"的指示意义是"大洋靠近陆地的部分",隐含意义可以指"连成一片的很多同类事物""从外国来的"。因此,汉语中有"海归"一词指代在海外留学或工作后归国的人员,四川话的"海椒"一词指代来自外国的辣椒。

由于客观世界的相似性和民族文化的特异性,不同民族之间指示意义相同的词语可能隐含意义不同。例如,"胖"这个词在汉语和德语中的指示意义都是"脂肪多",但在汉语中还有传统和现代两种隐含意义。传统的隐含意义含有富足的意思,现代的隐含意义含有形象差、不注重体型的意思,与德语中"胖"的隐含意义相同。由此可见,词语的隐含意义与文化密切相关,对一个词的理解不仅要明白其指示意义还要掌握其隐含意义,并在交际中准确地理解和使用,以保证双方的准确理解及顺畅交流。

2. 跨文化交际中的语义差异

语义的差异,特别是隐含意义的差异,对跨文化交际具有至关重要的影响。

(1) 隐含意义相近

不同国家、不同民族的人在与自然和社会的交互过程中,存在相似的思维模式、情感反应和认知方式。喜怒哀乐是人人都有的情感,而生老病死也是所有人都不能避免的。人们在生活中总是追求真善美，摒弃假恶丑，世界上每个民族尽是如此。因此，由于人脑的生理机制和思维能力是相同的，且加上共同的认识规律的影响，不同民族赋予某些词的隐含意义也可能是相近的。例如，在古希腊神话中，玫瑰与司掌爱与美的女神阿佛洛狄忒有极大的关系，因此玫瑰花就象征着爱情与美丽。在英语中，人们常用玫瑰来喻指美人，指代"极其美丽可爱的女子"，如"My love is like a red, red rose."（我的爱人像一朵红红的玫瑰）。随着中西方文化交流的深入，玫瑰花在中国也被看作是爱情的象征，每年情人节，人们都会给爱人送一束红色玫瑰花来表达自己的爱意。同时，汉语里也有把玫瑰比作美丽少女的例子，在《红楼梦》中，探春就被喻为"玫瑰花"，"又香又红，无人不爱的，只是刺戳手"。再如，"桃"在汉英两种语言中都表示美好的事物。中国的成语"投桃报李"，比喻对别人的馈赠或给予的好处应该要有适当的报答；英语中也有一句谚语："Life is not all peaches and cream."，此句中"peaches and cream"的意思是完美无缺。

（2）指示意义相同，隐含意义不同的词汇

在两种不同的语言中，存在很多指示意义相同而隐含意义不同的词汇。

例如，松树四季常青，且树龄可达千年，故在中国人的心目中，松树一直象征着长寿。在汉语中，松树常与"鹤""椿"连用，取"高寿"之义，如"松鹤延年"。人们也常在名人的故居或陵园中栽植松树，用来象征他们所开创的事业万古长青。在汉语中，人们也常用松树比喻志行高洁、坚忍不拔的君子。例如，"大雪压青松，青松挺且直。要知松高洁，待到雪化时"，便是对松树精神的歌颂。此外，松树在"瘦叶几经雪，淡花应少春"这一诗句中表现出了一种抗拒严霜、不趋炎附势的高贵品质。由此可见，松树在汉语里还有"骨气""气节"的隐含意义。

在英语中，松树则有着"永生"的隐含意义，松树在西方文化中被喻为生命之树。圣诞节时，松树被装饰为圣诞树，作为赎罪的方式。

（3）隐含意义缺失

任何语言都是社会成员约定俗成的，是使用这些语言的社会成员的不同生活经验和风俗习惯的产物。而正是这些不同的生活经验和风俗习惯，使语言使用者观察、认识事物的角度和方法存在很大的差异。在词汇方面，表现为有些词汇在一种语言中可能存在丰富的隐含意义，而在另一种语言中却缺乏隐含意义。例如，汉民族喜爱红色，红色象征着热烈、红火、激情和欢乐等情绪，中国的婚礼常以红色为主色调；红色还象征着女人的美丽，如红颜知己、红颜薄命；红色也象征着革命和生命力。但西方人对红色却无此类情感，甚至认为红色是残忍、流血的象征，多数情况下含有贬义色彩，有"red tape"（官僚作风）、"in the red"（亏损）等说法；在西方的结婚典礼中，新娘都穿表示纯洁、高尚、美丽的白色婚纱，而不是红色。

二、语法与跨文化交际

语法是组织成句的规则，每种语言都有自己的语法系统，每个社会都会使用某种特定的语言，并遵循这种语言的语法规则。语法规则的差异体现了深层文化的差异。

世界上查明的语言有数千种，根据不同的标准可以分为不同的类型。根据谱系分类法，可以将语言分为汉藏语系、印欧语系、阿尔泰语系、乌拉尔语系等多种语系；根据形态分类法进行分类，可以分为孤立语、黏着语、屈折语和多式综合语四种类型。不同民族的语言在语法上的差异体现了各民族文化起源、思维方式以及认知方式的差异。

（一）跨文化交际中语法类型的差异

汉语在谱系上属于汉藏语系，在构词方式上属于孤立语，语素绝大部分是单音节的，句子中的词缺少严格意义的形态变化。例如，在"你读完这本书了吗"这个句子中，"你""读""完""这""本""书""了""吗"每个词都是由单音节语素构成的，在句子中没有任何形态变化；名词"书"没有阴性、阳性的变化，动词"读"没有时态的变化，代词"你"没有格的变化。同时，在这个句子中，补语"完"、时态助词"了"和语气助词"吗"表达着丰富的语法意义，因此大多数学者认为虚词和语序是汉语的主要语法手段。由于缺少形态变化，汉语与印欧语言相比在句法上具有两个特征，即词组构造与句子构造一致，词类和句子成分不对应。

西方语言属于印欧语系，在构词方式上属于屈折语，有多种表示各种语法意义的词缀，动词、名词、形容词等常可以加词缀使词形发生变化，表示特定的语法意义。例如，英语中有表示名词单复数的"s"，有表示动词时态的-s、-ing和语态的-ed等，这些形态不仅是构词的形式，也是使句子成立的语法手段，因此印欧语系形态变化丰富，词类功能比较单纯。例如，在"I have told him."这句话中，"I"是主语，形态上是代词的主格形式；"told"是谓语，是动词的过去分词形式；"him"是宾语，是代词的宾格形式。整个句子的句法成分和词类是对应的。

　　因此，学者们多认为汉语与印欧语系各语言的差异是形合和意合的对立；汉语重意义、重内容、轻形式，印欧语重形式、轻内容。印欧语以英语为例，高度形式化、逻辑化，句子成分必须完备，各种组成部分很少省略，主语更不能省略；而汉语则不注重形式，句法结构不必完备，动词的作用没有英语那么突出，重意合，轻分析，在表示动作和事物关系上几乎全依赖意合。例如，"这本书不想看了，太难了"在英语和汉语中所采用的语法手段完全不同。在"I don't want reading this book. It is too hard."这个英语句子中，主谓宾句子成分完备，各个词的词形变化与它的句法成分一致；而在汉语中，第一个小句主语和谓语的语义关系没有表示被动的形式标志，第二个句子则没有主语。因此，王力先生提出汉语是"人治"的语言，是主观的；印欧语系是"法治"的语言，是客观的。

（二）跨文化交际中的认知与语序差异

　　不同语言的思维方式差异体现在认知方式上。由于语言具有线性特征，人们说话时只能按照时间的先后依次说出一个一个的音节，即语言具有时间象似性（tense iconicity），语言成分的次序与物理世界的次序或人们对事物的认识次序相互平行，表现为时间顺序原则、时间范围原则和时空范围原则。

　　在没有时间词或时间状语的并列复合句中，时间顺序原则发挥作用，即两个句法单位的相对次序决定于它们所表示的概念领域里的状态的时间顺序。例如，"我回家拿钥匙"这个句子中事件的顺序和语言成分的次序是一致的，即先回家再拿钥匙。这条原则在许多语言里是一致的，如在英语中这句话可以翻译为"I will go back to get keys"，语序与汉语一致。

　　在有时间词或时间状语的句子中，不同语言的语序是不一致的。在汉语中，发挥作用的是时间范围原则，即如果句法单位X表示的概念状态在句法单位Y所表示的概念状态的时间范围之中，那么语序是YX。这条原则要求时距小的成分排在时距大的成分之后，如在"昨天他去北京了"这句话中，"他去北京了"这一状态在"昨天"的范围之内，因此主要动词"去"放在时间词"昨天"之后。而英语则不遵循这条原则，时间词放在主要动词的前后都可以，如"He went to Beijing yesterday"和"Yesterday he went to Beijing"都正确。

在汉语中，时间范围原则还可以更普遍地体现在空间上。无论是时间还是空间，大范围成分总是先于小范围成分。例如，汉语地址的写法是从大到小，如"中国四川省成都市一环路南一段24号"；英文则刚好相反，小范围成分应该在大范围成分前，应该写成"No.24 South Section 1, Yi huan Road, Chengdu, China"。从时空范围原则来看，汉语由大到小的语序反映了汉语母语者习惯从整体到局部的认知策略，采用"移动自我"的策略，移动自己而逐渐接近客体，在经历小的局部之前先经历整体；英语从小到大的语序反映了英语母语者习惯从局部到整体的认知策略，采用"移动客体"的策略，使目标客体从包容它的大客体中向认识主体走来，在经历大的整体之前先经历局部。如果与更深层的文化相关联，可以说汉英认知策略的差异体现了汉民族的整体性思维方式和群体性取向，以及西方民族的分析性思维方式和个人主义取向。

（三）语法差异导致的失误

一国语言的语法规则来自一国的思维方式，是基于历史形成的，是该国文化的重要组成部分。在很大程度上，语法构成方式是心理和思维方式的反映，不同国家使用的不同语言有时候会相同或相似，体现了人类文化或人类思维活动具有某些共同的特点。但是，语法结构的形式是不同的，并且对于一国的语言来说，语言构成方式也是独一无二的。在跨文化交际中，要想使用目的语，就要掌握一套新的语言体系。因此，交际者在掌握目的语的语法规则之前，总是会对目的语的语法结构感到困惑，并且会在跨文化交际中出现某些语法错误，具体体现在以下几个方面。

1. 不能够区分目的语的肯定和否定句

在任何一种语言中，肯定或否定句都是很常见的句式，但不同语言能够体现出不同的思维方式。例如，教师组织外国学生去颐和园游览，当教师听说一个叫约翰的学生不去时，想确认一下他是不是真的不去，于是问他："约翰，你不去吗？"约翰回答"No，I am not"。很明显，这位外国同学没有按照中国的习惯来回答这个问题。按照中国的习惯，肯定的回答是"是，我不去"，否定的回答是"不，我去"。这表明汉语通常习惯用相反意义的词来作答，而英语则是直接给出答案，表明观点，如果想去某地，就会说"Yes，I am"，否定回答就是"No，I am not"。

2. **句法和词语结构不同引起语用失误**

每种语言都有自己的语法规则，不同的语法规则对词语的使用要求也是不同的。在跨文化交际中，许多失误就是语法规则理解缺失造成的。

外国人在学汉语时，很难掌握汉语中的量词。量词位于数词和名词之间，用什么量词通常由后面的名词决定。例如，一匹马、一条狗、一只猫、一双袜子等。量词的误用也会引起失误，在跨文化交际中，一些失误是由外国人误用或漏用量词引起的。例如，"我给你一把刀"有时候会被外国人说成"我给你一刀"，从而形成了不同的意义。

3. **语意不清引起的失误**

例如，在汉语课上，一位坐在教室后排的外国同学对教师说"你的字很难看"来表达"很难看清"之意。但是在中国，"难看"通常会被理解成"不好看"而不是"很难看清"，从而引发误会。

三、语篇与跨文化交际

语篇是语言的成品，是大于句子的语言单位，它按照一定的规范进行语句组织，反映了不同民族的思维方式。

思维方式与语言密切相关，是语言生成和发展的深层机制，语言又促使思维方式得以形成和发展。语言是思维的主要工具，是思维方式的构成要素。不同文化背景下的思维模式存在着鲜明的差异，这种思维差异以一定的方式体现出来，表现在各种不同的语言形式之中。由此可见，思维模式的差异是造成语言差异的一个重要因素。中国传统思维模式与西方思维模式大相径庭，甚至有很多思维方式彼此对立，因此在表现各自思维模式的语篇结构上显示出明显的差异。

（一）整体性思维与分析性思维

中国传统哲学思想总是习惯于从整体把握对象，"天人合一"的有机整体论就是其最基本的特点。在中国人看来，人和自然的关系，处于统一的整体结构之中，即天与人、阴与阳，精神与物质是不可分割的统一体。一方面，人是自然界生成的，应符合自然规律；另一方面，自然界的普遍规律和人的道德最高原则是统一的。西方思维方式的哲学基础在于柏拉图提出的"主客二分"思想。西方思维注重细节分析，习惯于把一个整体划分为一个个小的组成部分，然后对每个部分分门别类，通过实验、逻辑推理，分析研究出每个构件的要素，从定性走向定量，研究出其本质规律。在这两种不同的思维模式的影响下，英汉两种语言的表达方式在句式结构、语体风格等方面都有着很大的不同。

（二）直觉性思维与逻辑性思维

中国传统思维注重实践经验，注重整体思考，因此主要借助直觉体悟和直觉思维，通过静观、体认、灵感和顿悟等逻辑不够严密的程序，直接而快速地获得整体感觉和总体把握，即重直观内省，轻实测论证；重内心体验，轻理论分析。悟性是直觉思维的核心，通过感觉、体验、意会、领悟、凝思、冥想、内省和自求来"尽心""体道""体物"，但难于言表，即所谓"书不尽言，言不尽意""只可意会，不可言传"；求简洁而缺推理，靠灵感而非逻辑，重直觉而轻论证，形成形象化语言思辨，多以语录、评点、随笔之类的即兴式心得体会表达观点，缺乏西方那样系统、完整的理论体系。因此，汉语以意合见长，少用甚至不用形式连接手段，注重隐性连贯，注重逻辑事理顺序，注重功能、意义，注重以神统形。西方逻辑思维传统注重科学、理性，重视分析、实证，必然会借助逻辑，在论证、推演中认识事物的本质和规律。因此，英语以形合见长，注重结构、形式，常常借助各种连接手段，表达语法意义和逻辑关系。在汉译英时，只有先分析句子的功能、意义，才能确定句子的结构和形式。例如，汉语常用"流水句"，译成英语时就要运用从属连词、不定式和分句等语言手段来并句。

（三）直线式思维与螺旋式思维

中国人的思维大多是螺旋式思维，即螺旋式地绕圈向前发展，把做出的判断或推理的结果，以总结的方式安排在结尾，而西方的思维是直线式思维。西方文化如同直线切分，细分明析，注重抽象推理；中国文化犹如圆环内封，综观合察，寻求直觉顿悟。螺旋式思维与直线式思维的差异反映在篇章结构上表现为汉语的篇章组织呈螺旋形，篇章的主题往往不是通过直截了当的方式，而采用迂回的方式加以阐述，主题的发展是反复进行的，一个主题论述完还有可能再回来重复论述。具体过程为首先宣称某个主题的重要性，接下来展开主题，结尾对主题进行反复的论述，句子显得较为松散。

美国语言学学者卡普兰（Kaplan）称中国人的这种写作和思维方式是曲线式的。这种思维方式在西方读者来看，恐怕失之于条理结构不清晰。因为在他们所习惯的模式中，一个主题一旦被论述完毕，就不应该再回来重复讨论。英语段落往往先陈述段落的中心思想，确定"主题句"（topic sentence），直截了当地点明这一段落的中心思想，然后其他各句或是这个主题的若干细节，或是这个主题的论据，都围绕着主题展开，或以重要性次序、时间空间的顺序来排序。此外，各句间会有连词进行过渡性连接，其风格偏向平实、直接。

四、语用与跨文化交际

（一）跨文化交际中语言使用的文化差异

不同社会的人们以不同的方式说话，说话方式之间的差异是普遍的、系统的，反映了不同社会的文化差异。然而，不同文化的人们在交往时，往往会对文化价值、社会规范和语用规则的差异性缺乏足够的认识，将本文化的准则和社会规范作为理解他人行为的标准，从而产生语用迁移，造成交际失败。语用失误或语用失败是语用规则负迁移所造成的，即不同文化的人们在相互交际时直接把自己语言的话语翻译成目的语，而不考虑这些话语应该遵循的交际规范，其结果是能在母语中达到交际效果的话语在目的语中却无法达到预期效果。在交际中语用错误比语法错误更严重，语法错误可能影响交际，但是语法错误是可以容忍的。然而，语用失误则不然，如果一个非本族语者说话流利，对方不会把明显的不礼貌或不友好的行为归结为语言缺陷，而是会认为是粗鲁和恶意的自然流露。也就是说,语法错误显示出说话人还未掌握目的语的语言能力,而语用错误反映出说话的人不够谨慎。

(二)会话合作原则

20世纪60年代,格赖斯(Grice)提出了会话合作原则①(cooperative principle,简称"CP"),使言语活动与社会情景相连接。

1. 合作原则的基本内容

格赖斯认为会话受规范或条件制约,人们说的话之所以不是以一串互不连贯的语句组成,是因为交谈双方都遵循合作原则,相互配合。合作原则的基本内容见表5-1。

表5-1 合作原则的基本内容

准则	内容
数量准则(Quantity Maxim)	提供所需要的信息,所提供的信息不应超出需要的信息量
质量准则(Quality Maxim)	提供真实的信息,不要提供虚假的信息
关系准则(Relevant Maxim)	提供与话题相关的信息
方式准则(Manner Maxim)	提供的信息要清晰、明了、简洁

格赖斯这些准则的重要程度不同,其中质量准则最为重要,是第一位的;同时,他还指出,这些准则使谈话双方具备使用会话蕴含(conversational implication)的能力来解释对方的话语内容,以达到对暗示意义的目的。

2. 合作原则在跨文化交际中引起的语用差异

合作原则揭示了社会交往中人们运用言语达到相互理解的原理。然而,在跨文化交际中,合作准则不一定适用于所有的社会,因为不同的社会在文化取向、价值体系及生活方式和社会语言规则等方面存在差异。在不同的文化背景

---

① 会话合作原则是指交际双方为使会话、合作顺利进行,以达到共同的沟通目的而必须相互配合、共同遵循的某些准则。会话合作原则是会话含义理论(the theory of conversational implicature)的具体要求。在20世纪50年代初期,格赖斯就有了该理论的初步设想。1967年,格赖斯于哈佛大学作了三次演讲。第二讲"逻辑与会话"(Logic and Conversation)中提出了"合作原则(cooperative principle)"和"会话含义"理论。

下，合作原则及其各条准则的适应情况应该是不同的。合作原则是建立在西方文化上的，是以西方言语交际通行的模式为标准的，并非普遍地制约着各个社会人们的言语交际。用合作原则来衡量其他文化中人们的言语行为时，会发现对合作原则的遵循存在差异。

（1）数量准则的差异

基南（Keenan）曾指出非洲的马达加斯加人谈话时不遵守数量准则，所提供的信息量没有恰如其分，没有达到所要求的详尽程度，而是经常向对方隐藏交谈信息。例如，当一位村民赶集回到村子以后，A向他打听有关情况，对方会使用以下话语进行回答：

A：What's new at the market？（集市上有什么新东西吗？）

B：There were many people there.（集市上有好多人。）

B的回答显然违反了数量准则，因为他的回答根本就没有提供A所需的信息。如果我们将格赖斯提出的"交际所需要的信息"理解为"该文化背景下会话一方所需要的信息"，就可以认为说话人遵守了数量准则，因为不情愿告诉他人自己获知的信息，对于马达加斯加人来说是可接受的，即马达加斯加人的讲话不存在量准则。由此可见，数量准则并不是普遍存在的。

（2）质量准则的差异

东方人在公众场合发言时，在进入正题前常说自己的话是"抛砖引玉"，或者说自己的看法是"不成熟"的。这与质量准则要求提供真实信息，不说自己认为不真实的话相违背。在东方人的社会群体里，大家都认可这种违背质量准则的交际方式。然而，在跨文化交际中，不同社会的交谈者如果按照各自的质量准则进行互动，就会产生冲突。例如，欧美人在夸奖中国人时，中国人的回答常常是"没有没有""一般般"或者"哪里哪里"这类谦虚的回答。出现这种情况是因为交际双方在遵守的合作原则上有差异。欧美人首先考虑的是质量准则和礼貌原则中的赞誉原则，他们说的是真话，而且言出有据；中国人则违背了格赖斯的质量准则，即否定自己，强调礼貌中的谦虚。这种交际双方文化背景的不同造成了双方共同遵守的合作原则受到了干扰。

（三）礼貌原则

虽然合作原则有助于说明语句意义与语句作用的关系，但是不能解释人们为什么会经常间接地表达意思。而礼貌原则试图对合作原则进行必要的补充，解答言语交际中的一些语用语言与社交语用问题。

1. 礼貌原则的基本内容

利奇按照格赖斯制定的合作原则提出了礼貌原则，具体见表5-2。

表5-2 礼貌原则的基本内容

准则	内容
得体准则（用于指令和承诺）	尽力减少他人付出的代价；尽力扩大他人的益处
慷慨准则（用于指令和承诺）	尽力减少对自己的益处；尽力扩大自己的损失
赞扬准则（用于表达和断言）	尽力缩小对他人的批评；尽力夸大对他人的表扬
谦虚准则（用于表达和断言）	尽力缩小对自己的表扬；尽力夸大对自己的批评
赞同准则（用于断言）	尽力缩小与他人之间的分歧；尽力夸大与他人之间的一致
同情准则（用于断言）	尽力缩小对他人的厌恶；尽力夸大对他人的同情

关于礼貌交往，学者们还提出了积极礼貌（positive politeness）和消极礼貌（negative politeness）以及积极面子（positive face）和消极面子（negative face）。积极礼貌或积极面子是对别人表示赞许，是指人们在社会交往中所遵循的正常的、支持别人和有所付出的交往原则，强调双方在很多方面进行共享和取得共识；消极礼貌或消极面子是对强加行为的回避，强调交际者的个性方面，即个人的权利至少不全部受其所属群体或群体的价值观念所束缚。

2. 礼貌原则在跨文化交际中引起的语用差异

虽然礼貌原则是社会中的每个个体所广泛使用的交际手段，但是不同文化的礼貌内涵是不同的。在跨文化交际中，人们只有充分认识到中西方礼貌原则存在诸多差异，才能尽可能地减少语用差异，以达到最终的交际效果与目的。

（1）褒贬准则

在汉文化下，中国礼貌原则的核心就是贬己尊人，这也是最具中国文化特色的礼貌原则。从古至今，中国人在交际中往往会贬低自己的价值，提升他人的价值，以此来表达自己对对方的尊重与礼貌。具体地说，就是在交际中贬低自己，抬高对方。这与利奇的礼貌原则中的谦虚准则有着相似的效果，即在收到他人的赞扬时，要表现出谦虚的态度。但是，这种原则在中西方的应用存在差异。西方人在受到别人的称赞表扬时往往表示谦虚但不贬低自己,而中国人则往往是既谦虚又贬低自己,因为"满招损,谦受益"的文化内涵在中国人心中根深蒂固。例如:

A:你买的这件大衣真漂亮!

B:不过是件便宜货,我一点都不喜欢。

如果上面的对话是发生在两个中国人之间的话,那么双方都可以很好地理解彼此的意思。这时,A的赞扬与B的谦虚都会被视为礼貌的言语行为。但是,如果A是一个美国人,则会对B的话产生误解,甚至是气愤,因为在他看来B的话是对自己审美观念的否定。这样一来,两者也一定会不欢而散。

再如:

A:你还要点沙拉吗?

B:不用了,谢谢。

A:那再喝点什么吧。

B:随便。

在中国的饮食文化中,客人往往会因不想麻烦主人或表示礼貌而用"不"和"随便"来对主人的招待予以回应;即使在很饿很渴的情况下,客人也往往要推脱几次后才能欣然享用。而深受这一文化影响的中国人在外国朋友家做客时则会受到完全不同的待遇,因为在西方文化中"是"就是"是",如果客人表示吃饱或不需要了,主人不会三番五次地为客人添饭添酒。正是因为这种差异中国人常常认为外国朋友的招待不热情,而外国朋友则会认为自己的饭菜不合中国朋友的胃口。

(2)称呼准则

利奇在他的礼貌原则中并没有把称呼准则提出来单独地、具体地讨论,这并不是说西方的礼貌中不存在称呼问题,而是因为与中国复杂多变的称呼相比,英语的称呼要简单得多。由于中国十分注重"上下有义、贵贱有分、长幼有等",我们经常可以听到中国人用姓加上某人的职务来称呼别人。即便在现代社会中,平辈、朋友、夫妻、兄弟姐妹或同事之间的关系已开始向平等关系转变,但是在某些场合,对"权势"的重视使我们仍然倾向于使用敬语来称呼对方。由于中西文化价值取向不同,在汉语中很有礼貌的称呼语在英语文化里却可能是极不礼貌的。与中国的垂直体系相反,西方国家受基督教的影响,主张"上帝面前人人平等"。在英语社会交往中，不论地位和职位高低，人们都喜欢直呼其名。从这个角度来说，英语国家的称呼系统属于平行体系；也正因为如此，英语的称呼准则与汉语的称呼准则相比要简单得多。这对讲究礼貌和礼仪的中国人来讲有些难以适应。

（3）文雅准则

汉文化中的文雅准则在英语中也属于礼貌。汉语里的雅言与秽语基本上能与英语中的雅言与秽语相对应。在汉文化中，人们使用委婉语的频率非常高。在许多场合中，对于与传统风俗习惯不相容和引申义不祥的词语，人们常使用委婉语来代替，从而避免直接使用。

由于中西方文化语境的不同，中西方使用雅言的场合也有所不同。有些在汉语中不需要忌讳的语言在英语中却需要忌讳，反之亦然。例如，中国人非常推崇敬老、尊老，一直视尊老爱幼为传统美德，老人在中国社会中有比较高的地位，德高望重，社会并不忌讳老；与之相反的是，在西方社会，由于竞争激烈的缘故，"老"与"累赘""无用"等词等同，因此西方人比较忌讳"老"。例如，在西方国家的公交车上，年轻人给一位上了年纪的老人让座，年轻人"Please sit down, you're old."这样的表达就冒犯了这位西方老人，会令他（她）感到厌恶和生气。中西方老人的这种截然不同的心态是两种文化下人们的价值观不同所导致的。如果不懂得中西方的这一礼貌文化差异，就会冒犯对方，无法达到文雅准则的要求。

（4）求同准则

汉文化礼貌原则中的求同准则与西方文化礼貌原则中的赞同准则有相似之处，其目的都是希望交流的双方能够达成和谐一致。这是因为中西文化都非常重视交际双方的"面子"。"面子"是交际参与者在交流中相互认可的一种协商产生的公共形象。当这种"协商产生的公共形象"能够强化与对方地位相匹配的一种社会正价值时，交际就成功了。布朗（Brown）和列文森（Levinson）的"面子"论认为人们在交际中为了达到自己的目的就要相互合作，因此说话时要保留"面子"。不过，虽然中西方的礼貌原则都对"面子"相当重视，但是依然存在差异。例如，当有人邀请中国人吃饭时，中国人往往都要先客气拒绝一番，认为立即地答应别人的邀请是一种不礼貌的做法。这与西方人恰好相反，在西方，如果有朋友邀请自己共同进餐，没有直接答应才是一种失礼的表现。

（四）言语行为与跨文化交际

言语行为是交际过程中的最小单位，人们日常交往中的问候、拒绝、威胁等都属于言语行为。英国哲学家和语言学家奥斯汀（Austin）和塞尔（Searle）提出的言语行为理论（speech act theory）主要研究了在不同的社会，人们的言语行为策略存在差异。

1. 言语行为理论的基本内容

奥斯汀的三分法提出人在说话的时候，在大多数情况下都会同时实施了三种类型的行为，即言内行为、言外行为和言后行为，如图5-1所示。

言内行为（locutionary act）	"说话"这一行为本身，即发出音节，说出单词短语和句子，即以言指事。
言外行为（illocutionary act）	通过说话这一动作所实施的行为。人们通过说话可以做许多事情，达到各种目的，如传递信息、发出命令、威胁恫吓等，即以言行事。
言后行为（perlocutionary act）	指的是说话带来的后果，通过言语活动使听话人实现某种行为或结果，即以言成事。

图 5-1　言语行为的分类

在这三类行为中，言内行为通过说话表达字面意义，言外行为通过字面意义表达说话人的意图，言后行为是说话人的意思被听话人领会后所产生的变化或结果。言内行为和言外行为通常同时发生，言后行为不一定发生。如果听话人没有领会意图或者产生其他结果，就不会发生言后行为，从而造成交际障碍或失败。在这三种行为中，言外行为是语言交际的中心问题，是说话人使用语言表达自己的意图。塞尔（Searle）把言外行为分成五大类，如图5-2所示。

阐述类（representatives）	说话人对某事做出一定程度的表达，对话语所表达的命题内容做出真假判断。
指令类（directives）	说话人试图指使听话人做某事，让听话人做出某种行动。
承诺类（commissives）	说话人对未来行为做出不同程度的承诺，说话人即将做出某一行动。
表达类（expressives）	说话人在表达话语命题内容的同时所表达的某种心理状态。
宣告类（declarations）	话语所表达的命题内容与客观现实一致。

图5-2 言外行为的分类

2. 言语行为的跨文化语用差异

在交际中，不同社会中的人由于文化的差异，会采用不同的方式来实施言语行为。下面将以请求和恭维两种言语行为来说明不同文化的差异。

（1）请求

英美文化中的请求行为可以分为六类，如图5-3所示

请求方式	使用场合
需求陈述	常用于上司对下属，长者对年轻者
祈使	常用于地位较高者对地位较低者，或平等关系的人之间
内嵌式祈使	常用于被请求的事或行为极困难，或请求者是受惠者的情况
允许式请求	用于地位低者向地位较高者提出请求
非明晰或问句式请求	常用于地位或年龄相差悬殊时地位或年龄低的一方
暗示式请求	常用于交际双方关系密切，共享最充分的情况

图 5-3　英美文化中的请求分类

这六种请求方式是请求时直接或间接程度的差异。其中，祈使和暗示是直接和间接的两个极端，反映了英美人请求言语行为实施的方式。与其他社会相比，英国人和美国人的言语行为更为间接。例如，在以色列国的希伯来语中，习惯更直接地表达请求，以色列人也很难把英语中的请求行为理解为请求行为。同样，中国人的请求行为被认为过于直接或过于间接。在中国，当地位较低者对地位较高者或下级对上级发出请求时，中国人常以暗示的方式小心谨慎地发出请求，避免显得过于间接；而当地位较高者向地位较低者发出要求时，则可以名正言顺地直接发出指令。

（2）恭维

在恭维语的句法结构、话题及回应上，中西方存在明显的差异。例如，在句法结构上，虽然英语和汉语都高度程式化，但是两种语言仍各有特殊之处。汉语中的形容词常与副词连用才能表达其恭维之力，表示肯定意义的形容词也几乎离不开副词。在恭维话题的选择上，中西方差异也十分明显。例如，在美国，他人的外貌或所属物是常见的恭维对象；而在中国，正式场合对女性外貌进行恭维可能是不恰当的。在美国，恭维能力和成就应该由社会地位较高的人向地位较低的人发出；而在中国，常常是下级对上级的能力和成绩进行恭维，目的是取得上级的好感。在对恭维语的回应上，中美差异具体见表5-3。

表5-3 中美回应恭维的差异

反应方略		中国文化（包括英语学习者）	美国文化
同意		32.90%	66.00%
	接受	21.10%	36.40%
	欣赏	16.00%	29.40%
	评论	3.70%	6.60%
	赞扬升级	1.40%	0.40%
	非接受	11.80%	29.60%
	历史评价	8.40%	19.30%
	转移	2.00%	3.09%
	回敬	1.40%	7.30%
不同意		41.70%	31.20%
	贬低	10.00%	4.50%
	怀疑	5.70%	5.09%
	不同意	15.00%	10.00%
	修饰	0	6.60%
	无视	0	5.10%
	请求解释	11%	2.90%

总体来看，面对恭维，美国人比中国人更倾向于同意，中国人比美国人更倾向于不同意。就具体回应方式来看，美国人表达同意时多采用欣赏的方式，中国人表达不同意时更倾向于采用贬低的方式。

（五）跨文化交际中的语用失误

1. 语言语用失误

语言语用失误是指人们在与人交际的过程中没有根据当时所处的特定语境选择和使用正确的语言表达形式，与语用原则相悖，最终导致交流失误的产生。该失误的两大影响因素为语言和语用。

语言语用失误包括两个层面，一是讲话者违背语言使用惯例而做出的错误表达或者是没能用正确的目的语准确地表达真实意图，二是听话人错误理解了讲话者的真实意图或是讲话者没能清晰准确地表达真实意图。这两个层面的语用失误都与语言本身有关。有时，两种语言在同一情境下表述同一个情况时也会产生语用失误。

2. 社交语用失误

社交语用失误是指交流时忽视对方的文化背景和风俗习惯，在语言内容的选择上出现错误，最终导致语用失误的产生。该失误的影响因素包括话题的熟悉度、所处地位和当下状态等。换句话说，在与别人交流时，能够真正理解应该说什么，不应说什么是极其重要的。虽然中国人不忌讳同他人谈论家庭情况，但是西方人却十分注重个人隐私，尤其是年龄、收入、宗教等话题，都是比较敏感的话题。

社交语用失误是由文化的不同引起的，主要反映在以下几个方面。

（1）价值观不同引起社交语用失误

在跨文化交际中，不同的文化传统和社会习俗是人们应该重点关注的内容，同时价值观作为一种长期的信念，也是一个人文化背景的反映。它的特点是正规化和标准化，它可以告诉人们如何判断对错，指导人们的行为和认知。例如，美国崇尚个人主义，追求自由、民主、平等，因此美国人绝不会介入他人的生活，而是要保持独立平等的人际关系。当一个中国学生对他的美国外教说"天冷了，多加衣服，别着凉"时，美国外教会一脸尴尬不知怎样回答。由此例可发现，这位外教不但没有感激对方的关心，反而表现出困惑。在他看来穿多穿少纯属个人事务，不该别人干预；而在中国学生看来，这正是对老师敬爱、尊重的表现。此处的语用失误就是由于忽视交流对象的价值观而引起的社交语用失误。

（2）谦虚性语言引起社交语用失误

众所周知，不同的国家和文化群体都有自己的语言和文化传统，而最基本的就是要使用礼貌谦虚性语言。汉语以谦虚有礼著称，在我国的人际交往中，贬损自我、抬高他人是很常见的现象。例如，在交流中中国人更愿意用"鄙人"称呼自己，用"阁下"称呼对方；用"愚见"形容自己的观点，用"高见"形容对方的观点；形容自己家为"寒舍"，称对方的家为"贵府"等。相反，西方国家的人们更愿意关注个人价值，倡导自我、自信和坦率。西方人更愿意在交谈中称赞对方，这也正是我们所缺少的。

因此，要想对跨文化交际中的社交语用失误进行有效的规避，最终了解、分析与研究成功实现交际，需要对对方的文化背景、语境、传统习俗等进行全面综合的了解、分析与研究，在不同语境当中对语用失误展开研究，对语用、语境二者之间的关系有系统了解与认知。这对于跨文化教学以及跨文化交际能力具有积极意义。

社交语用失误一般出现在问候、道别、邀请和拒绝的社交场合。

问候是建立良好社交关系的有效形式。问候有两个功能，一是交流功能，二是作为一段对话的开端。当来自不同文化背景的人相互问候的时候，可能由于问候的形式不同而产生社交语用失误。因此，在跨文化交际中，必须根据当时的情境做出恰当的问候，否则问候会失去应有的意义甚至造成不好的结果。

在汉语中，问候语的使用灵活多样。人们根据相遇时的情境选择适当的问候语。汉语里，我们更愿意用"你去哪""你去干什么"来问候对方，表达对对方的关心，而对方也知道这只是一句简单的问候，也不会特别认真地回答。但是，当西方人听到这样的问题则会视其为有实际意义的问题，他们会觉得不愉快甚至认为对方在冒犯自己。在跨文化交际中，不能向对方做出合理的问候或不能正确理解问候的内容就会造成社交语用失误，导致双方交际的失败。

道别是问候的重要组成部分，道别语是指交流结束时双方相互告别时说的礼貌语，不同的文化有不同的告别语。汉语中的道别语是要表达对对方的尊重和关心，而西方的道别语则是表达对对方的感激和祝愿。在我国传统文化中，中国人习惯在交际过程中更多地从对方角度出发，更乐于考虑对方的感受和想法，而西方人在交际过程中则表现得更为直接。因此，道别会造成双方理解的偏差，形成社交语用失误。

第五章 跨文化交际中的语言交际与非语言交际

在与教师道别的时候，很多意大利学生会说"你好"，因为意大利语、法语中常用的"ciao""salut"不但可以在见面的时候使用，在互相道别的时候也可以使用。因此，很多意大利学生会出现语用失误，认为"你好"也同样可以在见面、道别的时候使用。同样中国人的道别习惯也使得外国人充满不解。一般我们在送别朋友的时候，为了对其表示关心会对其叮嘱几句，譬如"小心""慢走"。面对这样的嘱咐，外国人心中充满了困惑与不解，不懂为什么会要求他"小心""慢走"，认为这是一种要求。

一般来说，在我国传统文化中，在面对对方邀请赴宴或参加某项活动或者晚会时，通常不会直接接受对方或者直接拒绝对方，而是会半推就地说"别麻烦了""我尽力争取到""再说吧，要不然，下一次"等。而这种不确定的态度常常令讲英语文化的人感到困惑和不理解。西方人重视个人的权利和保护私人领域，在完成"邀请、接受"这类活动时，接受与邀请双方采取的是一种流线型的行为模式，也就是说邀请的人只说一遍，受邀请方当场就表示接受或者不接受，最重要的是表意明确。邀请方不会反复邀请或者再三强调，是因为这样做会被对方认为是在怀疑受邀请方的自主能力。而在中国传统文化的影响下，中国人更多地注重礼仪，维护"面子"。这种文化价值取向使中国人接受邀请的过程有好几个回合。第一回合A邀请B被拒绝，第二回合A再邀请，B半推半就地接受，有时候可能还会再有一次或若干个回合。中国人认为，这样的行为给足了双方面子。

第一回合的拒绝，邀请方由此有机会充分表现自己的诚恳和热忱，也能让受邀请方探测到自己的诚意。而在第二轮拒绝中，邀请方进一步表现出自己的诚心诚意，而受邀请方表现出了"却之不恭"那就"恭敬不如从命"。这样你来我往几个回合，双方都会觉得很有"面子"。由此可见，邀请一个中国人通常要反复邀请几次，并且要明确说明赴约的时间地点等。在汉语习惯中，邀请不是一两句话就能成功的，中国式的邀请更加的程式化，因为要表达自己的意志和一定要邀请对方来的决心，而对邀请的实质内容的提及则不多。而西方的邀请通常要经过一个商讨过程：①预示邀请交谈并接受邀请；②商讨必要的条件，如时间、地点等；③后续交谈和最后确认即达成邀请。

拒绝是日常生活中常见的现象。常见的有拒绝邀请、命令、建议、批评和要求等。因为反驳否认了对方的期待和行为，拒绝对于邀请者或是请求方来说是一种有损"面子"的行为，因而它要求交际双方都有较高水平的语用能力。

拒绝分为两种形式，一种是直接拒绝，即直接、清晰地表达出对他人请求、建议或邀请等意图的拒绝。这是一种有效的拒绝形式，但很可能表现得很失礼，也会让对方感到很没面子。另一种是间接拒绝，指人们含蓄地拒绝他人的请求、建议或邀请等意图。间接拒绝更具礼貌性，能保护提出请求、建议、邀请人的面子。

高语境文化国家更多的是用迂回的方式表示拒绝，不想损伤对方的面子，即愿意用含蓄的方式表达拒绝，让对方理解自己的深层含义。低语境文化国家的人们更倾向于直接表达拒绝，他们提倡个人主义，以自我为中心，更乐于用直接的语言表示拒绝。

第二节 跨文化交际中的非语言交际

语言是人类最重要的交际工具。语言和文字加快了人类文明进程的脚步。叶蜚声和徐通锵先生在《语言学纲要》中这样写道："人类在生物进化的最后时刻才和近亲的动物分家，走上独立发展的道路。科学界一般公认生物已有36亿年的历史……如果把36亿年浓缩为一年……最后五分钟才出现语言，而现在看到的一些原始文明的遗迹和文字都是在这一年的最后一分钟才形成的。尽管是最后的一分钟，但是其发展的速度是任何时候都不能比拟的。"语言在人类世界的出现，就如同一抹曙光出现在黑暗的地平线上。人类在诞生之初，便开始模仿周围环境，发出吼叫、呼喊，做出身势、动作。这些类似语言的信息源一直伴随人类至今，它们在人类进化中遗存下来并通过文化演进逐步获得独立、系统的发展。我们可以把它理解为非语言交际的原始痕迹。

改革开放以来，随着经济增长和文化发展，我国语言学研究迅猛发展，认知语言学、计算机语言学等学科迅速发展。语言学科研究的视野和范围不断扩大，研究层次不断地提升，越来越多的学科开始交叉融合，呈现出新的形态和样貌。非语言交际与符号学、社会学、心理学、建筑学和生物学等学科紧密联系，这使得我们可以从多个角度和多个层面展开研究与探讨。从现有研究成果来看，我国学术界对于非语言交际行为的研究还相对落后，许多知识和理论都是从西方引进的，未能形成自己完整、系统的理论，需要有更多的研究者投身到这个领域。

一、非语言交际的定义

非语言交际是指在一定交际环境中除语言因素以外的，对输出者或接收者含有信息价值的因素。这些因素既可以人为地生成，也可以由环境造就。这样的交际通常是没有办法用语言直接表达出来的，但是又被特定语境下的人所领会，常常是由输出者有意识、有目的地发出，接收者有意识地接受并给予反馈。美国宾夕法尼亚大学的伯德惠斯特尔（Birdwhistell）曾经做过一组非常有前瞻性的实验，他对来自相同文化的人们进行对话的整个内容与方式做了详细记录，经过研究后，他发现语言交际在整个交际过程中最多只占约30%，而非语言交际的比重则高达70%。同样做过类似实验的还有萨莫瓦和著名的非语言传播学专家梅拉比安（Mehrabian）。梅拉比安在实验中得到的数据更为精准，他指出，一条有效信息在人与人之间传播时，词语只占了7%，声音占了38%，剩下的55%全是无声的信息。虽然众多学者对非语言交际的概念有不同见解，但是他们毫无例外地都将"无声的信息"纳入了非语言交际的概念。因此，不难得出结论，非语言交际不仅在数量上要远胜于言语交际，而且在其深远意义上也要领先言语交际。

虽然非语言交际在数据上有巨大优势，但是人与人的交流不会每次都靠意念来传递信息，因此非语言交际终究是语言交际的补充形式。非语言行为极为丰富、细腻，且不容易察觉，有时候它可以直接替代语言行为，有时候则是起到修饰作用。非语言交际是人情感的直接表露，它往往反映了一个人最真实的心理活动和思想态度。更何况人们也总是提到"实际行动比口头支票来得重要得多"。因此，当一个人心口不一，也就是言语行为与非语言行为有所冲突或不一致时，我们总是更相信非语言行为传达的信息，因为这往往是无法伪装的。总而言之，言语行为只是冰山一角，而非语言交际则在我们的日常交流和跨文化交流中时时刻刻都在上演。

二、非语言交际研究的意义

语言文字系统传承了人类的优秀文明，而非语言交际则主要立足于人类的整个交际过程，人们会自觉或不自觉地运用非语言交际来完成沟通交流。

（一）有助于提升个人的交际能力，拓宽成长与发展的空间

在现实生活中，人们要生存发展，就要与不同的人打交道，交流彼此的感情。例如，在与人交谈的过程中，适当的语速、恰当的身体动作能够营造良好的交际氛围，提升个人的交际能力。

（二）有助于树立个人的良好形象，增强人际吸引力

非语言交际理论可以帮助人们更加关注自我形象，指导人们运用非语言交际的理论知识，拉近人与人之间的心理距离与沟通距离。

（三）有助于构建和谐的人际关系，创建舒适的社会文化氛围

非语言交际研究旨在帮助人们更好地进行沟通，避免非语言交际过程中不利的因素。体态语中的一个动作、一个行为就能显示出一个人的素质；副语言中的一个巧妙停顿，就有助于处理微妙的关系。只要存在人际交流与沟通，就有非语言交际的用武之地，因为它可以有效地改善人际关系，营造舒适的交流氛围。

（四）有助于开展多学科、宽领域的综合实践研究

非语言交际学处于多种学科的交叉领域，位于语言学及运用语言学的研究范围内，和符号学、社会学、心理学、建筑学以及生物学等学科具有密切的联系。随着人们对非语言交际学的不断研究，非语言交际学必然会促进多学科的发展和繁荣。

（五）有助于人们了解人际交往机制，指导人际交往中的心理动态和交际取向

首先，非语言交际研究在指导人际交往过程中，有助于观察各个说话人与听话人的心理动态，帮助听说双方调整会话合作规则。例如，在会话过程中，很少出现两个人同时说话或者几个人同时保持沉默的情况。一旦出现，说话人或听话人会自觉调整自己的交际方式，确保交际过程顺利进行。其次，非

语言交际和语言交际作为交际的两大组成部分,还能与个人心理构成互动模式。心理状态会影响言语者的话语组织方式,影响言语交际的语调和语速。最后,非语言交际行为策略的顺利运用和语言交际的顺利实施会影响说话者的心理状态。这种互动影响在演讲和公众演说中尤其突出。总而言之,非语言交际行为的恰当运用,对于交际活动的开展和人际交往机制的调节具有十分重要的意义。

三、非语言交际的特点

(一)隐蔽性

由于教育的影响,在交际时,我们更重视的是口头表达和书面表达,有时会忽略非语言的交际行为。从习得顺序来讲,从我们出生到咿呀学语,非语言行为的习得是早于语言表达的。非语言行为实质上是一种潜意识行为。例如,尴尬时会脸红,生气时会咬牙切齿,紧张时会口吃等。这些行为很难人为地加以控制,而是自发的、潜在的非语言动作,常伴随着语言发出;而且这些动作往往非常细微,让人难以察觉。大多数从事汉语国际教育的教师都有这样一种感受,即不论学生还是教师都十分重视书面语和口语的表达,很少注意到非语言交际在教学过程中的作用。例如,汉语声调是外国学生学习汉语的一大难点,在教学过程中,教师在纠音的同时会配合一些手势、身势语。这样一来,学生发音的正确性会有所提高。

(二)真实性

语言有口语和书面语之分。人们在利用语言进行表达时,有时会用辞藻加以修饰和美化,导致对方可能很难准确判断字面意义背后的深层含义。中国有句俗话叫"百闻不如一见",语言描述得再多、再仔细,也不如亲眼一见。这说明非语言交际更能体现出事物的原貌和真实性。语言交际是经过人的思维加工后生成的,在交际时,输出者会留给接收者巨大的想象空间。因此,只有面对面的交流,通过观察非语言行为,才能掌握更确切的信息。例如,测谎仪器就是通过测试人类的心跳、呼吸速度、体温和瞳孔大小等体征较准确地判断出被测试者是否在说谎。

（三）多维性

首先，非语言交际不是孤立存在的，它必须依托于语境。在一定的语境中，非语言行为的表意才是明确的；但是一旦离开语境，它的表意就会比较笼统，让人无法准确推测出它的意义，从而无法体现交际价值。人们除了运用言语手段在交际时传递所要表达的信息以外，还会通过身势、服饰、时间、场景、语速、语调、颜色和气味等来进行辅助沟通。在不同的环境中，人们会有意或者无意地做出一些非语言行为，并传递一些信息。例如，与人会面时着正装，表情严肃，我们可以判断这是一场商务谈判；休假时，多数人喜欢穿着宽大的T恤衫、舒适的运动鞋，神情轻松。其次，非语言行为是文化习得的产物，是人类文明发展形成的礼俗规范。再次，非语言交际是多学科研究的对象，与语言学、心理学和人类学等学科都有密切联系。

四、非语言交际的功能

非语言交际一般是配合语言交际进行的，其功能是弥补语言交际过程中的不足。只有语言交际与非语言交际相结合，才能将交流的价值发挥到最大。非语言交际在人际交流沟通过程中具有以下几个主要功能。

（一）非语言交际的重复功能

当语言信息不能完全表达时，可以通过非语言行为的重复进行进一步的解释说明。例如，在表示同意时，可以一边用语言表示肯定，一边点头来表示赞同的态度。此时，点头起到的是重复指示的作用。在指示方向时，人们会一边用语言描述，一边用手指向那个方向。

（二）非语言交际的否定功能

语言信息所传达的意思，不一定是真实或者准确的。非语言行为所传达的可能与语言行为所传达的信息完全相反，起到否定的作用。例如，甲笑着对乙说："我要告诉你一个非常不好的消息。"这个时候乙可以推测出，甲是在开玩笑，因为从甲的表情中可以看出，实际情况与语言描述的内容相反。

（三）非语言交际的替代功能

替代功能是指非语言交际行为能够替代部分语言交际信息。替代功能往往出现在一些特殊行业，它一方面是为了适应在某些特殊环境，把话语信息替代为非语言交际行为信息；另一方面是人类在拥有语言之前本身所具备的生存斗争策略。军事上的手语、旗语，交通警察的手势语，聋哑人的哑语以及运动场上裁判的手势等都是这一替代功能的代表。

（四）非语言交际的补充功能

补充功能是指非语言交际行为能够对语言交际的不足起到弥补作用。一般情况下，补充功能与语言交际行为同时进行，用于语言交际表达比较模糊的时候。如学生向教师认错检讨的时候，学生不仅低着头，眼睛望着地面，还会表现出后悔莫及、十分痛苦的样子。这种神态表现了学生懊悔的心理，是学生对自己认错行为的一个补充说明。

（五）非语言交际的强调功能

非语言行为还可以加强语言表达时的态度。例如，在为别人加油的时候，会在握紧拳头的同时振臂高声呼喊；在给予他人鼓励时，会轻拍对方肩膀；在生气时，会流露出激动的表情、提高音量，甚至拍打桌子来强调自己生气的状态。

（六）非语言交际的调节功能

调节功能是指借助非语言交际行为调整人际沟通过程中的氛围和状态，使交流顺畅。例如，在演讲过程中，演讲者中途会通过保持沉默，等待观众安静下来，让观众做好再次听讲的准备。非语言交际行为经常用在话语交流上，暗示自己的讲话已经完成或者期待别人能够继续。非语言交际行为能够调整人际间的话语沟通，起到调节转换的作用。

五、跨文化中的非语言交际

(一) 跨文化中的体态语交际

1. 姿势

姿势是身体呈现的样子,包括立、坐、卧、蹲和跪等。姿势反映了一个人的身体素质、思维敏捷性、兴奋程度、职业特点、社会地位和社交态度等信息。在基本姿势的运用方面,人类具有相似之处。对于身处不同文化圈的人来说,他们的行为也具有其独特的个性。在跨文化交际中,姿势传递的信息因文化不同而有所差异,这些差异可能带来交际矛盾甚至引起冲突。

在西方国家,人们一般不采用蹲姿,如遇特殊情况需要下蹲,他们会用两只脚尖着地或者一只脚的脚尖着地、另一只脚脚跟着地。这是因为他们认为下蹲的姿势很难维持身体的平衡,而且非常不雅,所以他们宁可席地而坐或者跪着也不会直接蹲下。在中国,蹲姿很常见,走街串巷,随处可见蹲着做事情的人。中国人下蹲时经常两脚脚掌全部着地,而且双脚脚尖向外。这种姿势可以降低身体的重心,便于长时间的休息。在中国北方的一些农村,有很多人喜欢蹲着吃饭,即使有凳子也不坐。这些姿势在西方人看来很不可思议,认为这是非常不文明的行为。而在中国人眼里,蹲姿是祖祖辈辈都采用的姿势,无可非议。

西方人走路时双腿绷得很直,胸腹高挺,大摇大摆,不受约束,给人"傲气十足"的感觉。布罗斯纳安(Brosnahan)认为,西方国家标准姿势是运动员和军人姿势,中国人的标准姿势是学者和平民姿势。

2. 手势

手势语是指通过手和手指的动作向他人传递自己的思想,进行非语言的交流。很多手势语蕴含了特定的文化含义,带有文化习俗的烙印,了解这些带有民族特色的手势语对于跨文化交际具有非常重要的意义。刘焕辉在《言语交际学基本原理》中将手势语言分为说明、模拟、象征和协调四种类型。作为表达情感的重要方式,手势具有非常丰富的含意。"手舞足蹈"体现高兴,"手足无措"表示紧张,"眼疾手快"体现反应灵敏……同样是与"手"有关的动

第五章 跨文化交际中的语言交际与非语言交际

作,却代表了不同的含义,可见手势语在表情达意方面的重要作用。

在跨文化交际中,如果交际双方对彼此的文化习俗不熟悉或者不了解,在编码、译码过程中没有处理好,就会造成交际障碍,甚至引起国家和民族之间的冲突。这就要求我们要了解不同国、不同民族、不同地域和不同文化下的手势语。

（1）表达同一意义所用手势不同

表示祈祷、祝福和保佑意思时,不同国家的手势语存在着差异。英语国家的人们在胸前画十字,将右手五指捏拢,分别在前额、腹部和左右肩膀点一下。在中国,人们将两手合掌放在胸前,有的人还会伴随着下跪的动作。

另外,当手指被烫时,中国人经常上下摆动被烫的手指或者抓住耳垂,而一些西方人则是咬紧牙关深吸一口气,并且把手指伸开放在胸前摆动。

（2）手势相同,意义不同

同一手势语,处于不同的文化圈,其代表的意义也可能有所差别。例如,在英语国家,当两者针锋相对时,将大拇指放在上下齿间,做"咬指"的动作,被视为对对方的侮辱。在太阳穴处用食指画圆圈的手势,西方人认为是"快要疯了",中国人则认为是"思索"。在与中国同属东方文化圈的日本,这一手势也表示思考的意思,如日本动画片《聪明的一休》中的一休需要思考、开动脑筋时常常做这一动作。

（3）此无彼有或此有彼无

很多手势语都具有独特的文化个性,是某种文化圈独有的交际形式。西方国家的人向关系亲密的亲朋好友表达爱意时,有时会借助飞吻或者模拟接吻的手势。当对方距离自己较远时,他们会吻一吻自己单只手或双手的手指,再将手远离自己,做出将手抛向对方的动作。这种手势本来是西方国家独有的表达方式,现在随着各国交流的频繁,飞吻的手势逐渐被其他国家的年轻人学习和使用。还有一些手势是中国人不曾使用的,如西方国家的人有时用手拍打自己的后肩,传达"自我庆幸"的意思；将手指放在嘴里表示"遗憾""不安"等。

中国作为礼仪之邦,深受儒家思想的影响,主张礼、忠、恕,讲究"尊卑有序""长幼有序",这种文化心理赋予了手势语独特的内涵,使其带有中国文化的独特个性。例如,中国人竖起大拇指表示对对方的夸奖,伸出小拇指往往代表"差"的意思。在西方国家，没有伸小拇指这一动作，而竖起大拇指这一手势，则表示"好""搭车"双重含义。

3. 面部表情

古语云："相由心生"。此处的"相"就是我们的面相。每个人的内心世界都会通过面部神态、表情展现给他人。心地善良的人经常给人面善的感觉，脸色狰狞、表情凶狠的人往往让人恐惧。面部表情能够展现人们丰富的情感，如喜怒哀乐惧等。法国浪漫主义作家雨果（Hugo）曾说："人的面孔常常反映他的内心世界。"

不同文化圈的人的面部表情存在差异，一颦一笑可能传递截然不同的意义。因此，在跨文化交际中，我们要了解对方的文化，正确把握其面部表情传达的意思，避免因解码不当造成的理解错误。

中西方面部表情的表达差异明显。西方国家崇尚自由，坚持个体本位，形成了自由、奔放的开放性格。因此，他们丰富的情感外露在面部表情上。通过他们的脸色，就能直接把握其喜怒哀乐。而中国人在儒家礼义道德的熏陶下，形成了相对含蓄、低调的内敛性格，常常"喜怒不形于色"，临危不惧，面不改色，有时很难从面部表情判断其内心的情感。不同的民族性格使得中西方人们在进行跨文化交际时，西方人认为中国人难以捉摸，很难走进他们的内心世界，把握他们的思想感情；中国人则认为西方人比较张扬，对待事情时表现得很夸张，难以接受。

中西方对微笑的理解也存在差异。在中国，微笑的含义比较丰富。两个人初次相见握手时，双方都面带微笑，是一种友好的笑；当别人帮助自己时，向别人表达感谢之情时，也要投之以微笑，这是感激的笑；面对别人的道歉，可以微微一笑，这是谅解的笑；当面对事情感到无奈、尴尬或局促时，有时也会微笑。在中国，微笑的解读要结合具体的语境，不同的环境有不同的意义。这一点在西方国家的人看来很不可思议。

4. 目光

在跨文化交际中，经验丰富的交际者，能够恰如其分地将非语言行为与有声语言相结合，尤其是能通过目光传达思想、表达感情、调节交际氛围和消除交际双方因文化差异造成的交际障碍。《鸿门宴》中有："范增数目项王，举所佩玉玦以示之者三，项王默然不应。"此处的"目"指眼睛，范增通过使眼色，向项羽传达了"借助这大好机会，趁机杀掉刘邦"的意图。"眼睛是灵魂的窗户"，眼睛能够传递丰富的情感。在汉语中有很多与眼神、目光有关的词汇，如"眉来眼去""暗送秋波"等，英语中也有"have a sharp eye""make eyes at sb""drop one's eyes"等短语，体现出目光具有传情达意的功能。中西方在目光的使用方面存在一些民族差异。西方人在交流时，目光交流的时间较长，而且交流的频率也比中国人高，因为他们信奉"Never trust a person who does not look you in your eyes"（决不要相信不看你眼睛的人）。他们要求对话时双方的目光要集中在彼此身上，并紧盯着对方的面部，尤其是眼睛，以显示对对方的礼貌和尊重。在他们的民族文化中，缺乏目光交流就代表缺乏交流的诚意，有时也表示为人不诚实、不负责任等。中国人受仁、义、礼、智、信等儒家思想的熏陶，坚持"非礼勿视、非礼勿听、非礼勿言、非礼勿动"，往往避免长时间直视对方。因此，在进行跨文化交际时，英语国家的人很反感中国人盯着自己的时间短而且有时目光躲躲闪闪，不敢直视自己，认为这是中国人对自己不信任、不感兴趣或者不尊重的意思；而中国人在面对西方人紧盯的目光时，经常感到非常不舒服、不自在。

（二）跨文化中的副语言交际

副语言又称"类语言"和"伴随语言"，是一种通过特殊音效产生的没有直接意义的语音形式，包括重音、语音、语调、音量以及语速等。副语言虽然没有实际的语义与之相联系，但是它同样和语素、语汇意义一样蕴含着丰富的文化内涵，其中"沉默"在不同文化中的文化内涵差异最大。霍尔划分高语境文化和低语境文化的主要依据就是对沉默的态度。

沉默是指在交谈中不发表有声的言论，而是做出无声的反应或停顿。在中国等东方高语境文化中，人们非常重视沉默在话轮中的功能，沉默被人们附加了很多的积极意义；而在美国等西方低语境文化国家则把沉默视为消极的语义代表。

沉默作为一种类语言形式，在高语境文化中具有以下三种功能。

①沉默代表愿意继续交谈下去；
②沉默代表认可、承认或者是赞同对方的观点；

③沉默意味着内心共鸣的产生,能够理解对方此刻的感受。

沉默在低语境文化中则具有相反的三种功能:

①沉默代表欲破坏或终止交谈;

②沉默是批评、否认甚至是漠视对方的观点;

③沉默是由于在心灵层面上完全无法与对方产生共鸣,而想要掩盖自己内心的真实想法。

中国、日本等东方国家属于高语境文化,人与人习惯在有隐晦意境的语境下进行交际,很多言外之意不用外显的语言就可以传递给对方,沉默就是其中一种。中国人素来有"沉默是金""言多必失"等词汇,先贤还教育后人要学会三思而后行。传统的中国人认为沉默既可以代表对某个观点的赞许或抗议,又可以代表保留己见或随众附和,使自己不致成为众矢之的。面对长辈的训斥与批评,东方国家的孩子会自觉选择保持安静,接受批评;如果立刻反驳会被视为顶撞,严重的会被判定为不孝。在职场或大型会议上,东方人会选择低调行事,避免锋芒毕露,以免遭来非议。东方人擅长以静制动,会利用沉默的方式进行通盘思考,越是棘手的问题越会保持沉默,习惯先在脑海中形成更成熟、更完备的对策之后再发表个人的观点。这种做法会被认为是为人稳重的好品性。追溯高语境文化环境中的人善于保持沉默的根源,要从传统文化谈起,《老子》中的"多言数穷,不如守中",意思是人在不适当的情况下如果说太多的话容易让自己陷入困境,还不如用沉默寡言这一法宝,把话留在心里。在高语境文化中,沉默并不是软弱认输的代名词,而是一个君子冷静、克制且有修养的标志,人与人之间由沉默产生心照不宣的默契,双方的信息传递更易在无言的环境中进行。中国人在集体主义的观念下形成了不会在没有经过深思熟虑的情况下在公开场合公然发表意见的习惯,比较注重维护集体的利益与颜面。

(三)跨文化中的客体语交际

1. 相貌

人的相貌是人体的重要部分,传递着一定的意义。以"美"为例,在不同的文化中,人们对于美的理解也不同。在中国,人们以女性身材匀称、个子高挑、皮肤白皙、大眼睛、双眼皮为美。在西方，人们常常要晒日光浴，以古铜色的皮肤为美，化妆品也没有美白的功能。西方人对于身高没有要求，而在日本体型娇小的女性更受到青睐。对于头发，中国人以光滑、飘逸为美，而西方以浓密为美。由于对"美"的标准不同，我们在进行跨文化交流时可能会遇到一些障碍。

2. 服装

服装作为一种符号，在交流中传递着比身体更多的信息。它是一种有意的暗示，可以表明人们的身份、地位、职业、个性和审美等信息。在美国，穿衣的层次越多，面料越高档，风格越低调，说明其阶层越高。西方的一些正式场合对服装有明确的规定，如在高档宴会上，不可以穿牛仔裤。下面将具体从服装的颜色、图案、遮掩度和款式对比各文化的不同。

从颜色上看，中国人自古以来认为黄色象征高贵和权势，只有帝王可以使用黄色，平民不可以使用；红色代表热情、喜庆；白色在某些场合存在禁忌，代表悲伤；灰色代表柔和、高雅和深沉。在西方，紫色被认为是高贵的，达官贵人的衣服多为紫色；红色有血腥色彩，或是与火相联系；白色代表高尚、纯洁，如在婚礼上新娘着白色婚纱。

从图案上看，中国人喜欢龙凤等吉祥的图案，而小青蛙或其他与海和游艇有关的图案受美国中上层人士的喜爱。

从遮掩度上看，中国女性的服装要挡住腿、背部和胸部；马来西亚女性要挡肚脐；阿拉伯女性要穿长袍裹身，挡住头发和身体，只露出脸和手；某些非洲女性要挡臀；埃及女性需要挡脸。而对于西方国家来说，女性可以裸露较多的身体部位，来体现女性的自然生理之美。

从款式设计上看，中国人喜欢宽松式的服装，西方人喜欢能够体现人体生理曲线的服装，墨西哥人喜欢制服。

3. 饰物

（1）文身

在中国，文身会让人联想到帮会组织，有文身的人在就业时也会面临阻力，而且我国明确规定有文身者不能应征入伍。文身在日本是一种禁忌，在游泳池、健身俱乐部或者汽车旅馆总能看见写有"文身者不得入内"的警示牌；

而且如果身上有明显的文身图案，就业、应聘都会受阻；在美国，文身只是一种身体纹饰而已，用于激励自己或表达个性，人们对待文身的态度也比较宽容，并不会歧视文身者；美国军人非常喜欢文身，鹰、旗帜、军队、徽章和船是他们喜爱的图案，女性也不例外。在泰国，文身被认为是有法力的，能受到佛的庇佑，并且每种图案都有禁忌，文身的人必须遵守戒律。

（2）首饰

首饰包括项链、戒指、手镯、耳坠和胸针等饰物。在西方，无论男女，都有戴戒指的习惯，如左手无名指戴戒指代表已婚；手镯一般戴一只，如果戴在右手，且为一条，表示单身，若戴在左手或两手都戴，则表示已名花有主。而在中国，手镯的佩戴则比较随意。

4. 个人用品

个人用品是指烟斗、手表、眼镜、名片和手提包等个人日常用品，还包括家具、车辆等。这些个人用品都能反映出人们的审美、地位和价值观。中国和日本戴眼镜的人较多；在西方国家，女性更倾向于戴隐形眼镜，人们也喜欢在室外戴墨镜。名片在商务交流中有着重要的沟通作用，如日本人就非常注重名片。男士的香烟、手表、腰带和车等也能传递他们的身份信息。

（四）跨文化中的环境语交际

1. 空间语

不同语境文化的群体对于空间的使用各不相同。空间语包括领域性、个人空间与体距、对拥挤的态度和位置安排四个方面。本部分论述的理论与"拥挤"的关系不大，只论述了领域性、个人空间与体距和位置安排这三方面。

（1）领域性

在动物世界里，几乎每一种动物都有自己的领地，其他同类很难被允许栖息在自己的领域内，人也是如此。每一个人在自己的家、办公室或教室里都有自己习惯的固定位置，这就是每一个人的领地。人们在自习室中，会将书本、复习资料等物品堆放在桌上，作为该位置的空间领域性标志；如果有他人入侵这个位置，把这些书本资料转移到其他地方，则前一位同学往往会采取行动夺回领地。讲台是社会赋予教师的固定领域，因此在高语境环境中，教师潜意识中认定了上课时应更多地在讲台的范围内活动；而讲台对于低语境文化圈的教师就没有那么大的束缚力，如果有更好的达到教学目的的方法，他们会离开这一领地，探索新领地。

（2）个人空间与体距

个人空间是指一个人与他人在空间上的距离。影响个人空间与身体距离的因素有性别、年龄和关系亲疏等。美国人类学家霍尔认为个人空间与身体距离可以分为亲密距离、个人距离、社交距离和公众距离四种。亲密距离指零距离接触；个人距离根据人际关系分为1.5~2.5英尺（1英尺=0.304 8米）和2.5~4英尺，如妻子站在丈夫的1.5~2.5英尺之内是比较合情合理的；社交距离也根据人际关系的亲疏分为4~7英尺和7~12英尺两种，场合越官方、越隆重则距离越远；公众距离分为12~25英尺和25英尺以上两种。教师与留学生的关系属于社交关系，取4~7英尺和7~12英尺的中间值7英尺（即2.133 6米），黑板到教室第一排同学位置的距离刚好与这一数字相吻合。这些数据也刚好解释了不同国家留学生对教师上课时站位的远近的反应有较大差异的现象。来自高语境文化的学生可以容忍的体距相对较小，教师离他们近一点也无妨；而低语境文化的留学生则会更加在乎人与人之间的距离，如果教师站得离自己非常近会令他们感到不自在。来自高语境文化的教师，可能会由于天冷，觉得学生穿得太单薄而触摸学生的衣服，这可能会引起来自低语境文化的学生的不满。

（3）位置安排

任何人只要在社会中有自己的角色，就会被安排在相应的位置。这个位置往往与自己的社会地位有关。例如，在公司，一个人的办公室的环境与他的职位有很大关系。职位越高，办公室的环境就越高级；职位越低，办公室的环境就越差，甚至没有办公室。教师在中国等高语境文化的国家中是具有相对较高的地位的，因此教室中有专门的讲台；学生是晚辈，应坐在高度较低的位置。美国等低语境文化国家的课堂中则没有这种限制。

2. 时间语

时间是一种无声的语言，不同文化的人有着大相径庭的支配时间的规范，因此他们的时间取向是不同的。时间语言是指不同国家的文化对使用时间的理解与态度。在美国阿拉斯加州的鱼食品加工厂做工的爱斯基摩工人就始终无法理解为何有这么多国家的人会习惯听到汽笛鸣响就开始劳作，再听到汽笛鸣响就收工，因为在他们的时间观里，工作就应该依据海潮的涨退来进行。大洋洲的原住民和我们使用的时间概念也不一样，他们使用一种名为"库里时间"的时间概念，即每完成一件事情所花费的时间。由此可知，世界各地的人对于时间问题上具有迥然不同的看法。这就是时间语会成为非言语交际的一个重要原因。

学者冯斯·琼潘纳斯（Fons Trompenaars）和查尔斯·汉普顿·特纳（Charles Hampden-Turner）在他们合著的《跨越文化浪潮》（*Riding the waves of culture*）中从过去、当下和未来的角度入手，将不同语境文化的民族在时间语方面的显著特点总结为一张表格，如图5-4所示。

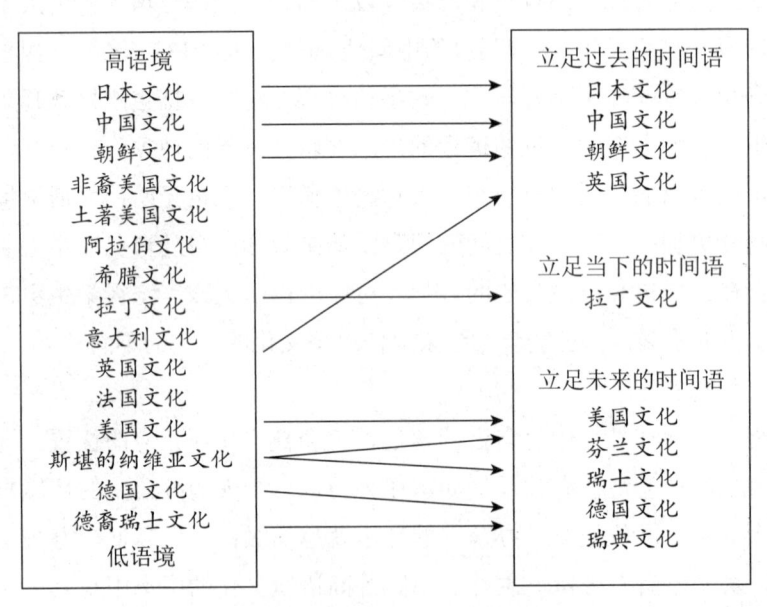

高语境	立足过去的时间语
日本文化	日本文化
中国文化	中国文化
朝鲜文化	朝鲜文化
非裔美国文化	英国文化
土著美国文化	
阿拉伯文化	立足当下的时间语
希腊文化	拉丁文化
拉丁文化	
意大利文化	
英国文化	立足未来的时间语
法国文化	美国文化
美国文化	芬兰文化
斯堪的纳维亚文化	瑞士文化
德国文化	德国文化
德裔瑞士文化	瑞典文化
低语境	

图5-4 不同语境文化的民族在时间语方面的特点

美国著名人类学家霍尔根据他多年的观察得出自己的结论，他独创性地把世界上的人按照如何利用时间的角度划分为两类：一类是遵守单向计时制的人，另一类则是遵守多向计时制的人。遵守单向计时制的人的性格更倾向于事先合理安排好每一件事情的节奏，更注重和擅长制作时间表，做任何事讲究计划性，喜欢提前安排好行程。遵守单向计时制的人把按照时间表完成任务当作

第五章　跨文化交际中的语言交际与非语言交际

唯一科学，认为在同一时间、同一地点理应专心处理一件事务，处理完一件后再处理下一件事务。遵守多向计时制的人更善于在同一时间里处理多件事情，对于事情能够同时开展，并且进行得游刃有余。他们认为只要参与了事情并把事件完成就足矣，不一定要严格按照时间表的安排完成任务。

遵守单向计时制的人与遵守多向计时制的人共同完成一件任务时就会出现跨文化交际的矛盾。在时间安排上，高语境文化的人更偏向于宽松、善变的模式，一切以最当下的事务为重，即使事发突然，也不会显得六神无主。低语境文化的人既能看到过去，也重视未来，这与他们信仰的基督教、天主教文化也有关。西方宗教更多地倡导在未来的某一时刻，上帝会把他们从苦难中解救出来，因此低语境文化的人在时间安排上体现出高度的计划性，会将整块的时间精确切分到分钟，而且对于计划好的事情绝不会轻易改变，因为一旦计划发生变动，该事态牵涉的人员都会觉得手足无措。

第六章　语境与跨文化交际

古希腊时期的亚里士多德进行过有关语境的研究，他认为话语内在的真实意义依赖于语言的输出环境，但他没有提出语境的具体概念。马林诺夫斯基（Mlinowski）研究语言因素时，认为语言的形成和文化的社会环境有很大关系；弗斯认为在理解对方语言意思时要结合语篇上下文和情景；韩礼德提出了语域理论；海姆斯提出了交际能力理论；莱文逊（Levinson）等人认为语言是从环境中发展而来的，依赖环境背景，和现在的语言学中的语境理论十分相似。这些理论普遍认为语境是客观存在的，是固定不变的。

根据霍尔的理论，所有文化都具备高、中、低语境的特征。在高语境文化中，要理解说话者所输出的语言的真实意义往往要结合说话者当时所处的社会背景和生活环境，而且话语的真实含义并没有完全输出，更多的是隐含意思。也就是说，在高语境文化中，许多意思都依赖语境进行表达，并不需要把每一点都清楚地讲出来。因此，听话者需要借助语境理解真实的话语含义。在低语境文化中，语言所输出信息就是一切含义，说话者很少会考虑所处环境和背景信息。

第二章在研究跨文化交际的影响因素时，对高语境与低语境进行了简单的介绍。本章将从更多的角度入手，对语境与跨文化交际进行系统的研究。

第六章 语境与跨文化交际

第一节 语境文化的诞生

一、低语境文化渊源

在西方，与老子、孔子同时代的苏格拉底、柏拉图与亚里士多德一直强调理性、逻辑与说服术的重要性。因此，西方的修辞学从深层反映了西方重逻辑、理性和分析的文化模式。在这一模式的影响下，社会要求说话者尽可能清楚、富有逻辑和有说服力地把思想表达出来。[1]如果说，中国的"道"是传统哲学的核心概念，由"道"衍生出了具有中国特色的天道之学、地道之学、人道之学和王道之学，那么西方的"逻各斯"（logos）则是哲学的核心概念，由"逻各斯"发展出了具有西方特色的修辞学、逻辑学、自然科学和理性主义等理论。[2] "逻各斯"是古希腊的赫拉克利特（Heraclitus）提出的，其含义非常丰富。学者格思里（Guthrie）认为"逻各斯"具有以下十种含义：

①任何讲述的东西和写的东西，包括虚构的故事和真实的历史；
②所提到的和价值有关的东西，如评价、名誉等；
③与感觉相对立的思想或推理；
④将所讲或所写的发展为原因、理性或论证；
⑤事物真相；
⑥尺度，即完全的或正当的尺寸；
⑦对应的关系、比例；
⑧一般的原则或规律；
⑨理性的力量；
⑩定义与公式。

---

[1] 胡超.高语境与低语境交际的文化渊源[J].宁波大学学报（人文科学版），2009，22（04）:51-55.

[2] 张廷国."道"与"逻各斯"：中西哲学对话的可能性[J].中国社会科学，2004（01）:124-128，207.

在赫拉克利特看来，尽管"逻各斯"是常人无法理解的，但是它是可以用话语和事实来说明的。在这一点上，他的观点与老子形成了鲜明的对比。老子认为，"道"是不可言的（"道可道，非常道"），即主张"非言"与"不言"；而赫拉克利特认为"逻各斯"是可言说的，即主张"言"与"说"。这是赫拉克利特哲学与老子哲学之间的根本差异，体现了中西哲学在源头处的不同取向。可以说，赫拉克利特的"逻各斯"是低语境文化的渊源。

二、高语境文化渊源

高语境文化来源于儒、道、佛三种文化。《论语》中到处都是让人少言、少开口的警句，如"敏于事而慎于言""巧言令色，鲜矣仁""成事不说，遂事不谏，既往不咎""君子欲讷于言而敏于行""君子不以言举人，不以人废言""巧言乱德""古者言之不出，耻躬之不逮也"。以上引言向我们传递了这样一个信息：在儒家文化中，少言、寡言、讷言、慎言是美德，值得推崇，是社交中的得体行为；而巧言、多言等则是不仁的表现，是不值得称道的。要想取得交际的成功，往往需要察言观色，并且口齿伶俐、能说会道之人往往不是那么令人信任与赞赏。

在道家文化中，老子的《道德经》提到的思想，如"道可道，非常道；名可名，非常名""道生一，一生二，二生三，三生万物""希言自然""知者不言，言者不知""道常无名，朴。虽小，天下莫能臣""大音希声，大象无形，道隐无名"无不折射出"道"的不可言说性，即可说的不是常道，自然之道是"希言"。也就是说，少说话；开口说话的人并不懂，懂的人不开口。

在佛家文化中，禅宗信徒意识到了语言对思维的限制、对想象力的制约，因此，禅宗提倡采用坐禅冥想的方式进行超越语言的交际。禅宗的"参话头"讲究悟性，而且中国人在学习时历来都很注重悟性。悟性其实就是用心去体会、观察、感知、归纳和分析，最后领悟。要想达到这一步，往往需要调动身体全方位的接收功能，而绝不仅仅是耳听对方之言。

第六章　语境与跨文化交际

第二节　不同语境文化的特点分析

个体主义和集体主义理论为我们理解跨文化交际中的文化差异提供了强有力的理论支持。一般来说，在个体主义文化中，低语境文化交际占主导地位；在集体主义文化中，高语境文化交际占主导地位。霍尔提出的关于高语境文化与低语境文化的概念，对跨文化交际中的交际与交际环境之间的关系的研究颇有启迪，拓宽了人们在这一方面的研究视野。

根据霍尔的观点，在高语境文化中，人们在交际时拥有较多的信息量，或者内化于交际者的心中，或者蕴含在社会文化环境和情景中。交际中的大部分信息都是由身体语言、环境语言或人的内在素质来传递的，而语言代码则负载较少的信息量。也就是说，高语境文化中的人对环境的微妙提示较为敏感。低语境文化则正好相反，绝大部分的信息都由明码语言来传递，只有少量的信息蕴含在隐性的环境中，即低语境文化中的人习惯用语言本身的力量进行交际。霍尔还指出，在高语境文化中长大的人比在低语境文化中长大的人怀有更多的期望。当人们谈论心中的苦恼与忧虑时，来自高语境文化的人会期望对方明白困扰自己的事情，但又不想做具体的说明。因此来自高语境文化的人在交谈中会顾左右而言他，不涉及关键点，将领会主旨的任务交给对方。

不同文化中的交际对交际环境的依赖程度可能相差无几，也可能有天壤之别。例如，东方文化属于集体主义文化、高语境文化，其交际风格委婉、追求和谐；西方文化属于个体主义文化、低语境文化，其交际风格直接且明确。这就是为什么中国人在交际时重意会，而西方人在交际时重言传。霍尔认为，接近低语境文化的有美国、加拿大、英国、瑞典、德国以及北欧的一些国家；其他一些国家，如法国、意大利、西班牙，以及南美洲、亚洲和非洲等地区的国家则接近高语境文化范畴。

东方文化与西方文化是指东西方的主流文化。实际上，东方文化中也有需要通过语言明确表达意义的场合和喜欢采用低语境文化交流模式的人，西方文化中也有喜欢用高语境文化交流模式的人。例如，一些西方人在向别人开口借钱时或者有不好的信息需要传递时，往往也会使用委婉含蓄的语言而不是直接明确的语言。因此，在看待语境文化时不能绝对化。随着全球化进程的不断加快，世界文化的格局不断发生变化。目前，中国的高语境文化正在经历着向低语境文化演变的过程，越来越多的中国人不再注重口头承诺，而是寻求白纸黑字的合同证明，以尽量减少口说无凭的麻烦；所签的合同、单位的各项规章制度、奖惩条例等也比以前更详细，吸取了以往合同太笼统的教训（如中国古代的各类契约、现代的一些合同等行文都比较粗放，留有许多想当然的意味）。例如，一位留美的中国学生找到一份看护一位美国老奶奶的工作，合同上说明由该老奶奶提供食宿。该学生认为有"食宿"两字就足够了。结果，她的食宿待遇非常差，甚至有的食物是老奶奶从宠物食品店购来给宠物吃的。后来该学生才明白，签订合同时应该明确食宿的大致内容与标准，甚至可以言明几天内主食不得重复等，一定要把合同的每项条款写得清清楚楚。

低语境文化的人通常认为委婉的交际风格比较低效，但是大部分的高语境交际都是高效的，因为在具体语境中，听者知道如何解读说话者的委婉信息。简而言之，高语境文化交际有时秘而不宣、藏头露尾，而低语境文化交际显得多言、冗余且累赘。另外，不同文化对语言交际重要性的认识是不一样的。在美国，往往口齿伶俐、善于口头表达的人更吸引人；在韩国，更受信任的往往是口头表达稍显木讷之人。从修辞学的角度来看，具有低语境文化的美国崇尚"雄辩"，具有高语境文化的中国推崇"沉默"；从社会历史角度来看，美国主张"言论自由"，中国笃信"祸从口出"。在低语境文化中，人们往往对一些非语言交际行为视而不见；而在高语境文化中，交际者的面部表情、行动、情绪、手势及其他周围环境细节等都是丰富的信息符号，可以给敏感的交际者以无限的信息与内涵。除此之外，西方人崇尚平等、张扬个性和追求卓越，在西方人眼里，东方人往往相信权威，低调行事，适可而止。因此，在学习时，西方学生往往更喜欢提问、讨论、随性而为，而东方学生更加勤于思考、内敛寡言、遵守纪律。

路斯迪格等学者通过研究发现，美国、德国、瑞士、瑞典、挪威、芬兰、丹麦、加拿大等国家属于低语境文化，这些国家的文化都重视具体细节安排与精确的时间表，不注重环境的作用。这源于亚里士多德的逻辑与线性思维。同时具有高语境文化与低语境文化两种特征的国家有法国、英国和意大利等国。

属于高语境文化的国家有中国、日本、韩国、墨西哥以及其他拉丁语系国家。拥有不同语境文化的国家在写作方面的差异见表6-1。

表6-1 拥有不同语境文化的国家在写作方面的差异

项目	中文写作	英文写作
主旨表达	让读者揣摩作者的写作意图	主旨体现在文章开头
语言	注重给读者留下印象，如感性的形象、笼统的陈述、省去相关细节	注重传达具体信息，如显著的事实、详细的陈述、所有细节
结构	结构松散	结构紧凑

第三节 不同语境中的交际应注意的问题

一、弄清言外之意

要想弄清言外之意，必须依靠一定的语境。语境是表达言外之意的辅助手段，语境不同，言外之意就不一样。在跨文化交际中，由于交际双方的语境不同，听话者往往不能仅仅通过句子本身了解说话人的思想。这就要求交际双方考虑语境，即什么人、什么目的、什么时间、什么地点、对谁说话等。

不同社会、不同民族的文化传统、习惯及思维方式是有差异的，人们心理、生理以及物理上的因素也造成了人们在语言上的巨大差异，也可能进一步构成言外之意。在这种背景下，语言交际双方在交谈过程中往往借助姿态、表情等表达真实含意或言外之意。

二、长话短听

对于语言交际中的用语量大小，一些人为，低语境文化的语言交际全靠话语的字面意义来传递信息，因此人们在交际时不得不使用更多的词语、更长的句子。其实不然，正如前文所说的，来自低语境文化的人倾向于使用传意成分多的词语，在遣词用字方面讲求精确、直接、不拐弯抹角，主张每个词都能起到传意效果，因此他们的用语量并不大。而在高语境文化中，由于人们使用的是传意成分偏少的语言表达方式,词语附带的理解价值也就相对较低,因此人们可能要兼用婉转、双关甚至反语,才能间接勾勒出其语言的理解背景。

中国文化和日本文化都属于谦让文化,中国人和日本人不仅常使用隐晦含糊的词语,还会选择笼统的表达方式。因此,如果交谈得过少就无法捕捉其话语的本义。这种委婉的表达,使得用语量大大增加,同时也增加了听话人准确理解语言真正含义的难度。

三、注意"面子"问题

"面子"与求同原则是一致的,如果甲请求乙做某事,乙拒绝了甲的请求,那么乙就违背了求同原则,也就是"不给甲面子"。

由于人们使用的礼貌原则不同,中西方的人们在面对邀请时的反应也不相同。如果一个中国人到朋友家去做客,主人问他要不要喝茶,即使这个人很渴,他也仍然会说:"太麻烦了,不用了。"主人这时就会再次热情邀请:"一点都不麻烦,水已经烧好了。"客人这时才会说:"那好吧。"因为在汉文化中,中国人首先会遵循礼貌准则,认为劳烦别人是给别人增加负担,即直接接受邀请是不礼貌的。因此,客人一般都会先推辞,直到主人为了显示热情好客反复强调不麻烦时,客人才会采用求同原则接受主人的邀请。此时客人再推辞就会显得不尊重主人,主人就会没"面子"。西方人在面对邀请时一般不会采用求同原则,而是只尊重自己的需求,不会过多地为别人考虑。在西方,主人请客人喝咖啡,客人如果想喝,他会直接接受;如果不想喝,他会直接拒绝。另外,西方文化尊重个人意志,勉强别人被看作对他人的不尊重,因此他们不会重复邀请。如果客人说不想喝,主人就会认为客人是真的不想喝,从而不会再邀请。

第七章　跨文化视角下的人际交往

跨文化交际的本质是人际交往。在跨文化交际中做到礼貌、得体，给人留下良好的印象，并建立友好而和谐的人际关系是每个人的愿望。由于文化影响着人们对社会关系的理解，不同文化的人的人际交往模式存在差异，在社交活动中会遵循不同的习俗和礼仪。如果不了解不同文化的人际关系特点、交往习俗和公共礼仪，就会出现尴尬和失误，给人留下不好的印象，甚至引发人际关系危机。

第一节　跨文化视角下的人际关系

一个人与朋友、熟人、上司、同事和陌生人的相处方式都会受到文化的影响，可见与来自不同文化的人愉快地交往并建立友好的关系并不是一件容易的事情。因此，了解不同文化的人际关系特点有利于跨文化交际的开展。

一、朋友关系

友谊是各个文化都十分珍视的一种人际关系，因为人们从友谊中可以获得支持、帮助、心灵慰藉和归属感。但是，不同文化对于友谊的理解有所不同，对朋友关系的处理方式也有一定的差异。

中国人希望建立深厚而持久的友谊，期待这种友谊是一生一世的。中国人认为，最好的朋友是能够情同手足，保持亲密关系，尽可能地在生活等各方面互相关心、互相帮助。但是，在个体主义文化中，人们更看重个人隐私和独立性，加之工作和住房经常变动等客观条件，人们很难保持长久的朋友关系，因此人们的友谊广泛而不深刻。斯图尔特（Stewart）和贝内特（Bennett）指出了美国人友谊的特点："尽管美国人拥有许多无拘无束的朋友关系，但真正建立起能相互依存的那种深刻而长久的友谊却少之又少。随意性、相互间的吸引以及热烈的个人情感，原则上是美国人友谊的基础所在。"当中国人与美国人交往的时候，中国人常常抱怨与西方朋友的关系不够持久，分开以后很少保持联系；而美国人则觉得中国朋友太热情，对他们的私生活介入太多。

对于中国人来说，朋友之间有一种牢固的感情纽带，使彼此都承担着一种义务和责任。中国人讲究义气，为了友谊，有的人可以做出很大的牺牲。但是，在美国人看来，朋友关系的内涵是情感而不是义务。就像斯图尔特和贝内特所说，美国人际关系的主旨是从社交互动中获得情感利益的同时保持个人的独立性并避免担负责任。因此，为了友谊而牺牲自我的事情在美国很少发生。

中国人在交友方面的另一个特点是强调相似性。志同道合、兴趣相投往往是中国人建立友谊关系的重要前提。中国人喜欢选择与自己家庭背景、职业、教育程度、兴趣爱好相似的人做朋友，而且朋友的圈子比较小。但是，在个体主义文化中，人们交朋友的范围很广泛，一个人往往有多个圈子的朋友，教授和木工、年轻人与老年人都可能因为参加共同的活动而成为朋友。因此，当美国人把刚认识几天的人称为朋友时，中国人常常会感到疑惑。

二、人情关系

作为社会关系的一部分，人情关系也极为重要。如果说，友谊是深厚且真诚的人际关系，那么人情关系则具有一定的工具性，是为了获得一定的资源而形成的。与朋友关系不同，人情关系网络更加广泛。通常来说，邻居、校友以及师生等不同人群之间都可以形成一定的人情关系。每种文化都重视人情关系，英语中"social network"[①]（社交网络）就是指人情关系。很多国家的人读

[①] 社会网络（social network）是一种基于"网络"（节点之间的相互连接）而非"群体"（明确的边界和秩序）的社会组织形式，是西方社会学从20世纪60年代兴起的一种分析视角。随着工业化、城市化的发展和新的通信技术的兴起，社会网络化的特征越来越明显，出现了社会网络革命（social network revolution）、移动革命（mobile revolution）和互联网革命（internet revolution）。这三种革命被认为是新时期影响人类社会的三大革命。

名牌大学或在大型公司任职，目的就是建立良好的社交网络。在汉语中，有时人们用"关系"一词来指代人情关系。"关系"与西方人的"社交网络"有一定的相似之处，两者都强调建立一种可以利用的人脉，达到互换信息和互相帮助的目的，但是这两者又有各自的特点。布里斯林认为中国人的"关系"和西方人的"社交网络"最主要的区别是，"社交网络"没有"关系"那么强烈的感情纽带。他比较了"关系"和"社交网络"的不同，具体内容如下。

（一）建立人情关系的顺序不同

在中国是先建立人情关系，然后再请求帮助。如果你想得到一个人的帮助，你需要先与这个人建立良好的人情关系，再请求他帮忙。而西方则是可以先请求帮助，再表示感谢，或者请求帮助后不再联络。

（二）关系能否转移

如果某个人拥有某种"关系"，他可以把这种关系介绍给他的朋友，使第三方得到帮助和照顾。而西方人的"社交网络"是不能转移的，交往是双方的事情，与他人无关，是否要帮助第三方由被请求的人决定。

（三）对待恩惠的态度不同

中西文化在人情关系上最大的区别是对于互惠和回报的态度和做法不同，这也是中国人与西方人交往时最容易产生误会的地方。中国的人情关系的核心是互惠和回报，如"礼尚往来""来而不往非礼也""滴水之恩，当涌泉相报"都是指导中国人人情关系的准则。按照中国人的观念，别人帮助了自己，自己以后也要帮助别人；受别人恩惠而不回报，既不符合礼的要求，也会被认为不懂得感恩。鲁思·本尼迪克特（Ruth Benedict）指出日本人也有强烈的报恩观念。对于日本人来说，欠别人的人情需要偿还，而且有时候报恩是一个很复杂的过程，可能要延续几代人。美国人强调个人的独立性，他们会把这种互惠的人情关系看作一种负担。他们在接受邀请或者礼物以后通常会表示感谢，但是不会认为自己有回报的义务。因此，当中国人以礼尚往来的原则处理与西方人的人情关系时，往往会觉得西方人不懂人情世故。

三、与陌生人的关系

对待陌生人，不同的文化有不同的态度和做法。有学者指出，日本人不喜欢与陌生人打交道。这一点体现在他们与陌生人交往时比较拘谨和沉默，很少主动对陌生人微笑或打招呼，即使在拥挤的饭馆中两个陌生人共用一张桌子，他们一般也不会有任何交流。中国人对陌生人也比较冷淡，很少主动跟陌生人打招呼。中国人在国外参加社交活动时往往只和自己熟悉的人交谈，也很少向初次见面的人主动打招呼，也不善于介绍自己，而且与陌生人交流时表现得比较紧张、害羞。这使得一些西方人认为中国人对朋友很热情、仗义，但是对陌生人很冷淡，甚至无礼。

有些国家的人对陌生人很热情。在土耳其，如果有陌生人突然造访并请求主人提供食物和住宿，主人会把这些陌生人视为"安拉的客人"而热情招待。在南美洲国家，人们与陌生人的交往比较放松，而且乐于结交新朋友，在与陌生人第一次见面时，一般会主动介绍自己，在路上见到陌生人也会微笑、打招呼。

对陌生人的态度受到不同类型文化的影响。中国、日本等东亚国家都属于集体主义文化，而且人们性格比较内敛、含蓄，不太习惯与陌生人打交道。集体主义文化会严格区分圈内与圈外，对圈内人和圈外人采用不同的交往方式和态度。有学者认为，中国人不愿意与陌生人交往的原因在于，中国人把主要的精力放在家人、朋友等熟人的关系上，人们觉得没有精力和必要去发展与陌生人的关系。在个人主义文化中，人们在与陌生人交往时会更加热情、主动。美国人习惯与陌生人打交道，一方面是缘于基督教"博爱"思想的影响，另一方面也是由于美国是一个移民国家，而且人们经常更换工作和搬家，需要经常跟陌生人打交道。

第二节 跨文化视角下的交往习俗

在社会交往中，人们需要遵循社交礼仪和规则，而这些规则会因文化而异。一种文化中得体、礼貌的规则到了另一种文化中可能就是不得体的，甚至

第七章 跨文化视角下的人际交往

还会冒犯他人。因此，了解不同文化的社交习俗和礼仪，对提高跨文化交际的有效性和得体性是非常有必要的。

一、见面寒暄

人们在同陌生人交流的时候通常会先进行自我介绍，这也是人类社会中的重要礼仪。通过自我介绍，人们能够更加了解他人，并且可以扩大交友范围，从而建立更多新的人际关系。介绍的方式多种多样，中国人的自我介绍通常是："您好，我是张明，是X学校的教师，很高兴认识您。"日本人通常会说："我是北野一郎，请您多多关照，这是我的名片。"美国人的自我介绍则可能是这样的："Hello, I am John Smith. You can call me John. Nice to meet you."（你好，我叫约翰·史密斯。你可以叫我约翰。很高兴见到你。）通过以上三种不同的自我介绍方式，我们可以发现，中国人与日本人的自我介绍显得较为正式，通常会采用谦卑的原则，而且经常会将自己的工作告诉对方。美国人的自我介绍就显得比较随意，他们通常率性而为。

在正式场合，人们通常需要在进行自我介绍时交换名片。在东南亚国家，人们以双手递送和接收名片为礼貌，而西方国家则没有这样的规定。日本人非常重视名片的社交功能和递接礼仪，除了用双手接送名片外，接受和递送名片应同时完成，即双手将名片送至对方面前时，一只手接过对方的名片，另一只手送出自己的名片。此外，得到名片后要先认真阅读一下，然后整齐地摆放在自己面前的桌子上，离开的时候再小心翼翼地放进名片夹里。在日本人看来，接过名片后立即随意地放在口袋里，是一种不礼貌的做法，显得不够尊重对方。西方人在接受名片时没有这样的习俗，他们可能单手接过名片。然后随手放在口袋里。这在东亚国家的人看来比较傲慢无礼。

介绍他人相识也是见面的礼仪之一。为陌生人介绍时要遵循一定的顺序，因为顺序体现了尊重和礼貌。一般来说，西方人在介绍他人时遵循"尊者有优先知情权"和"女士优先"的原则，具体表现为先向长辈介绍晚辈，先向地位高的人介绍地位低的人，先向女士介绍男士。但是，在中国有时候会采取相反的顺序，即先向熟悉的人介绍不太熟悉的人，先向晚辈介绍长辈，先向地位低的人介绍地位高的人。这种先介绍客人、长辈和地位高的人的身份的介绍方式体现出对于他们的尊重和重视。

二、宴请招待

在跨文化交际过程中，宴请招待也是重要的社交活动之一。参与宴会的宾客都应当遵守一定的社交礼仪。中国与西方的宴请礼仪，包括餐具摆放、就餐礼仪都有一定的不同。因此，避免在跨文化交际过程中出现失礼的行为，就显得至关重要。

（一）就餐顺序

通常情况下，西餐的餐具摆放有固定的规则。一般来说，左边是面包，中间放着主要菜系，最右边放着的是酒；左手边是叉子，右手边是刀和勺子，横在前面的是吃甜食的叉和勺。

西餐最多有七道菜，一般的宴请只有4~5道菜，其上菜的顺序也与中餐不同。中餐的上菜顺序依次为凉菜、热菜、汤、水果；西餐上菜的顺序依次为开胃菜、汤/沙拉、主菜、甜点。

（二）座次要求

在中国，圆形餐桌受到绝大部分人的喜爱，因为它可以坐更多的人，让大家热热闹闹地围在一起，彼此间面对面，有利于交谈和问候，而且不会轻易显露出一家之主的地位，符合中国谦逊待人的特点。如果是大型的宴会，客人在主人的邀请下落座，主人要承担起照顾客人的责任，把方便上菜的空余位置安排好，不能让客人直接在靠近上菜的地方就座，尤其是主宾。当大家都落座之后，主人就可以开始举杯邀请到场的客人共同享受美食。在这个时候，座次就显得尤为重要了。一般情况下，主人都会请陪客一起来帮助主人招待客人。如果有特殊因素，应视情况而定。若人多，可参照以下的规则落座。

1. "主陪"位置

主陪是请客一方的第一顺位，其实就是主人，是整个宴席的主控人，也是请客的最高职位者，或最尊贵的人，位置是正面面对门口的座位。主要作用是把握本次宴请的时间和喝酒程度等。当客人到来时，主陪要起立迎接。

2. "副陪"位置

副陪是请客一方的第二顺位，是陪客者里面第二尊贵的人。位置在主陪的对面，即背对门口。这个位置更多的是招呼客人喝酒，还要在适当的时候帮主陪挡酒。作为副陪，要懂得察言观色，注意提醒主陪遗漏的细节。

3. "三陪"位置

这一位置在主陪的右手边第二位，任务是与主陪一左一右照顾主宾。这个位置的副陪，身份地位一般不如主陪或者副陪尊贵，但是必须是机灵的人，懂得随机应变，能够协调客人和主人之间的对饮。

4. "主宾"位置

"主宾"是客人一方的第一顺位，是客人里面职位最高者或地位最为尊贵者。位置在"主陪"的右手边，是主陪重点照顾的对象。主宾对于主人一定是最重要的，主宾应尽到自己的客人本分，要有适当的笑容、稳妥的表现，完成和主人之间的互动，要感谢主人的盛情。

5. "副主宾"位置

"副主宾"是客人一方的第二顺位，位置在"主陪"的左手方，与"主宾"一起呼应主人的兴致。这个位置很重要，必要时要适当地帮主宾挡酒，以免"主宾"失态。

6. "三宾"位置

"三宾"是客人一方的第三顺位，位置在"副陪"的右手方。

综上所述，所有位置是按照"主陪"位置来确认的。那么如何确认"主陪"的位置？一是餐巾的摆放。一般情况下，由于各酒店餐巾的折叠方式不同，从形状上很难区分。但是，主陪的餐巾往往是最高的，或者主陪位置的餐巾颜色跟其他位置的不同。二是筷子。在比较正式的场合，"主陪"和"副陪"位置上的筷子各为两双，多出的一双是"公筷"。

在安排宴请之前，要明确此次宴请以谈生意为主，还是以联络感情为主。如果是前者，在安排座位时就要特别注意，使主要谈判人的座位相互靠近以便于交谈；如果是后者，只需要注意常识性的礼节，把重点放在品赏菜肴上。

三、馈赠礼物

馈赠礼物既是一种历史悠久的社会现象，又是人类社会活动中不可缺少的重要内容。

表示尊敬的态度言语、动作和仪式是"礼"的重要内涵。从"礼"以"物"的形式出现的那一刻起,"物"就从"礼"的精神内核中蜕化出来,成为"礼"的外在表现形式。随着社会的不断发展,人们普遍接受和认同了"物"能寄情、达意、表礼的观念。因此,馈赠礼物逐渐融入广泛的社会交往,并不断改变内容和形式,逐渐成为一种重要的联络方式。

相互馈赠礼物是现代生活中不可缺少的交际内容,无论是商业活动还是个人人际交往,馈赠礼物已经成为一种常态。人们物质生活水平在不断提高,现代科技也在高速发展,人们之间相互馈赠礼物的频率也变得越来越高。馈赠礼物可以帮助人们传递情感,具有桥梁和纽带作用。礼物本身也寄托着人们的深厚情谊,是人与人之间无言地表达真诚和关爱的方式,也可以展现人间的温暖。礼物正在成为现代生活和商业活动中不可缺少的重要元素,受到越来越多的重视。①

(一)东西方文化馈赠礼物特点

东西方国家在馈赠活动中的表现形式不同,而且观念、喜好和禁忌各有千秋。只有把握好这些特点,才能有效地通过馈赠活动达到跨文化交际目的。

1. 东方文化的馈赠特点

虽然东方各国的具体情况有所不同,但是在馈赠礼物方面还是有许多相似之处。

(1)形式重于内容

若馈赠东方人礼物,名牌商品和具有民族特色的手工艺品不失为上乘选择。对东方人来说,礼物的知识性和艺术性,往往重于实用性。这一点在日本人的馈赠交往中表现得尤为明显。

(2)礼尚往来

在东方人眼中,礼尚往来是最基本的礼貌问题。无论在何时何地,来而不往都会被看作有失妥当;而且,在回礼时要在礼物的形式和内容上下功夫,以表现对他人的尊敬。

---

① 李方. 从馈赠礼物看东西方文化差异 [D]. 开封:河南大学, 2014.

(3) 馈赠对象讲究具体指向性

东方人通常比较重视馈赠对象，往往会有针对性地挑选礼物。一般情况下，给老人和孩子送礼物是一件令人开心的事情，需要注意的问题不是很多；但是给他人的妻子赠送礼物，一定要综合考虑多种因素。

(4) 忌讳颇多

礼物数量、颜色和图案等在不同国家有不同的忌讳。例如，朝鲜对"9，7，5，3"等奇数和"108"等数颇为青睐，对"9"及"9的倍数"尤其偏爱，对"4"却忌讳颇深。

2. 西方文化的馈赠特点

西方文化的人在选择礼物时，没有东方文化的诸多拘束。通常情况下，其礼物是多姿多彩的。

(1) 实用的内容加漂亮的形式

对于西方人，一束鲜花、一瓶好酒、一盒巧克力，甚至一起郊外出游，都是很好的礼物。如果能加上漂亮的形式，就再好不过了。

(2) 共享礼物之乐

在西方国家，受赠人通常可以当着赠礼人的面打开礼物来表示对礼物的赞美，还可以与他人一起分享礼物带来的欢乐。

(3) 讲究赠礼的时机

为了避免有行贿之嫌，西方人通常喜欢在社交活动将要结束时才送出自己的礼物。

(4) 忌讳较少

除"13""星期五"和一些特殊场合（如葬礼）外，大部分西方国家对馈赠的忌讳相对较少。

（二）东西方文化关于馈赠礼物的原则

1. 礼物要有纪念性

世界上大多数国家都不主张送过于贵重的礼物，因此在馈赠礼物时可以从礼物的纪念性入手。

2. 礼物要体现民族性

世界文化的多元性体现在不同的民族特色上，正是这种多元性，给人们在国际交往中赠送礼物带来了很大的便利。赠送具有自己民族特色的礼物给外国友人，往往是不失情调和热情的明智之举。

3. 礼物要有针对性

在馈赠礼物时，要因人而异、因事而异，在赠送前充分了解对方国家人民的喜好，这样更容易达到馈赠礼物的效果。

4. 礼物要有差异性

在赠送外国友人礼物之前，要熟悉他们的风俗习惯，从而在挑选礼物时，针对他们的风格和禁忌挑选合适的礼物。

（三）东西方文化中馈赠礼物的差异

综合上述内容，本书认为东西方馈赠礼物的差异有以下几点。

1. 馈赠礼物时机的选择

在重大节日馈赠礼物的习俗在东西方各国普遍存在，但赠送礼物时机在东西方则有较大的差异。

"礼尚往来""来而不往非礼也""礼多人不怪"是中国自古以来就有的馈赠礼物的习俗，中国人热情、慷慨、好客，决定了在中国人的观念里几乎没有不可以送礼的日子。

和东方国家相比，西方国家的禁忌相对多一些，有些场合是不适合馈赠礼物的，如订婚仪式、毕业典礼或者主人第二次结婚的婚礼。

2. 馈赠礼物价值的选择

中国人在大多数情况下，非常看重礼物的价值，因为中国人讲情义、重感情，往往会担心礼物的金钱数额无法表达自己的真诚。特别是在"面子文化"的社会背景下，中国人在选择礼物时会对礼物的价值多一份斟酌。

西方国家在选择礼物时，一般都倾向于选择物美价廉的礼物。"千里送鹅毛，礼轻情意重"可以很好地形容西方国家馈赠礼物的价值选择。由此看来，西方人更重视送礼的心意，并不十分看中礼物的金钱价值。

3. 馈赠礼物的包装

西方文化的人非常重视馈赠礼物的包装。包装精美且别具匠心的礼物，能让接受礼物的人有一份美好的心情，也能让对方体会到自己的真诚和用心。在西方国家，只要你的包装新颖有创意，就能得到对方的好评。

相比之下，东方国家对馈赠礼物的包装则没有西方那么重视。只要礼物本身让收礼人开心、满意，包装就显得无足轻重了。也就是说，在中国，只要你送的东西是对方需要的和喜欢的，哪怕只包装一个拉花，对方也不会介意。

4. 馈赠礼物的语言特点

东西方文化的人受礼的语言有鲜明的差别。一般来讲，中国人馈赠他人的礼物即使很贵重，也会谦虚地说"一点薄礼"，贬低礼物的价值恳请对方收下；同时，收礼人则会推辞再三才肯收下。收下礼物后中国人也不会当面打开，因为在中国这样做是很不礼貌的。

恰恰相反，当面拆开礼物并表示惊喜和感谢是西方人收到礼物时的礼节。倘若由于某些特殊的原因不愿当面拆开，必须予以说明并真挚道歉。

四、感谢方式

在中国，人们的人际距离和个人独立性比较小，因此中国人把关系亲密的人当成是"自己人"，意味着彼此之间不分你我，相互之间的帮助都是应该的。如果"自己人"之间还要道谢，那就是"见外"，即关系不再亲密。因此，中国人不经常对身边亲密的家人和朋友道谢。如果一个中国的父亲对自己的儿子说"谢谢"，人们肯定觉得不正常。但是，中国人对于不太熟悉的人常说谢谢。例如，面对陌生人的帮助，一定要表达感谢，否则就是不礼貌；下属对上司也要经常致谢来体现恭敬和礼貌。

在西方，人们的日常生活经常会用到利奇提出的"赞誉准则"，即尽可能地表达对别人的赞誉。因此，对于西方人来说，感谢的话语是要经常挂在嘴边的，即使是夫妻之间或父母和子女之间，也要经常说谢谢，更不用说面对公司领导、同事、亲戚朋友或陌生人时了。

第三节　跨文化视角下的公共礼仪

遵守公共秩序和礼仪是现代人的基本素养，也是一个国家文明程度的体现。在跨文化交往中，了解和遵守不同文化的公共礼仪非常重要。不遵守公共礼仪，就会给人留下负面印象，甚至引起跨文化交往中的冲突。

一、排队

作为公共礼仪的一部分，排队是必不可少的，违反这一公共礼仪会引起人们的不满。但是，不同的文化对待排队有不同的看法。西方人对排队非常严格，他们对不排队现象的反应特别强烈；中国人对排队则有比较灵活的要求，认为在某些场合和情况下，没有必要排队。因此，在跨文化交际中，经常会出现误解和摩擦，导致一些西方人会产生中国人不遵守公共秩序、文明素质低下的负面印象。可以说，排队习惯的差异是造成跨文化交际中误解的重要原因。

在中国人看来，单纯询问事情而不办理手续可以不用排队，因此在银行、机场、邮局等场所，经常有一些人直接走上前去询问事情，而服务人员也会在给他人办理手续的同时解答他们的疑问。而在西方人看来，无论是询问还是办理手续一律要排队，因为他们认为一段时间里只能为一个人服务，不能同时为几个人服务。这也能体现出多时制文化与单时制文化的区别。

另外一个会引起跨文化误解的是公共卫生间的排队方式。在中国，人们往往会直接走到每个厕位的门口排队，而不是在卫生间的门口排队。很多外国人见到中国人的这种排队方式会产生误解，觉得这违背了先来后到的原则。

二、付小费

在西方国家，向服务行业的工作人员付小费是一种习俗。按照欧美人的观念，付小费给服务人员是对他们劳动的承认和尊重。由于中国社会没有付小费的习惯，中国人在国外旅行或工作期间往往会忽视这个问题。因此，如何付小费成了中国人在跨文化交际中最感困惑的西方习俗之一。

不是在所有国家和地区都需要付小费。亚洲的大多数国家都没有付小费的习俗，如在日本、韩国、新加坡等国都不需要付小费，但泰国例外。在澳大利亚和新西兰，付小费仅限于餐厅。欧洲的法国、德国和英国，有公开付小费的传统。而在意大利，付小费是不可公开的事情，但是人们往往愿意接受小费。在中东和南非的一些国家，付小费也是理所当然的事。

小费的支付方式多样。在餐馆，顾客可以将小费放在茶盘、酒杯下；在宾馆或机场，可把小费塞在服务人员手里，也可在付款时，将找回的零钱作为小费；使用信用卡支付，则可以在饭馆账单上签字时再另外填上一笔小费。付小费时，要保持低调，悄悄支付而不可公开递钱。这样的动作既可以表达感谢，也可以表示尊重，避免给人以施舍的感觉。

三、交通规则

公共礼仪还包括交通规则。如果不遵守交通规则，不仅会被认为没有礼貌，有时还会受到处罚；最重要的是，可能会对自己和他人造成安全问题。因此，必须要注意不同国家在交通规则上的差异。

在许多国家的公共交通工具上，如地铁、公共汽车和火车，都有一些"优先座位"，这是为老弱病残孕人员提供的专用座位。人们上车以后应尽量往车厢的中后部走，把这些座位留给需要的乘客乘坐。此外，当老人、残疾人或抱小孩的人上车后，主动给他们让座也是一种礼貌行为。在西方的公共汽车上，当人不是特别多的时候，男士还会把座位留给女士，遵循"女士优先"的礼貌规则。日本的地铁还会提示乘客在"优先座位"附近要关掉手机。这些都体现出对社会弱势群体的尊重。

不影响他人是使用公共交通工具的基本礼仪。许多地方都禁止在站台上或公共交通工具内吃东西、喝饮料。英国伦敦的地铁虽然只规定不能抽烟喝酒，没有明文禁止吃东西，但是很少有人在车厢里吃东西。我国许多地方也禁止在地铁和公交车上吃东西。这主要是因为食物的味道会影响他人。

此外，在公共汽车上恋人的亲密举动可能会影响他人，因此在很多国家也被视为不文明的举动。日本的地铁公司曾经特意制作了一则动漫形式的礼仪广告来提醒乘客："化妆，请在家；吃三明治，请在店内；喝完酒，请躺在你的床上；一边接电话一边做笔记，请在你的公司；展示刚买的服饰，请不要在车上。"这则有趣的广告就是在提醒人们遵守公共交通的礼仪。

随着国际交流的日益频繁和中国人生活水平的提高,越来越多的人到国外旅游、探亲、学习和工作。有些中国人在国外公共场所的一些行为举止不符合当地的公共礼仪,给当地人留下了负面的印象,也引起了一些跨文化交流冲突。因此,了解并尊重不同文化的公共礼仪就成为人们跨文化交际能力的一部分。留心观察当地人的行为举止,做到入乡随俗并礼貌待人是提高跨文化交际能力的有效策略。

第四节 跨文化视角下的商务礼仪

不同文化下的商务礼仪也有所不同,本节将主要介绍中西方的商务礼仪行为差异。

一、商务礼仪的重要性

从《三字经》《弟子规》《道德经》《论语》《中庸》《大学》等书的内容中可以看出,中国人自古就非常重视礼仪的教育,书中经常出现强调礼仪重要性的内容,如君臣礼仪和长幼尊卑礼仪。在中国传统文化中,礼仪规范被视为生活和立业的基础,正所谓不学礼,无以立。但是,由于中国社会前后经历了奴隶社会、封建社会、半殖民地半封建社会和社会主义社会,五千多年的演进使礼仪文化的精华和糟粕处于渗融的状态,导致礼仪文化中的糟粕产生了消极作用。曾有一段时间,由于社会、学校只关注学生的学习成绩,忽视了对礼仪的教育,导致许多不文明行为随处可见。

中国人民大学金正昆教授认为,礼仪作为商务行为的表现方式,是个人职业精神的一种外在表现,对于竞争激烈的现代职场来说,如果一个人拥有丰富的礼仪知识和良好的沟通能力,就可以应付不同场合的社交,使自己的事业如鱼得水,在竞争中立于不败之地。但是,要想在各种交际场合中做到举止得体,事事符合礼仪规范,确实很不容易。例如,我们在商务活动中会和不同的人接触,在这一过程中,赞美他人和拒绝他人都是要讲究技巧的,否则赞美和拒绝都不能达到很好的效果。另外,良好的礼仪行为有助于维护公司形象。在商务交往中，个人形象代表公司的整体形象，个人的一举一动就是公司礼仪文化的体现。因此，现在很多公司和大型企业，都会定期对员工进行礼仪培训。同时，在社会主义精神文明建设中，在实现"中国梦"和建设社会主义现代化的关键时期，我们应该吸收中国文化的精髓，让传统的礼仪文明精华古为今用，重建社会主义现代文明礼仪。

礼仪教育专家周思敏认为，礼仪对人们的日常行为进行了规范，倡导良好的社会风气以及和谐的交际氛围。遵循礼仪规范可以得到社会的认可，生活也会变得更加愉快；不遵循礼仪规范，任意破坏和谐稳定的社会环境，会遭到社会的唾弃，使自己陷入孤立无助的境地。在现代社会，礼仪文化几乎是个人和社会文明程度的标志，优雅的言行和规范的礼仪，已经成为人际沟通的必备条件。

二、商务礼仪的发展趋势

商务礼仪是指在商务活动中为了体现相互尊重的原则，制定的一系列商务人员应该遵守的准则，包括仪容仪表、问候礼仪、电话沟通礼仪、商务信函礼仪和餐饮礼仪等多方面。其目的是约束商业活动的各个方面。参与商务活动时，商务人员应该做到严于律己，了解其他国家社会文化背景，尊重他人，最大限度地包容对方，使商务活动在轻松愉快的氛围中顺利进行。得体的商务礼仪行为既是个人文化修养和素质的外在表现，同时也可以体现企业的形象和文化内涵，更是塑造企业文化、推广企业品牌的有利策略。因此，正确掌握商务礼仪的各种内涵和得体的外在表现有助于提升个人素质，从而建立良好的人际沟通关系，通过自身良好的礼仪行为表现，为企业树立良好的口碑。

目前，国际礼仪基本上采用西方礼仪标准。由于西方人信仰基督教，其礼仪也是宗教的表现方式，他们从小就接受这种礼仪的教育和熏陶，使礼仪在人的行为中自然流露。同时，精神与物质、政治与文化的结合，可以使人充满自信。正是这一点使西方文化具有强大的感染力，也使他们的礼仪文化被视为通行的标准。

随着社会的发展，各国之间的商务往来变得越来越频繁。在这一过程中，中西文化相互融合、相互渗透，西方人逐渐接受了中国高语境文化的内敛和含蓄，中国人也逐渐接受西方低语境文化直接明了的风格。但是，了解中西礼仪的习惯和差异仍然十分有必要。从大局着眼，无论是政治上还是在经济贸易上，了解各国的礼仪风俗习惯和社会历史文化都有利于跨文化交际的开展。从个人角度看，了解其他国家的礼仪和风俗习惯，是对对方的尊重，在给对方留下良好印象的同时，还能够为后续商务活动的展开和顺利进行良好的铺垫。中西方的礼仪并不是一成不变的，随着经济全球化的不断深入，世界经济快速发展，文化格局也在悄然发生变化。随着生活节奏的加快，中国的礼仪在某些场合为了提高办事效率正逐步向西方的礼仪发展，中国人也越来越注意提高工作效率，缩短会议时间，直奔主题；人际交往中也减少了些过于委婉的表达方式。同样，随着中国经济的飞速发展，国力的不断增强，西方国家逐步认识到中国文化的博大精深，愈发意识到环境对人和事物的影响的重要性。由此可见，中西方的礼仪正朝着彼此的方向发展，两种类型的文化正在发生微妙的变化。

三、商务礼仪行为差异的表现

当今全球经济一体化飞速发展，世界各国间的商务往来日益频繁。因此，合适、得体的礼仪行为会大大增加商务活动的成功率。商务礼仪比一般社交礼仪更加规范，内容也更加丰富，通常是指在商务活动中人们所遵守的礼仪规范和行为准则，被广泛应用于商务活动的礼仪、礼节和仪式中，有严格的规范性，与商务组织有极强的利益关系。然而，由于中西方都受到各自传统文化的影响，商务礼仪表现形式存在很大的差异。

在一般的商务活动中，如何进行恰当的问候，如何进行有效的商务谈判，以及如何撰写商务文书等，都要遵守商务礼仪的规范。这对于构建和谐的商务交往关系和商务合作有至关重要的作用。由于中西方文化的社会风俗习惯不同，人们在进行商务问候、谈判和文书写作上存在很大的差异。本节我们将从高低语境理论角度分析中西方商务礼仪在问候礼仪、商务谈判礼仪和商务信函礼仪中的差异。

（一）问候礼仪的差异

问候语作为交际语言的重要组成部分，在人际交往的早期起着非常重要的作用。问候语是一种礼仪行为，是个人素质的体现，也是礼貌用语的一部分。

第七章 跨文化视角下的人际交往

双方的身份、地位、角色以及亲疏关系决定了问候的内容和方式。

1. 称呼的差异

中国的称谓具有"不对等性",而西方的称谓则具有"对等性"。中国受传统文化的影响,在很多情况下,称呼他人时,不可直呼其名,如下属称呼上司,晚辈称呼长辈,学生称呼教师等;而领导对员工,长辈对晚辈则可以直呼其名,而且有时为了表示关心,还可在其姓氏前加一个"小"字,如小张、小玉、小李等。这丝毫没有轻视、歧视的意味,而是体现了对被称呼者的关爱,也体现出称呼者的礼貌和修养。与此不同的是,西方的称呼是"对等性"的。例如,英国家庭中成员无论大小,都可以用"你"来称呼。而西方人对于"王主任""赵师傅""李局长"之类的称呼是无法容忍的,觉得这是不礼貌的行为。因此,在中西方跨文化交际时,一定要注意称呼上的差异。

2. 问候的内容

中国人见面问候的内容往往是家长里短的亲密问候,西方人见面的内容一般是谈天说地的泛泛的问候。在中国,不熟悉的朋友可以用微笑或者点头来进行问候。对上了年纪的人和非常熟悉的朋友,会说"上班啊?""吃了吗?""去哪呀?""最近怎么样?"等问候语,这体现了朋友之间的亲切感。实际上,这些问候的目的仅仅只是为了打招呼,并不是想知道对方在做什么、想去干什么,这是明显的高语境文化中人们的问候方式。然而,西方人比较看重个人隐私,当面对这种中国式的问候时,会觉得对方想插手自己的隐私,觉得对方很没有礼貌,缺少教养,在心理上非常反感。西方人见面时通常会谈论天气和近况。例如,英国天气变化无常,特别是伦敦的天气,有时上午还很晴朗,下午就会阴雨交加。因此,人们见面有时会说"It is a fine day, isn't it?"(今天天气很好,是吗?)或者问"How are you?"(你好吗?)。这体现出西方低语境文化中人们的语言直接而简单的特点。因此,类似"吃了吗"等问题在商务场合很不合时宜,见面时直接问候对方"您好""早上好""见到你很高兴""晚安"即可。

3. 恭维与赞美

中西方在赞美的言语行为上存在着明显的差异。当西方人听到别人对自己的赞美时,通常表示感谢和认同,认为这样做是对别人鉴赏力的尊重和肯定,也有些人喜欢在问候的同时恭维一下对方。但是，中国人对他人的赞美往往用自贬方式表示谦逊。

例如，曾经有一位美国女士在一次商务活动中夸奖中国一位女士的发型很漂亮。见面问候之后，她说："Your hair style is beautiful."（你的发型很漂亮。）简单地表达了对发型的评价。这位中国女士虽然很高兴，但是仍然会谦虚地说："哪里，哪里。过奖了。"美国女士听后会不知如何回应，会觉得自己眼光有问题或者恭维错了，造成双方的尴尬。其实中国女士只需要回答"Thank you."（谢谢你。）即可。

美国人喜欢直接表达自己的想法，而中国人则喜欢用含蓄的方式表达自己的想法。在沟通时中国人往往过多地考虑对方的感觉和面子，为了避免尴尬，喜欢把自己的真实想法婉转含蓄地表达出来。但是，低语境文化的人往往没有这种交谈习惯，容易在跨文化交际时产生误解。下面是一个沟通时产生误解的实际例子。

一位在美国参加商务活动的中国某公司谈判代表，在和美方讨论合作方案后，想利用等待合同签署的时间让美方派人陪同在纽约游玩。因为之前没有要求，只是临时想法，中方代表碍于面子不好意思直接说；而对方受低语境文化的影响，没有听出中方代表话语中的弦外之音，结果便事与愿违。下面是他们的对话。

中方代表：这个周末我想去纽约玩玩。

美方代表：好呀！合同大约下周出来。可以放松一下。

中方代表：（想让对方主动提出陪同）纽约好大。

美方代表：（没说让我陪同，看来不需要）是的，祝你玩得开心！

中方代表：（看来没打算陪同）好的，谢谢。

这段对话就是中西方高低语境文化的差异在生活中的体现。中国人和美国人都按照自己生活的文化背景去考虑对方的意思，因此美国人没有感受到中国人的弦外之音。在社会交往中，中国人往往注重面子，不善于直接提出要求；生活在低语境中的美国人认为主动提供帮助似乎是不合适的，会妨碍他人。这种中西方由于文化语境不同导致的沟通不畅快，容易造成交际失败。

总而言之，谦逊是中华民族的传统美德。儒家思想讲求中庸之道，倡导人们对人要仁爱、做人要谦逊、遇事要忍让。因此，对待任何事情都应该谦让一二，以表现自己的大度和高风亮节。中国人受到赞美和夸奖时常常会说"过奖了""惭愧""差远啦"来表示自己的谦虚；西方文化受到艺复兴、启蒙运动和资产阶级革命的影响，重视人的独立意志和人的能力，喜欢自我表现。因此，当受到别人称赞时，西方人往往把这理解为他人对自己能力的认可，理应欣然接受。于是，他们常常用"谢谢"来表示他们欣然接受对方的好意，对对方的赞美表示肯定。

（二）商务谈判礼仪的差异

商务谈判是在商品经济条件下产生和发展起来的，是买卖双方为了促成交易而进行的一种商务活动，是解决当事人之间的商务纠纷，取得自身经济利益的一种方法和手段。不同文化背景的人们对谈判目标有着不同的期望值，如美国和其他一些低语境文化国家的谈判者的期望值建立在双方达成的协议和签署的合同上。西方国家以等价交换和市场竞争为主要特征的商务谈判，重视个体利益的得失和平等竞争，重视程序化的模式，认为每次商务活动都应该事先确定好谈判内容、双方的权利和义务等内容。因此，可以说西方的商务谈判礼仪是一种任务驱动型文化。

中国等高语境文化的国家受儒家文化的影响，认为建立和谐、长远的合作关系比签署协议更为重要。可以说，中国的商务谈判礼仪是一种典型的情感驱动型文化。

具体来说，中西方商务谈判的差异表现在以下几方面。

1. 语言方式

霍尔认为，中美两国在语言行为上的差异主要集中在语言方式上。美国属于低语境文化，注重简单、直接的沟通，直言不讳；并且低语境文化认为沉默是逃避责任，意味着谈判出现问题，甚至谈判中断。在谈判过程中，他们倾向于对每个问题做出明确的回答，不管谈判另一方同意与否。

中国人的性格含蓄而内敛，不善于直接表达自己的情感，沟通方式比较隐晦而含蓄。这就要求信息接收者必须具有很强的文化敏感度，很强的理解话外之音的能力，以及深层分析言语内在含义的理解力。中国人认为沉默也同样是在交流，适当地停顿和沉默，是在给对方思考的时间和理解话语隐含意思的时间，即"此时无声胜有声"。因此，中国人在谈判过程中，认为适当地保持沉默无可厚非，还可以体现出高语境谈判者的机智。中国人在表示拒绝或者否定的态度时，言语中也会使用大量的委婉语气，因为在高语境文化中，人们通常会为了稳固和谐的人际关系，不直接表示反对和拒绝，认为这是对对方的尊重。

2. 谈判风格

很多时候，在时间观念、谈判策略和谈判方式差异上，也会表现出不同文化的特点。低语境文化谈判者的时间观念通常比较强，严格遵守时间安排，除非有对效益有影响或是不可抗拒的外力所导致的事件发生，才可以更改时间安排；另外，谈判的每个环节都是高度集中、高速高效的。而高语境文化的谈判者认为时间是灵活的，通过零碎时间可以使自己更好地了解对方，建立良好的合作关系。例如，美国人习惯于一个接一个地安排好谈判的先后顺序。如果第一个问题没有完全解决，就不会谈第二个问题，必须逐一解决才能完成整个协议。中国人喜欢从各个方面去探讨问题，从整体去分析和衡量问题的重要性，因此有时会在同一时间讨论几个相互有关系的问题。

有这样一个例子，有两位美国客户到一家服装公司进行参观，由于谈判中途到了午饭时间，中国的副总经理很有礼貌地问："这是午饭时间。您想去吃午饭吗？"由于提前了解了彼此的文化，中国人知道美国人的表达更直接，所以他问是否要先吃午饭。而美国客户回答说："不是很饿，随便。"其实，美国客户在这个时间已经饿了，但是由于知道中国人善于含蓄委婉的表达，只好说"随便"。话一说出，中方以为美国客户不想进餐，美国客户只好饿着肚子跟着中方人员参观了服装工厂的每个车间。在参观某个车间的时候，其中一个美国客户看到了一张英文字母拼写有错误的宣传海报，于是当场毫无顾忌地指出了错误，这使中方副总经理很尴尬。参观完毕，到了价格谈判的阶段。美国客户秉承一贯的直接谈判风格，直接询问中方能够给多少折扣，中方谈判者习惯于曲折委婉的表达，因此先指出一堆影响价格的因素，并没有直接给出最低价格，也没有直接回答美方提到的折扣问题。

从上面的商务谈判案例中可以看到，中美思维方式的差异导致谈判的过程中发生了一些误解。其一，虽然双方都事先在各自文化差异和表达方式上做了一些功课，但是结果并不理想。如美方客户在回答吃饭问题时，用中方高语境的委婉表达方式进行了回答，认为中方会邀请他们共进午餐。然而，中方却以为美方低语境表达方式已经直接表明了他们的真实意思，所以就没有请他们吃午饭。其二，美国客户受低语境文化影响，习惯直接的表述方式，当众直接指出了英文字母的拼写错误，完全没有顾及中方经理的"面子"，没有了解中国人爱"面子"的特点，令场面十分尴尬。其三，在谈判阶段，中方谈判人员没有了解低语境的表达方式，没有直接回答美方的问题，导致美方感到迷惑。

从上述例子中可以看出，在商务谈判中，低语境文化的人喜欢直接表达自己的想法，其优点在于语言直接明了，是非分明，听者无须猜测其言语含义，省时间，效率高；其弊端在于直接表达而不顾及对方感受，会让对方感到很强的攻击性和争辩性，容易伤害到他人颜面，往往会使谈判陷入僵局，导致谈判失败。中国人擅长委婉的表达方式，其优势在于委婉圆滑，让人觉得对方为自己着想，顾及对方的颜面，让彼此在和谐的气氛中谈判，使敏感的话题留有回旋的余地；即使是谈判中遇到尴尬的局面，也会让双方都有台阶可下。但是，其弊端是会使低语境文化的外国人感到不适应，无法真正理解高语境文化人的真实想法。另外，中国人习惯在饭桌上谈判，通常认为生意与娱乐是可以同时进行的。中国人认为饭桌上融洽的氛围有利于更好地沟通和更好地了解对方，为后续谈判做好铺垫。而美国人是低语境文化的典型代表，遇事喜欢开门见山，直奔主题。他们认为工作是严谨的，严肃的，不可以和娱乐混在一起，必须按照事先安排好的议程进行，尽快签署协议。另外，在谈判的协商阶段，美国人认为可以打断对方讲话来表达自己的想法和意见；中国谈判者习惯在说话中间停顿片刻方便对方听清楚并且认为随意打断对方或插话是一种不礼貌的行为。美国人认为，签订合同就意味着谈判结束；而中国人往往看重合作关系的建立，期待今后的长久合作。

（三）商务信函礼仪的差异

随着国际交流活动的增多，商务信函成为企业之间沟通的重要手段，在商务交易时具有非常关键的作用。商务信函作为一种比较正式的书面语体，常用来联系业务、进行商务谈判等。然而，中国和一些西方国家在商务信函的内容和行文格式等方面存在很大差异。如果没有事先考虑对方的文化语境，势必会引起误解和分歧，甚至可能导致商务交际的失败。因此，在写作商务信函中，必须时刻注意文化因素的影响。

首先，中英文商务信函的称谓不同。在商务信函中，中国人受儒家思想影响，习惯了长幼尊卑的观念，人们通常称呼对方为"王局长""丁总"等；在一些西方国家，尤其是美国，非常关注个人价值，重视人人平等的观念，因此在交际中倾向于使用一些非正式、轻松自然的交流方式，无论是谈话还是书信，通常直呼对方姓名，不加任何头衔称谓，通常也不会带有职位称呼，如"Dear Jane"（亲爱的简）。美国人认为这样称呼对方比较亲切。

其次，商务信函是一种用于商务活动的正式文体，行文中语言表述要完整而严谨。中国是典型的高语境文化，集体主义观念深入人心，使得人们十分注重人际间的和谐关系，注重等级观念。因此，在商务信函中，人们多用书面语，以表达对收信人的尊敬，同时还可以恰到好处地体现自身的文化修养。然而，在英文的商务信函中，西方文化的人认为平铺直叙，少些修饰显得为人真诚；同时他们十分注重办事高效，认为节省对方的时间是一种礼貌的行为，也是对对方的尊重。因此，他们在书信中会使用一些简单的、没有歧义的词汇，句子往往采用最简单、最直接的表达方式。

最后，是信函中句式使用的差异。在汉语商务信函中，有时为了表达一个意思，需要用多个句子进行描述，还会用到排比句、比喻句等句式。有时，一个长句子可能包含两个或两个以上的短句，并且表达多个意思。此外，中国人很少注意句式问题，因为汉语句子的句式比较松散，没有固定的结构，主语经常被省略，或用动词、形容词来代替。中国是高语境文化，大部分信息隐含于语境和文化背景中。因此，只有有共同文化背景和相同语境的人才能够精准地理解写信人的真实意图。

例如，"拟采用贵教研室的《国际商务信函写作》一书为本校教材，若能应函交易，请速回复。"

这句话有三个短句，缺少主语，但丝毫不影响读者准确理解这句话的意思。前一句的主语应该是寄信方，第二句和第三句主语是收信方，也就是出版社。这三个句子之间没用使用任何关联词，比较符合汉语句式的形式，因为中国人不太注意单个句子的形式，注重从整体上把握。

然而，汉语的这种句式结构在英语中是不正确的。英语句子的核心结构是主谓宾结构，即句子必须有主语和谓语才能表达完整的意思，说话人必须通过完整的句子结构表达信息。英语句子的主语主要是名词或名词性短语，也有从属连词或并列连词。例如：

Dear Steve：

I wonder if you could do me a favor? I am going to be in Denver on Monday 20th May and would like to meet Crystal.Could you give her a call to introduce me?

英语国家的人处于低语境文化中，十分注重句子的固定逻辑关系，强调句式结构的严谨性。因此，英语书信中经常出现连词，且为了不让对方语义产生误解，书信中每个句子的含义都十分明确。

四、商务礼仪交往对策

综上所述，我们不难发现中国人和一些西方国家的人在进行商务交际时对对方输出的言语意思的理解往往与真实含义有出入。究其原因，主要是不同的语境文化所导致的。在不同的文化背景下，要想达到商务活动的预期效果，就有必要在商务活动之前了解对方国家的文化背景、社会风俗习惯、语境文化、商务礼仪知识和交往策略。因此，为了提高商务活动的成功率，作者提出了以下几点交往策略，希望能够对跨国商务活动提供一些借鉴和帮助。

（一）商务问候礼仪差异的应对策略

中国文化受儒家思想影响。儒家哲学是一种典型的实用主义哲学，在中国古代文化中占主导地位。中国古代经济以农业和种植业为主，因此中国的自然科学具有很强的实用性和经验性，也使中国人形成了注重眼前利益和注重实践的性格。汉语中的各种问候语，普遍都是着眼于眼前正在发生或刚刚发生过的事情，都是和彼此相关的具体的话题，很少出现抽象的语言和固定模式的问候。

英语中的问候语具有明显的简化、模式化和抽象化的特征，这与他们的思维方式有关。西方人比较擅长抽象化的逻辑思维，善于把事物按客观因素进行分类，而且论据充分，论述有条理。例如，将特定的问候语简化为几个固定的"公式"。这种现象就是中西方不同思维方式在问候语方面的体现。

汉英问候语的内容差异主要体现在日常生活中的实际交际中。一个来自中国高语境文化的人和一个来自低语境文化国家的朋友初次见面时，如果中国朋友谈论一些涉及个人隐私的话题，通常会被认为有些失礼，缺乏教养。这是因为中国自古以来就是典型的男耕女织的农业社会，久居一地，世代繁衍，生活方式比较相似，人们之间彼此熟悉，人际感情自然特别深厚，人们很少会去追求个性发展。时至今日，中国人依然将问候家长里短视为一种联络感情、增进交流的手段。

西方盛行的文化是个体文化。这种文化形态也有其历史原因。西方社会的经济基础是手工业和商业，农业和种植业并不发达。受地理环境的影响，人们无法长时间定居于一处，因此流动人口多。此外，为了生存和贸易，社会充满了竞争，也造成了人们之间淡漠的关系。因此，西方社会中个人对集体的依赖性比中国小。西方文化中的人们追求个人生活不受打扰的自由，以及居住的环境不受外界干扰，重视个人意志和个人价值观念。如果年轻人和年轻人吃饭，一般是各自买单，也就是AA制；孩子帮助父母做家务，父母会支付报酬。对于中国人来说，这种不近人情的相处方式令人难以置信。

总而言之，价值观的不同导致了中西方问候礼仪的差异。中国人重视伦理道德，中国社会的礼貌原则，在很大程度上是等级差别的象征。今天中国的礼仪虽然随着社会发展产生了很大的变化，但是它仍然保留着一些过去的印记。在具体的交往行为中，遵守秩序、尊重他人是礼仪的具体表现形式。了解彼此的身份和社会地位后，我们就知道该说什么、如何说，从而减少人与人之间的误会。在西方社会，人们追求个人价值，十分重视个人权利的获得和重视对个人隐私的保护，强调个性发展。人们说话的方式也会因社会文化背景、价值观和思维方式的不同而存在差异。因此，在跨文化商务交往中，有必要了解中西方的问候礼仪，同时了解高低语境文化对说话方式的影响，以促进不同语言和文化背景下的人之间的有效交流和沟通。

（二）商务谈判礼仪差异的应对策略

1. 语言与交流

语言可以反映一定的社会文化背景，不同文化背景的人在交流沟通时常会习惯性地用自己的原始文化来解读和理解他们所收到的信息。因此，不同文

第七章 跨文化视角下的人际交往

背景的人尽管使用同一种语言交流，但是双方对于话语的理解仍然存在差异。在国际商务谈判中，如果谈判中的一方使用的工作语言并非对方的母语，最明智的、最有效的办法就是谈判前先了解对方的语境文化背景，提出容易产生歧义的问题和一些细节，直到得到彼此都满意的答案为止。谈判语言必须明确指出谈判双方的意图和预期达成的目标，当谈判结束时，若任何一方对某些条款有疑问，或认为自己是碍于脸面才签订协议的话，那么本次谈判将被视为无效。和不同文化背景的谈判对象进行商务洽谈时，要注意以下方面，从而使谈判取得良好的效果。

①避免讨论政治、种族或宗教等敏感话题；

②尽量避免谈论个人隐私问题；

③用简洁明了的语言进行交流，不要使用俚语、俗语和一些容易被对方误解的表达方式；

④谈判时语速要放慢，方便对方听清楚，注意时刻观察并询问对方的意见，及时了解对方对你所陈述的内容的理解程度；

⑤不要打断对方讲话。

在不同文化背景下，各国有自己独特的表达方式，所谓"知己知彼，百战不殆"。只有在进行商务谈判之前，了解对方的语境文化特点，制订计划，做好各项准备工作，才能在谈判时游刃有余、以智取胜。

除了口头语言外，谈判者的肢体语言和各种谈判行为对谈判的成功与否也起着至关重要的作用。因此，要了解对方文化中常用的肢体语言的准确含义，如手势、眼神、笑容和点头的含义，否则可能会造成商务谈判的失败。一些受欧洲文艺复兴影响的国家，如英国、美国、德国、瑞士和日本等国是单维度时间取向的国家；地中海沿岸国家，如意大利、希腊、法国、一些东方国家和一些非洲国家是多维度时间取向的国家。单维度时间取向文化认为，在规定的时间里，一次只可以完成一件事，必须严格遵守时间规定；多维度时间取向文化恰恰相反，认为许多任务可以在同一时间完成，时间被看作是一种资源。因此，谈判前必须了解对方对于时间的使用习惯，合理安排谈判进程，有利于取得良好的谈判效果。

2. 理解中西方文化差异

不同民族文化除了要理解高低语境文化的差异，还要注意四个方面的问题，即权力的距离、不确定性规避、个体意志与集体意志、男权主义与女权主义。以中国为例，经过几千年的封建统治和儒家思想的洗礼，中国已经形成了高文化权利距离的特点和不确定性规避程度高的集体主义倾向，这些特点都体现在商务谈判中。因此，面对不同语境文化背景下的谈判对象，要了解对方特有的民族文化和观念，了解高低语境文化不同的说话方式，使谈判更加和谐、畅快而有效地进行，避免不必要的误会和分歧的产生，最终达到互利双赢的效果。

3. 不同文化的谈判风格

霍尔的高低语境文化理论可以帮助我们理解中西方文化的差异。高语境文化下的人们通常强调集体主义，强调个人同社会的和谐关系，要经过深思熟虑才会做出决定。这意味着，在这种文化背景下，谈判双方都非常重视谈判过程中双方的关系，因此在谈判开始时应得到对方的信任。这种文化是一种高度的集体主义文化，强调团队之间的和谐共存，有利于个人利益的获得和团队的共识达成。在高语境文化中，语言暗含的意思和语言上下文的语境同样重要。因此，同高语境文化的人交流时，要时刻观察对方的声音、面部表情、姿势和动作，甚至是社会地位和家庭出身。相反，低语境文化注重逻辑性，思维是直线的，强调个人主义、个人意志，崇尚时效性，如北美和一些欧洲国家。下面将列举一些典型国家的谈判风格。

（1）丹麦

语言简练，直接明了。重视时间期限，必须及时完成任务，否则会导致合同终止。

（2）英国

英国人比较冷静、沉稳，谈话时习惯同对方保持一定距离，不轻易表露情感。英国人比较直率，自信心强，不肯轻易放弃自己观点。英国人在谈判时崇尚礼仪，重视衣着。

（3）法国

法国人在谈判时严禁谈论个人私事。

(4) 德国

德国人注重工作效率，时间观念很强。此外，德国北部的商人很重视对个人头衔的称呼。

(5) 芬兰

芬兰人十分重视握手礼节。在谈判成功后，芬兰人通常会邀请对方赴家宴或是芬兰蒸汽浴，这是一种很重要的礼节。需要注意的是，赴宴时不要忘记向女主人送上花朵数量为单数的鲜花束以示尊敬。

总而言之，低语境文化的谈判者偏爱简洁、高效的谈判方式，且十分重视细节；高语境文化在谈判时会更加注重整体和原则问题，忽略细节问题。欧美谈判者讲究实际，注重个人利益的最大化；而中国谈判者在中国文化中往往着眼于全局利益和整体利益。因此，和欧美谈判者进行谈判要有耐心，因为谈判过程通常是非常详细和冗长的。此外，一旦达成协议，他们将严格按照协议条款执行，是非常严肃和严格的合同执行者。

4. 冲突的应对策略

东西方文化有很大的差异，西方国家不惧怕冲突和分歧，认为积极解决冲突和分歧会对后续谈判有利。通过解决矛盾，我们可以获得更多的有用信息，实现和谐、健康、密切的谈判。然而，中国崇尚以和为贵，通常认为冲突会影响彼此的信任，影响今后的合作关系。因此，引起冲突的人应受到谴责。由于中西方文化对冲突的不同理解，双方往往会采取不同的解决方法。在进行跨文化商务谈判时，我们应该认真思考，认真倾听对方言语想要表达的意思，从对方的语境文化去理解对方表述的真实意思，尽量避免冲突；可以适当放慢谈判的速度，不要期望步步为营实现目标，时刻铭记谈判是一个漫长而耗时的过程，许多重要的商务谈判，往往要经过很长时间的磋商。要想有效避免商务谈判中的冲突，就要了解以下几方面的内容。

(1) 价值观的不同

中国倡导以"仁"为核心，希望人人都生活在和谐的集体主义氛围中。集体主义强调团队要有共同目标和共同理想。国外学者认为，中国的集体主义是传统高语境文化独特性的具体体现，集体主义文化的成员为了集体的利益可以牺牲个人的利益。正因如此，在交往的过程中，中国人往往会从社会的集体利益出发。也就是说,整个社会的进步和发展才是个人利益的最好体现。但是在西方,个人主义占据主要地位。在西方文化中,个人价值、个人意志、人格尊严、个人自由、个人感情、个人权利和个人利益受到极大的关注。全社会都更加注重个人主义和自我价值的实现,以个人价值来评判人的生命价值。因此,西方人在交流时主要强调个性,以交际者为中心,交际语言简洁明了。因此,要实现谈判的目标,就要运用多种说服方式。

(2)思维模式的不同

中国人进行国际商务谈判的主要方式是根据相关合同来讨论整体原则和利益,更加重视建立双方的长期合作关系。因此,中国人在谈判开始时会有意减少一些细节问题,在谈判活动后才会详细处理合同中的具体细节问题。然而,西方人比较关注细节问题,习惯先从细节谈起,尽量不去讨论原则问题。例如,受线性思维方式的影响,美国人注重事物之间的逻辑关系,关注具体内容;更注重直接和简单的思维方式,习惯于直奔主题。

中国人的思维方式是螺旋式的。在描述事物时,往往是根据中心思想来表达。围绕中心意思不断拓展相关问题,然后切入主题,避免一开始就直奔主题。在国际商务谈判中,中国人通常认为委婉的表达方式更有效。在西方国家,他们认为所有事物都是按直线发展的,因此他们习惯于线性推理。

总而言之,中西方不同的思维方式,往往容易造成商务谈判中的冲突。要想避免冲突,就应当了解对方的思维方式。

(3)伦理道德与法律意识的不同

中国人善于从伦理道德的角度而不是从法律的角度来思考问题。"道德"在中国已经深入心,在遇到有争议的问题,人们首先想的是如何制造强大的社会舆论,使事情得到解决。正所谓"得道多助,失道寡助",中国人始终相信正义会得到充分的支持,不公正就会缺乏支持。西方人通常会请律师来解决纠纷。在国际商务谈判中,西方人往往按照一定的制度行事。谈判结束后,合同的管理和相关工作必须按照业务活动的规则开展,如果出现争议,应该采用法律方式处理。

(三)商务信函礼仪差异的应对策略

文化对人们的思想、交际和写作有很大的影响。中英文商务信函的写作因中西方高低语境文化差异而产生了很大的差异。在书写信函时，如果不注意高低语境文化差异，用母语思维给外国客户写信，必然会造成误解，甚至导致交易的失败。因此，我们在不断提高外语表达能力的同时，也要加深对彼此文化的理解和研究。只有这样，才能真正掌握商务信函的写作要领，为商务活动的成功增加筹码。

1. 写作前的文化差异

写作之前，首先应该制定计划和提纲，确定目标，分析读者的文化背景和需求，选择最便于对方理解的表达方式进行写作，以最好的方式传递信息。

首先，文化差异。中国受儒家文化影响，崇尚以礼为先，要求在交际中保持和谐的良好的人际关系，语言中往往隐含许多信息；西方人看重个人需求，注重自我价值的实现，习惯于直接阐明个人想法。两种截然相反的文化加大了跨文化商务交际的难度。

其次，分析对方的文化背景和情感等因素，选择恰当的措辞进行表述。例如，对于"you"（你/您）的使用，在中国平级关系里往往用"你"，对上级或年长者用"您"，表示尊敬；美国人倾向于用"你"这个字，认为这样可以拉近和对方的关系，并且常用"Would you be interested in this suggestion？"（你是否对这个建议有兴趣？）进行询问。为加深对其他文化的理解，同时促使交际成功，写作时要多考虑交际对象的语境文化、思维方式、说话方式和交际风格等。

最后，传输渠道和形式。在跨文化交际中，语言的输出渠道可能决定交际的成败。渠道可分为口语和书面语，正式信函和非正式信函。在选择信息渠道时，我们需要考虑对方的语境文化，采取适当的输出方式；熟悉并掌握信函的保密性、时间掌控、对方的喜好以及文化背景。随着信息技术的飞速发展，输出渠道除了传统的信件、电子邮件和传真外，又涌现出语音信箱、电话会议、网络会议和微信等新渠道。

2. 写作内容上的文化差异

如何安排写作内容及内容的顺序是跨文化交际中最大的问题。在高语境文化中，大多数信息需要通过周围的环境获得，口头信息量较少，写作时也要考虑语境。在低语境文化中，大部分信息都是通过语言直接表述的，无须过多考虑语境的作用。因此,在和低语境文化的人进行交流时,将语言表述明确即可。而在同高语境文化的人交流时,信函中往往会出现很多看似不相关的内容,读起来让人感觉主题不明确、逻辑性不强。因此,在给低语境文化的人写信时,在编排和组织写作内容时一定要遵循以下几个原则。首先,主题明确、目的清晰;其次,内容只包含与主题相关的信息,避免繁文缛节;最后,语言简练,逻辑清晰。针对这几个原则,作者提出了以下几个写作策略。

(1) 信息写作策略

第一,正面信息。在商业交际中,对于好消息和富有正能量的信息,不同文化在表达方式上存在着差异。低语境文化的民族习惯于直接的表达方式,而高语境文化的民族习惯于间接的表达方式。低语境文化中的人习惯于段落清晰、简短的表达,习惯在段首用主题句,这样可以提高跨文化商务交际的成功率;高语境文化的人习惯渲染周围环境,多用描述性语句,目的是让读者能够更好地理解信息的意义。

第二,负面信息。对于负面信息,法国、英国和德国等低语境国家习惯于用简洁明了的表达方式直接表达;而中国、日本和一些拉美国家等高语境文化国家会采用隐晦委婉的表达方式进行描述。

(2) 组织报告策略

组织报告因文化差异而有所不同。亚洲和拉美一些国家会在报告开始时,先进行背景描述和基础信息的介绍,最后提出解决方案和建议;而西方一些国家往往在报告开始时提出建议,然后介绍相关的背景信息。这反映了不同语境文化中人们思维方式和礼仪行为的差异。

(3) 信函写作策略

为了提高国际商务交际的时效性,减少不同文化背景的人产生误解的概率,下面为母语和非母语的英语使用者提供了一些可供参考的写作方法。

①使用常用的词汇,不要造词或使用生僻难懂的词汇;

②尽量使用仅有一个含义的词汇,避免一字多义;

③正确使用固定短语,比如"打车"为"take a taxi",而不是"get a taxi";

④使用简短的句子,避免描述性过多的排比、比喻等句式;

⑤不要转换词性,如把名词动词化等;

第七章 跨文化视角下的人际交往

⑥多掌握一些新近词汇和专业术语,如"证券交易指数"的官方术语是"stock exchange index";

⑦使用书面语,避免使用俚语;多使用标点,以便将意思表达清楚;

⑧注意英语和美语的不同拼写形式,如"colour/color""center/centre"等;

⑨避免使用两个字组成的动词,避免使用复合词和复合句,如可用"lift"替代"pick up";

⑩语法要严谨规范,注意修辞,句子要完整、意思明确;

⑪不要使用缩写词汇和表情符号。

了解跨文化商务交际中信函写作的文化差异,不仅能提高商务英语写作的准确性,还有助于商务合作伙伴的互相理解与合作。因此,我们应该有意识地培养商务英语写作中的跨文化交际意识,增强文化敏感性,从而有效地进行跨文化商务英语写作,促进跨文化交际的成功。

第八章 跨文化交际能力的构成与培养

第一节 跨文化交际能力的概念与分类

一、跨文化交际能力的概念

富兰克林（Franklin）将跨文化交际能力定义为："不同文化背景的交际者实施有效得体的言语或非言语交际行为及处理交际行为产生的心理问题和交际后果的能力。"鲁本指出，跨文化交际能力是一种与某一环境中的个体为了实现其性格、目标及期望所应具备的同样的独特活动方式的能力，一种可以达到人的基本要求、满足其性格、实现其目标及期望的相对的能力。约翰·维曼（John Wiemann）和詹姆斯·布拉达克（James Bradac）关于跨文化交际能力的定义侧重于跨文化交际应是适当的、充分的和相配的。而根据斯皮伯格（Spitzberg）和库帕克（Cupach）的定义，跨文化交际能力不是人的内在行为特质，并且判断每个人跨文化交际能力强弱的标准也不一样。斯匹茨伯格等将跨文化交际看作和特定语境一致并能实现一定明确目标的有效的交际过程。

跨文化交际能力是一个复杂的、全方位的概念。在国外跨文化交际的研究中，"跨文化交际能力"的常用英文对应词有三个：intercultural communication competence，intercultural communicative competence 和cross-cultural communicative competence。其中，最后一个术语在早期使用较多，而前两个是近期才开始广泛使用的术语。

在国内，大多数学者使用"跨文化交际能力"这一术语，也有学者使用"跨文化交流能力""跨文化沟通能力""跨文化能力"或其他术语。胡文仲认为，跨文化交际是指具有不同文化背景的人从事交际的过程；跨文化交际能力是指与不同文化背景的人们进行交往，使交际目的得以成功实现的能力。张卫东、杨莉认为跨文化交际能力是恰当运用语言文化知识与他文化成员进行有效而得体交际的实践能力，是跨文化交际活动中的决定性因素。而外语教育是培养跨文化交际能力的主要渠道。陈欣也认为跨文化交际能力是指在跨文化交际过程中，为顺利完成交际所必需的、基于跨文化意识的语言能力、语用能力和交际实践能力。孙琼、赵春昶认为，跨文化交际能力就是指与不同文化背景的人进行交往，遵循语言对环境和关系的适应性原则，使交际目的得以实现的能力。

作者更认同张卫东、杨莉对跨文化交际能力的阐述。跨文化交际能力这一术语在国内外外语界比跨文化能力使用得更为广泛的原因之一是许多学者认为，跨文化交际能力（intercultural communicative competence）是交际能力（communicative competence）的扩展和延伸。

目前，学术界对跨文化交际能力的定义仍未达成一致，这主要由学科领域的差异造成的。一般而言，跨文化交际能力是指成功进行的跨文化交际所需要的能力和素质。

综上所述，尽管国内外跨文化交际领域的学者和专家对跨文化交际能力的定义有所不同，但是其本质是一致的，都认为得体性和有效性是跨文化交际能力的关键所在。

二、跨文化交际能力的分类

斯皮伯格与库帕克总结了跨文化交际能力的类型，如图8-1所示。

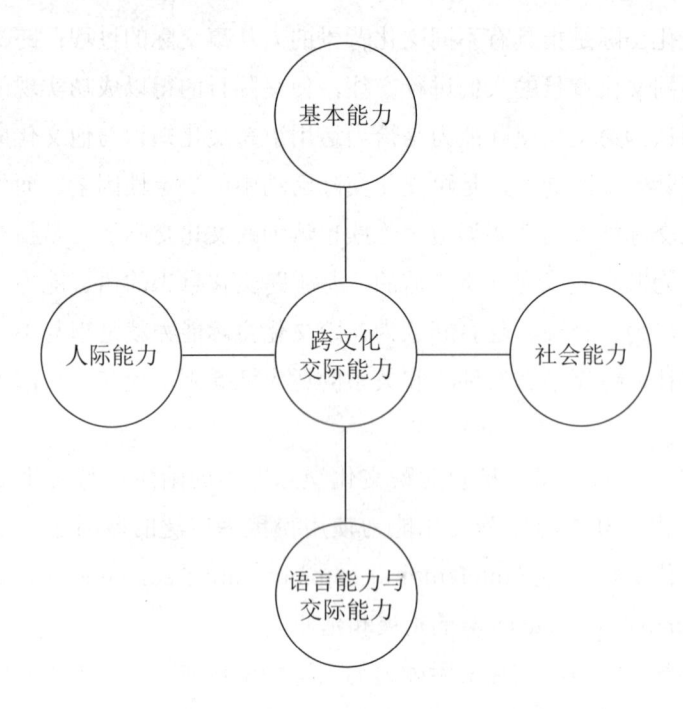

图 8-1　跨文化交际能力的类型

（一）基本能力

基本能力把重点放在一般能力上，即有效地适应新环境以达到自己目标的能力。从该角度来讲，基本能力是指个人交际者有效地进行跨场合交际所需的认知能力。

（二）社会能力

社会能力强调具体的而非一般的能力，包括移情、角色扮演、认知复杂性及交往管理等具体的社会能力。

（三）人际能力

人际能力即成功完成交际任务并达到目的的能力。人际能力关注的是交际者如何运用交际技巧来调控环境，以便在具体的交际场合取得成功。

（四）语言能力与交际能力

语言能力和交际能力与交往过程中的语言与信息密不可分。语言能力研究的重点是如何适当地认识语言。这一概念来源于乔姆斯基的研究。交际能力强调不仅要知道如何使用语言，还必须能得体地运用语言知识。

第二节 跨文化交际能力的构成

迈克尔·拜拉姆（Michael Byram）认为跨文化交际能力主要包括态度、知识、技能以及批判性文化意识四个维度。知识主要涵盖本国文化、对方国家文化以及在文化交流时所提取的知识。态度是指要保持开放的心态，愿意寻找机会参加各种文化交流活动；要充满探索精神，乐于发现不同文化间的差异；以宽容的心态对待其他文化。技能主要体现在两个方面：一是解释关联技能，二是发现互动技能。前者是指在学习掌握一定文化知识的基础上，能够对一种文化的文件或事件进行解释，在深刻理解后结合本土文化中存在的相似现象，进行关联性思考的能力；后者则是从文化中发掘并掌握新知识的能力，以及合理应用新知识、技能来指导沟通与互动的能力。批判性文化意识阐述的是以多元文化的视角对本国及他国文化进行批判的能力。[①]

虽然拜拉姆的维度框架较为全面，但是随着跨文化研究的不断深入，不同学科理念相互交叉，使研究者认为其维度框架仍存在一些不足。研究者认为跨文化能力的发展应该是循序渐进的，当我们具备了相应的文化知识基础，具备了对于本国文化身份和对方国家文化身份的认知，具备了从客观公正的角度对不同文化进行分析评价之后，更应该考虑不同文化之间的相互作用可激发文化创造力的层面，而这部分恰恰也是拜拉姆跨文化交际能力维度框架中所欠缺的。因此，有研究者基于拜拉姆的跨文化交际能力维度框架，针对其对文化间性研究的不足，结合哈贝马斯（Habermas）的文化间性理论对跨文化能力维度的构成进行了预设。文化间性视域下的跨文化能力主要包含跨文化知识、跨文化思维和跨文化意识三个维度。跨文化知识包括历史、价值观、社会习俗和全

[①] 胡超.跨文化交际:E-时代的范式与能力构建[M].北京:中国社会科学出版社,2005.

球动态等基本要素，跨文化思维由批判性思维和间性思维两部分构成，跨文化意识由自我意识和文化相对意识构成。

一、知识

在跨文化交际能力的构成要素中，知识应该是所有能力延伸和发展的基石，如果没有掌握大量的跨文化交际知识，后续能力的发展也无从谈起。文化间性理论要求把不同的文化主体都放在平等的位置上，因此在知识维度的划分中既要关注对方国家的文化知识，也不能忽视本国的文化知识。

在拜拉姆的跨文化能力框架中，知识是指本国文化知识、他国文化知识以及在交际过程中所提取的知识。虽然拜拉姆对知识维度的解释概括性较强，但是他在《跨文化交际能力的教学与评估》中对知识维度也进行了细化。例如，了解本国和他国在历史进程中和目前所处的时代中的关系，了解本国和他国引起误解的原因，本国历史事件在他国的文化中作何评价以及他国的历史事件从本国文化的角度如何解释，与本国和他国相关的社团及其文化习惯等方面的知识。因此，研究者基于拜拉姆对知识细化的目标，以及考虑到在实际学习中的实施现状，将知识分为历史、价值观、社会习俗和全球动态四个方面。首先，历史作为人类社会发展进步的真实写照从各个方面反映了社会的多样性。通过历史，我们得以还原各个时间段的各类群体以及个人的真实经历。通过对历史知识的学习，我们能了解本国与他国所涉及的文化事实的意义和价值。一个社会的历史能够充分反映出每个时间节点的社会文化背景和各个文明发展的过程，甚至可以体现出一个国家、一个民族的精神与气节。

其次，在跨文化交际能力的研究中，对于价值观的研究始终是一个重要命题。对价值观的充分研究，有助于更进一步抓住跨文化交际的内涵。克拉克洪认为价值观是一个人或是一个群体所特有的行为准则，直接影响着人们对于已经存在的行动模式、方式的选择。价值观存在于文化的最深层，是一种约束，指导着人的思考、信念以及行为。因此，我们要理解本国与他国的价值观，以及不同价值观对国际事件看法的影响，找到彼此之间的文化差异。社会习俗主要指特定区域、特定民族的风俗习惯和禁忌等方面的内容，也是文化外延的重要体现。

全球动态是目前与社会发展结合最为紧密的方面。随着全球化进程的加快，难民、环境、饥饿等问题已经不是某个国家、某个地区的问题，而是全球性的问题。如果想要在国际舞台上拥有发言权，首先要关注并了解全球动态，包括政治、经济、政策和战略等，并且要意识到本国与他国在社会、政治、历史、经济和环境等问题上的内在关联。这也是对文化间性理论的一种表现方式。

二、跨文化思维

跨文化思维能力即分析不同的文化现象，并进行类比、关联以及融合的能力。该维度充分体现了文化间性理论对跨文化交际能力的指导作用，主要包括批判性思维能力和间性思维能力两部分。

首先，文化差异是进行文化对话的根本动力。我们只有客观公正地评价差异，并进行充分的反思，才能为发现文化之间的关联性奠定基础。其次，通信和交通工具的迅速迭代加速了文化交流和融合。整个社会的价值体系和行为准则发生了巨大的变化，人们更加趋向于开放、自由。这对于人类的批判性思维的要求越来越高。20世纪初，杜威提出了批判性思维这一概念，在美国掀起了一场批判性思维研究的热潮，奥舍尔·史密斯（Othanel Smith）、罗伯特·恩尼斯（Robert H. Ennis）、彼得·范西昂（Peter A. Facione）等学者有效地推动了批判性思维教育理念的发展。20世纪90年代，美国哲学协会提出批判性思维主要由两部分构成：情感倾向与认知技能。前者可以理解为勤学好问、相信理性、尊重事实、谨慎判断、公正评价、善于探究和追求真理等思维品质和心理倾向；后者主要是指对证据、概念、方法、标准和背景等要素进行阐述、分析、评价、推理与解释的技能。这一概念的界定与拜拉姆的跨文化交际能力框架中对态度和批判性文化意识的阐述所传达的理念是一致的。拜拉姆认为要保持开放的心态，充满好奇心，客观公正地对待他国和本国的信仰。总而言之，批判性文化意识是指以多元文化为指导，依据相关标准对本国及他国文化进行批判的能力。这些内容与批判性思维能力中的批判精神和技能所传达的理念是一致的，因此本部分将态度和批判性文化意识维度涵盖在批判性思维能力之中，避免重复赘述。

在日常文化知识的学习或者不同文化背景的主体交流中，我们会获取大量的不同于本国文化的价值观、道德理念和社会风俗等方面的信息。要想在这个过程中避免民族偏见、歧视和中心主义等错误态度，就需要批判性思维能力。该能力使我们能够从第三方的角度对本国文化与他国文化进行客观的评判；对于他国的政治、经济和宗教等问题，能够理性地对待，并从多角度做出评判；面对冲突和误解，能够谨慎地思考和认真地学习，以便找到妥善的解决途径；能够透过文化差异进行分析推理，发现差异背后的本质问题。

　　间性思维这一概念由王才勇在《文化间性问题论要》一文中提出。他提出不能脱离文化间性思维对文化进行研究，当两种或多种文化相互作用时，要以文化间性理论为指导对其进行研究；如若不然，研究的结果很可能会脱离实际，而成为单纯满足认知旨趣的游戏。因此，间性思维能力主要指在跨文化交际中，交际双方既要把彼此放在主体地位上，本着尊重、平等和包容的态度建立一种和谐稳定的沟通关系，又要在彼此文化之间建立关联，使文化之间能够进行意义的建构或重组。这一能力也正是拜拉姆跨文化交际能力框架中在技能维度下的不足之处。拜拉姆认为技能维度主要包括两个方面，分别是解释关联技能和发现互动技能。研究者认为这两种能力主要强调的是对于所学的文化知识的运用，与批判性思维能力中的认知技能所强调的分析、推理和解释等所传达的理念是一致的。虽然拜拉姆在技能中也提到了关联，但其只是间性思维的一部分，对于文化关联后所激发的文化创造力并没有进行延伸。也就是说，跨文化交际能力不仅包括要掌握他国的文化知识，还要保持对文化差异的尊重、理解和宽容，同时要触及文化的活性特质，激发文化创造力。间性思维主要体现在主体间性和文化间性两方面。在跨文化交际过程中，交际双方具有不同的文化背景，难免会产生冲突。为了避免或尽可能减少冲突，交际双方就要把彼此都放在主体地位上，不再有二元对立的主客体之分，彼此之间保持平等、尊重和理解，并通过不断的沟通和协调达成共识，构建良好的主体间性关系。

　　文化间性来源于主体间性，是主体间性在文化领域的延伸与发展。其含义表述为在不同文化境遇下，文化之间发生相互关联与重组的过程，是文化间的相互作用。对于文化的思考不能单单停留在静态研究彼此的差异性。也就是说，这种研究方法只能对表象进行研究，是没有意义的，并不能有效探索出文化间相互影响的内在关联因素。因此，这种间性思维能力主要体现在能够把交往对象视为平等的主体；当有误解或矛盾产生时，能通过沟通、协商等方法，得到令双方都认可的结果；在跨文化交际中，交际双方能够通过对话和交流构建一种互相理解、互相尊重、相互依存的和谐关系；在承认并尊重彼此文化差异的前提下，能够发现并探究彼此文化之间引起共同反响的关联部分，对本国文化的意义进行重组。

三、跨文化意识

跨文化意识的概念由汉威在20世纪70年代末提出，他将其表述为对人类拥有创造各自独特文化能力的认同与理解。对于不同文化之间的相互尊重、相互宽容和相互理解正是文化间性所传达的理念。在现实社会中，由于不同文化主体赖以生存的文化模式不同，交际中产生误解和冲突在所难免。为了使跨文化交际能够顺利进行，就要提高自身对文化差异的敏感度，使自己能够意识到彼此在文化身份、语言风格和文化习俗等方面存在的差异。因此，跨文化意识也是跨文化能力维度框架中至关重要的一个维度。拜拉姆在对跨文化交际能力框架中知识维度进行解读时提出，我们对于知识的学习应该分为两部分，一是学习并掌握传统文化知识，二是对文化差异的感知。研究者认为，拜拉姆提出的知识维度应该理解成一个动态的认知过程，它既包括对知识的静态掌握，也包括从多个角度评判不同文化，认识和理解文化差异。于是，研究者在预设的跨文化交际能力框架中对其进行了区分，将对传统文化知识的掌握归为跨文化知识维度，将对文化差异的认知能力归为意识维度。这种划分方式可以使跨文化能力的维度构成更为细致、明确和清晰。拜拉姆在知识维度中不仅强调了对于不同文化背景国家知识的认知，还强调了对于本国文化认知的重要性。

基于拜拉姆的观点以及文化间性所强调的把各国文化都放在平等的主体地位上的理念，研究者将跨文化意识分为自我意识和文化相对意识。自我意识包含两方面内容，首先是对与自身的了解与认知，主要包含性格、能力以及价值观等方面。科斯特认为，研究跨文化交际能力的首要工作就是了解个体的特征和态度，它直接影响人们在交际中所持有的态度，对自己身份的明确认识也有助于在交际中保持理智客观。其次要求对所处社会的文化起源、发展过程、特点以及发展方向有充分的了解。文化相对意识是指在对本民族社会文化知识认知和积累的基础上持有文化相对主义态度，在与外来文化交流时，能够充分认识到文化之间的异同；能够感受到不同文化背景和语言背景对社会产生的影响；提倡文化平等相待、相互尊重，摒弃种族主义与文化偏见。

第三节 跨文化交际能力的培养策略

一、能力培养的理论基础

（一）人的全面发展理论

人的全面发展包含多方面的内容，马克思认为人的全面发展实质上是人的本质力量的全面发展，具体包括人的需要、能力、个性和社会关系等方面的全面发展。人的需求体现了人的本性，需求的全面发展依赖于能力的全面发展，需求在社会关系的全面发展中得以实现，还需要个性等方面的支撑。这里主要介绍人的能力的全面发展。

能力是指人自身所具有的力量，指能够使人完成实践活动的良好心理素质，是人的全面发展理论中一个非常关键的因素，包含多方面的内容。

马克思认为能力是人本质力量的公开展示，人的能力是人完成实践活动的基本保障，是必要的能动力量，是人的全面发展不可或缺的重要因素。人的能力是一个多方面的复杂体系，具备多层次性。在主体层次上，能力可划分为个体、集体和全人类的能力。其中既包括个人能力的发展，也包括群体能力的发展。个人能力的发展是基础，能推动群体能力的发展；而群体能力的发展不是个体能力发展的简单相加，而是个体间团结协作产生的生产力的发展，能够促进个体能力的发展。在存在状态上，能力可划分为现实能力和潜在能力。现实能力是人即有的能力，而潜在能力是人在社会实践活动中可挖掘出的能力，是人在改变自然的同时改变自身的表现。人的潜在能力既受自身努力的影响，也受社会和环境的制约。个体的努力、人类的社会机制和历史沉淀都会影响人的潜在能力。在性质层次上，人的能力可划分为自然能力和社会能力。人作为自然生物具有一定自然能力，包括体力、感觉能力等天赋才能；人作为社会存在物具有一定的社会能力，这是人在社会实践和社会关系中形成的一种后天能力。社会能力的形成和发展依赖于学习和实践，人的个体差异便集中体现在社会能力的差异上。人的能力从生理层次上能够分为体力、智力。其中,体力是人自身具备的基本能力,智力是运用这一基本能力的能力,是人的能力发挥有助于满足需要、实现全面发展的前提保障。马克思认为人的体力与智力都需要得到发展,而劳动是人发挥体力和智力作用的过程,劳动力同样可以理解为人体力与智力的和。

人的能力的全面发展,包括体力、智力的全面发展,包括现实能力、潜在能力的全面发展,包括自然能力、社会能力的全面发展,是人的内在力量的全面发展,是人的社会价值的全面发展。不同角度的层次划分中与人的发展关系最为紧密的是体力与智力两方面,特别强调二者要共同发展。人除了具备体力的基本能力,还要具备正确发挥、使用基本能力的能力,即智力,才能满足人的需要,促进人的全面发展。现实中人的能力表现为具体的才能,如经商、外语和开车等某种技术或技能。人的才能越多,能力的发展就越全面。能力的发展是人全面发展的重要组成部分,是其他方面发展的基础。随着社会的发展,人的能力发展也越来越全面,结构内容也越来越复杂。人类所创造的各种技术和设备都是自身智力与体力的延伸和发展,能力的发展在促进人的全面发展的同时,也推动了社会的发展和进步。

另外,人的能力的发展还包括人的素质的发展。人的素质包含两方面,一方面以先天为主,是人天生所具有的基本素质;另一方面主要表现为后天影响,是在社会生活和实践教育的影响下形成和变化的心理素质。素质包含了对能力的概括,在精神层面上更高于能力范畴,是对人的能力范畴的全新理解。素质全面发展包括人的身心健康素质、思想道德素质、科学文化素质和审美素质等各方面素质的全面发展。由此可见,身体健康、心理适应能力强、德行兼备、文化素质涵养高以及具备审美能力的全方位高素质人才是马克思对人的全面发展理论的最好诠释。

(二)建构主义学习理论

建构主义学习理论是行为主义发展到认知主义后的进一步发展。行为主义的基本主张主要包括客观主义、环境主义和强化理论。客观主义认为,对人类行为进行分析的关键是对外部事件的考察。环境主义则认为环境对人类的行为有影响,而且认为这种影响是决定人类行为的重要因素,认为人的行为活动可以极大地影响到人类的后续行为。将行为主义的思想反映到教学中，就可以认为学习就是强行建立刺激和反映的连接的行为。教学工作者的主要目的就是传递客观世界的各种知识，而学习者的目的就是在学习过程中接受这种传承，实现教育者确定的目标。行为主义者根本不在乎知识传递过程中学生的理解和心理变化的过程，也从不考虑这种问题。而后续发展的信息加工的认知主义者，采用的主要是客观主义的传统。这部分人认为世界就是由客观事物的特征和客观事物之间的关系相互连接构成的，他们和行为主义者的根本区别在于，他们要求学习者在学习的过程中能够对事物的内部进行认知。建构主义是认知主义进一步发展的产物。最早提出建构主义思想的是皮亚杰（Piaget）和布鲁纳（Bruner），但是他们的认知主义仅限于解释如何通过对客观知识的认知实现个体之间相互转化，并对事物的内在结构进行认知。

20世纪70年代，以布鲁纳为首的美国心理学家将苏联教育心理学家维果斯基（Vygotsky）的思想引入美国，这对建构主义的发展具有巨大的意义。维果斯基的认知论认为社会文化历史对于心理的发展起到了重要的作用，特别是活动和社会交往可以在人类的高级心理机能中发挥极为重要的作用，在很大程度上影响了人类心理机能的发展。他认为，人类的高级心理机能来源于人类在外部社会中的动作，是这种动作内在化的一种体现，而这种内在化不是仅仅依靠教学就能够实现，还需要借助日常生活、活动和劳动才能真正实现内在化。同时，他也认为内在的智力动作也是可以实现的外在的实际动作，从而使主观实现客观，而人的内在化和外在化的基本通道是人的活动。他的这些观点极大地影响了现代建构主义。当今的建构主义学习的基本理论可以被分为知识观、学习观和学生观。建构主义学习理论认为现在的知识并不是对现实社会的准确表述，它只是一种假设，是一种对现实现象的解释，而不是最终的答案；而且随着人类社会的不断发展，这部分知识会逐渐地被人们以新的知识逐渐取代，从而形成新的对现实社会的假设和解释。此外，知识也不能精准地对现在世界的各种法则进行概述。遇到具体问题时，我们不能直接将知识拿来使用，而是需要根据具体情况进行再创造，然后才能够使用。

另外，建构主义认为，知识是不可能采用实体的形式长期存在于个体之外的。虽然我们可以通过一定的符号赋予知识存在的形式，而且使这种模式能够得到人们的普遍认可，但是这并不代表所有的学习者都对这样的概述有相同的理解。对知识的理解主要依靠学习者自己的背景，它很大程度上受学习者所处的环境的影响。建构主义对于知识的认知虽然有很大的激进性，但是它的存在向传统的教学和课程提出了巨大的挑战，这种挑战非常值得我们深思。按照建构主义的观点，课本上的知识的实质就是对现实社会的各种较为可靠的假设，不是对现实的终极解释。科学知识虽然包含了很多真理性知识，但是并不是绝对的正确答案，而只是对现实社会一种更接近真实的假设和解释。需要注意的是，按照这种理论，这些已知的知识在被个体学习和接受之前是没有任何权威的。这就导致不能将知识作为已经决定的东西教授给学生，也不能采用我们认为正确的方式强制让个人去接受，即不能用科学家和教师的威望来让学生妥协地接受这样的知识。因此，学生只能通过自己的学习来构建知识体系，以学生自己的知识背景、经验和信念来分析知识的合理性。这样学生在学习的过程中就不单单是学习新的知识，更为重要的是对新的知识进行分析、检验和批判。

除此之外，个体在学习的过程中也不能简单地套用现有的学习模式，需要根据具体情况形成有自己特点的学习模式。因此，在学习过程中不能简单采用教条式的学习模式，而是需要不断对自己学习的知识进行深化，从而掌握各种知识的变化情况，让学习逐渐成为一种思维模式。建构主义者认为，在学习的过程中，知识不是教师传授给学生的，而是学生自己构建的。学生不应该是被动的知识接受者，而应该是知识的主要构建者，而且这种构建过程是不能被其他人所代替的。

学习是一个主动的过程，学生需要根据自己的情况对外部的知识进行加工和选择，从而选择更为有意义的外部信息进行学习。学习者通过不断地进行新知识和旧知识的筛选，构建新的知识体系。例如，每一个学习者都可以根据自己原有的知识体系对新学到的知识进行筛选，形成自己对新知识的理解，并进一步对以前的知识进行调整和改变，从而不断地积累知识。因此，可以说学习的过程不仅仅是一个学习的过程，还是一个知识输入、存储和提取的过程。建构主义强调，学习者不能空着脑袋进入教室进行学习，而是要在日常生活中进行学习，逐步积累经验，从小到大，由近及远，从而使自己对整个社会的现象都能够产生自己的看法。

二、跨文化交际者培养自身交际能力的策略

跨文化交际能力绝非与生俱来，而是通过经验或教育习得的。跨文化能力提高策略可以帮助跨文化交际者在交际过程中实现有效互动。跨文化交际能力提高策略包括以下四个方面。

（一）意识策略

跨文化意识指将自我文化置于世界语境之下。跨文化意识的习得与语言教育息息相关，它们的目的都是让学习者不仅掌握语言技能，而且掌握跨文化交际能力，以促进交际者在其他文化中进行有效交际。同时，应该了解和接受其他文化中个体的不同视角、价值观念以及行为方式，并且从交际过程中积累经验。缺乏跨文化意识，跨文化交际之间的误解甚至冒犯就难以避免。

意识策略还强调对交际中的自我和交际过程的认知。交际过程中的自我认知通常要关注交际过程中的自我位置、对方对自我的印象、表达方式的得体性以及怎样能控制谈话等问题。其次是注重交际过程，即在交际过程中，交际者要关注差异，尤其是要解读差异背后的真正含义，继而采取新的交际方式。

（二）态度策略

态度策略是指对文化差异的态度。这种态度不仅包括对本国文化的敏感，还包括对不同文化的尊重，以及对自我文化和他国文化之间的差异采取合适的态度。除此之外，要对个别特殊情况保持敏感度在遇到偏见、民族和政治等问题时，可以向其他文化的成员寻求帮助。态度策略强调在交际时要参与到他国交际者的个人经历之中，并切身体会。这一能力就是前文所述的文化移情，通常指与他国交际者之间建立情感联系、表达同情、积极倾听并从多视角看待其文化情境的能力。

（三）知识策略

知识策略指了解不同文化的行为。首先，采取这一策略时不仅要了解某一社会的权力结构，还要了解非权力主体的文化，尤其对合作或交流的某一特定群体的信息要有充分了解。其次，了解文化的内在差异。文化差异体现在历史传统、社会制度、生活方式和思维方式等方面，而这些差异无法在语法规则和

句法中找到。因此，要通过多途径习得这些知识。

（四）技能策略

掌握跨文化交际技能的交际者应该对文化差异采取相应的言语的或非言语的反应，并准确发出或接受言语或非言语的信息。交际者应做出恰当的干预并站在不同文化立场上思考和发表观点。虽然跨文化交际能力建立在听、说、读、写、译这五项基础技能之上，但是拥有这五项技能远不等于可以成功地进行跨文化交际。这里要特别注意提高交际者的适应能力、互动能力及运用语用规则的能力，如遵守合作原则、礼貌原则和语篇组织原则等原则的能力。技能策略中还包括提高应变能力，即在交际过程中出现突发事件或意料之外的事时，为实现交际目的随机应变的能力。

三、外语教学中跨文化交际能力的培养策略

（一）外语教师要提高知识素养及教学技能

《国家中长期教育改革和发展纲要（2010—2020年）》提出要培养大批具有国际视野、通晓国际规则、能够参与国际事务和国际竞争的国际型人才。为实现这一目标，应将跨文化能力的培养作为外语教育中的首要任务。研究者通过调查发现，目前外语教育在对跨文化能力的培养上主要存在两方面问题：一是教师自身文化知识储备不足，当学生在课堂上对一些文化观念提出疑问时，教师的解答不够具体和全面；二是教学方法停留在填鸭式教学阶段，仍停留在培养学生单纯的认知旨趣，缺少利用课堂活动来培养学生对文化现象差异背后的本质以及文化之间的关联的认知、重组、创新和探究的能力。针对上述问题，本书对教师提出了以下几点要求。

首先，应该着力于提高自己的知识素养，在课前能够对所要教授内容所涉及的文化知识做充分的准备，同时也要关注全球动态，了解环境、难民等需要全球共同解决的问题，在课上或者课下向学生传播这方面的知识，拓展学生对国际文化的认知，开拓学生的视野，使学生奠定良好的跨文化交际能力基础。严格要求自己，努力增强自身的教学能力以及综合素质，掌控好英语教育的课堂，努力培养学生对于中外文化差异的敏感性，充分调动学生学习的主动性。

跨文化知识的范围十分宽泛，大到包含各国经济、政治、历史、宗教、礼仪、地理、伦理、道德、社会生活和心理等多方面的知识；小到日常用语、专业术语、民间谚语和成语典故等知识。作为一名教育工作者，应该养成阅读外文杂志、关注国际动态的好习惯，以便为培养学生的跨文化交际能力储备充足的素材和丰富的跨文化交际知识。

其次，教师也应该注重自身教学技能的创新。传统的教育方式只能简单地满足学生的认知旨趣，不能真正培养学生的跨文化思维能力、跨文化意识能力，因此教师需要设计一些具有启发性的教学活动，让学生能够真正感知和体验文化的差异。例如，教师可以设计一些从多角度看待问题的活动。这类活动能够使学习者通过从不同角度进行认知事件，培养观察、解释事物的能力，同时培养思维的发散性、开放性以及批判性思维的能力。这类活动的设置对于学习者跨文化交际能力的提升具有较大的意义。当学生在学习历史事件时，教师可以让学生通过图书馆、网络等方式寻找本国和他国关于该历史事件的描述和评价，让学生通过阅读、对比、分析和讨论，形成自己对该历史事件的认识，并在课堂上进行展示。这一过程既加深了同学们对于历史的认知，又提高了学生多角度看待问题的能力和客观公正地对文化事件进行描述和评价的批判性思维能力，避免了只从一方面看待问题的片面性。这种活动也可让学习者去选择自己感兴趣的话题进行单独的叙述，同时其他的学生还可以对他进行提问。这样的叙述有助于参与者从他们自己的价值观、规范、信仰以及自身对事物认识的狭隘性中解脱出来，对文化差异产生尊重、包容和理解之情；提问的方式也促进了学生之间的关系。教师还可以在教学中让学生进行角色扮演，模拟一些场景，这些对学生跨文化能力的提高也非常有益，可以让学习者在角色中感知自身在价值观、社会习俗、文化身份与他国文化的差异，以及对自身从前对于各种文化的了解过于浅显而进行反思。教师可以根据所学习章节的内容，有针对性地选择涉及文化差异的影视片段，让学生们在课后认真分析，并选择自己所要扮演的角色，在课堂上进行情景再现。在这一过程中，学习者们会很容易发现不同文化在价值观、信仰和行为方式等方面的差异。活动结束之后，在班级进行讨论也非常重要。在讨论当中，可以让学生阐述自己发现的差异，以及自己进行的反思。总而言之，以上活动有助于培养学生的开放性、好奇心和尊重的态度，同时也能培养学生的跨文化交际意识。

（二）提供良好的跨文化交际平台

学校除了在课堂上对学生进行跨文化知识与跨文化思维技能的培养，也应该开展与目的语相关的各种课外实践活动，使学生能够与目的语文化充分接触，将理论与实践充分结合，在实践中认识到跨文化能力的重要性，努力提升自身的跨文化意识。

第一，学校应充分利用留学生资源。跨文化能力培养的最佳途径就是能真正与不同国家、不同文化背景的人进行交流。只有在交流过程中，学习者才能够切实感受到彼此之间的差异，才能将所学的知识、思维技能以及意识充分调动起来。但是，目前我们国家的一些高校仍然将留学生和本国学生进行分别管理和教学，本国学生只能通过外语课、外教课、与外教的交流或者通过一些社交网站、媒体来提高自身的跨文化交际能力。这种教学方式不利于学生跨文化能力的培养。各高校应该充分利用自己的校内外资源，充分培养学生的跨文化交际能力。

学校可以采用本国学生与留学生合作学习的模式。合作学习是一种特殊的协作式学习，学生或参与者不是简单地从事非结构化的任务，而是以成对或小组的方式一起工作在具有特定合作原则的活动中。教师可以安排留学生和本国学生任意组成小组，并为他们提供合作学习的主题内容。在合作中，每一个学生都要参与，都要为小组的工作做出一定的贡献，各自都承担着一份责任和义务。需要注意的是，由于组内成员的文化背景不同，导致他们的思维方式、分析问题的方式和解决问题的方式都会产生一些不同。这时学生可以很明显地感受到文化的差异性，并且会发现很多在课堂教学中没有学习到的文化差异。为了保证小组工作的顺利进行，小组成员之间会对彼此的文化差异进行理解和包容，逐渐减少冲突和排斥，并且通过不断地协商共通，最后达成共识。在这一过程中，不仅本国学生在跨文化知识、跨文化思维和跨文化意识等方面的能力有所提高，留学生在这几方面的能力也会有所增长。

第二，学校应该尽可能多地举办文化专题活动。目前，随着互联网信息迅速传播，国际化进程加快，各种文化信息应接不暇地呈现在学生面前。学校可以根据自身的实际情况，为学生提供有关各国风俗文化的专题讲座。也可举办文化知识竞赛，如英语征文比赛、英语演讲比赛、英语辩论赛和英文歌曲大赛等。定期举办上述活动可以有效地提升学生对于文化的理解，拓宽学生的视野；既能锻炼学生的英语能力，又能加强学生对外国文化的了解，提高学生的跨文化交际能力。学校也可以通过开展文化节日表演等活动来丰富学生的跨文化交际体验。在一些特别重要的中西方节日时，学校要组织学生开展一些节日庆祝活动，因为节日的背后往往存在着丰富的历史背景和文化背景，是各个国家文化精髓的汇聚。学生在这样的活动中，能够切身感受到中西方文化的差异，并且能够以一种开放、包容的心态看待这些差异。这些活动对学生跨文化交际能力的培养很有帮助。

第三，学校可以利用国际交流平台为学生提供国外学校的短期游学和访问的机会。这种活动可以帮助学生将理论与实践相结合，加深对他国文化的理解，发现理论学习与实际的交流环境的偏差，在差异中发现文化之间的关联性，从而有效地增强学生的批判性思维能力与间性思维能力。回国之后，可以为这些学生搭建经验交流平台，让出国的学生谈谈自己的交流感想，为没有出国经历的学生提供丰富的经验。

第四，学校可以与一些社会组织机构、外企和商务部培训学校进行合作，为学生提供校外实践机会。例如，一些国际贸易会议、国际赛事都需要大量的志愿者提供服务，学校可以充分利用这些资源，鼓励学生积极参加这类活动。这类活动不仅培养了学生无私奉献的精神，同时也给学生提供了丰富的跨文化交际经历，拓宽了学生的国际视野，使学生跨文化交际能力中的各项技能都能有所提高。在毕业季，学校可以组织学生到合作的外企和商务部培训学校进行实习，了解多元化文化给企业管理模式带来的影响等，使学生能够将自己的理论知识充分运用到工作实践中。这样一来，无论是文化知识、思维技能，还是文化意识都可以得到一定程度的学习和锻炼，为学生以后的职业发展奠定坚实的基础。

（三）加强中西文化比较教学

贾玉新教授曾经说过，跨文化中国人源于中国文化，同时又在全球化的动态进程中不断超越自己、重塑自己。要想跨越文化障碍，首先就要清楚什么是"障碍"，再考虑如何"跨越"。对于学生而言，中西文化差异就是"障碍"，为了跨越这个障碍，顺利地进行跨文化交际，就应做到"知己知彼"。

第八章 跨文化交际能力的构成与培养

也就是说，既要了解中国文化，又要了解西方文化，同时进行中西方文化对比。学生了解他国文化，不仅可以增强跨文化交际的包容性，还可以提升跨文化交际能力。因此，对于外语教师而言，有必要根据建构主义理论的教学观点，结合中国文化，通过中西方文化对比来培养大学生的跨文化交际能力。

建构主义理论认为，学习者意义建构的过程是以学习者原有的知识经验为基础主动建构新知识的过程，而且这种建构过程不是凭空出现的。在建构过程中，人们不仅会从外部获得知识，还会将已有的知识经验作为基础重新建构现实、理解现实，从而形成新的知识。外语教师培养学生跨文化交际能力的过程也是一种以学生已有知识和经验为基础，进一步积极、主动地建构意义的过程。因此，外语教师在跨文化教学中应当注重结合中国文化，以学生自身的中国传统文化知识和经验为基础，通过中西文化对比培养大学生的跨文化交际能力。

文秋芳认为，跨文化交际能力由交际能力和跨文化能力两部分组成。但是，跨文化交际能力并不仅仅是语言和语用能力两方面，学习者的跨文化敏感性、包容性以及灵活性也是跨文化交际能力的组成要素。文化植根于语言，在外语教学中进行中西方文化比较教学可以弥合中西文化裂痕，加速学生对异国文化的理解。当前国内学校使用的英语课本，大多数涉及西方文化内容，几乎没有中国文化内容。鉴于此种状况，外语教师应该以课本为源头，深入挖掘课本的中国文化元素，将中西方文化元素进行整合，以增强学生对双方文化的认识。通过中西文化比较教学培养大学生跨文化交际能力的具体意义如下。

1. 有利于增强大学生的跨文化包容性

文秋芳模式中的"对文化差异的宽容性"属于态度层面。她认为，跨文化交际活动应对他国文化采取理解、尊重和宽容的态度，而不是厌恶、仇视和认为本文化优越的态度。在外语教学中，教师应该通过比较中西文化的教学方式，引导学生认同多元文化和文化差异的存在，对待文化差异应持有包容的心态，从而实现文化互补。

2. 有利于增强大学生本民族的文化价值观，同时尊重并接受其他民族的文化价值观

关于价值观的界定，不同学者有着不同的观点。其中，迈克尔·普洛瑟

(Michael Prosser）对于价值观是这样叙述的："价值观是个人或群体主要通过文化交际构成的模式。价值观是最深层的文化，人人都有价值观。"由此可见，价值观与跨文化交际有着密切的关系。价值观"指挥"着人们进行交际；反过来，跨文化交际也能够反映人们的价值观。也就是说，价值观是跨文化交际的核心。跨文化交际过程中所涉及的语言习俗、社交规则以及人际关系等，都是由价值观决定的。因此，要想了解中西文化差异的根源，就要从价值观入手进行研究。外语教师通过中西文化比较教学，可以增强大学生的本民族文化价值观，从而尊重并接受其他民族的文化价值观。也就是说，中西文化比较教学间接地影响着学生跨文化交际能力的形成。因此，在外语教学中，教师有必要加强中西文化比较教学。

3. 有利于提升学生的文化辨别力

著名教育家苏霍姆林斯基（Sukhomlinsky）说过，真正的教育者不仅要传授真理，而且要向自己的学生传授对待真理的态度，激发他们对于善良事物受到鼓舞和钦佩的情感，对于邪恶事物的不可容忍的态度。同样，在文化教学中，外语教师不应当单纯地讲授教材知识，还应当引导学生形成正确的对待西方文化的态度，即对特定的文化现象及其价值进行甄别、评价、分析和取舍的文化辨别力。

参考文献

[1] 祖晓梅.跨文化交际[M].北京：外语教学与研究出版社,2015.

[2] 刘荣,廖思湄.跨文化交际[M].重庆：重庆大学出版社,2015.

[3] 吴叔尉,胡晓.英汉语言对比与翻译[M].北京：中国书籍出版社,2014.

[4] 何三宁,李忠明.汉英语言对比与翻译[M].北京：中央编译出版社,2015.

[5] 安晓宇.汉英语言及文化对比研究[M].北京：中国水利水电出版社,2015.

[6] 曹盛华.英汉语言对比与中西文化差异探究[M].北京：中国水利水电出版社,2015.

[7] 李建军,盛卓立.英汉语言对比与翻译[M].武汉：武汉大学出版社,2014.

[8] 胡超.跨文化交际实用教程[M].北京：外语教学与研究出版社,2006.

[9] 梁漱溟.中国文化要义[M].上海：上海人民出版社,2005.

[10] 李建军,李贵苍.跨文化交际[M].武汉：武汉大学出版社,2011.

[11] 潘文国.汉英语言对比概论[M].北京：商务印书馆,2010.

[12] 陈国明.跨文化交际学[M].上海：华东师范大学出版社,2003.

[13] 吴为善,严慧仙.跨文化交际概论[M].北京：商务印书馆,2009.

[14] 毕继万.跨文化交际与第二语言教学[M].北京：北京语言大学出版社,2009.

[15] 左飚.冲突·互补·共存:中西文化对比研究[M].上海：上海外语教育出版社,2009.

[16] 束定芳,庄智象.现代外语教学:理论、实践与方法[M].上海：上海外语教育出版社,1996.

[17] 黄勇.英汉语言文化比较[M].西安：西北工业大学出版社,2007.

[18] 张红玲.跨文化外语教学[M].上海：上海外语教育出版社,2007.

[19] 许静.传播学概论[M].北京：北京交通大学出版社,2007.

[20] 国家汉语国际推广领导小组办公室.国际汉语教师标准[M].北京：外语教学与研究出版社,2007.

[21] 闫文培.全球化语境下的中西文化及语言对比[M].北京：科学出版社,2007.

[22] 李吉,王岳红.中国姓氏（中国民俗文化丛书）[M].北京：中国社会出版社,2006.

[23] 胡超.跨文化交际实用教程[M].北京：外语教学与研究出版社,2006.

[24]李晓琪.对外汉语文化教学研究[M].北京：商务印书馆,2006.

[25]许力生.跨文化交际英语教程[M].上海：上海外语教育出版社,2004.

[26]包惠南,包昂.中国文化与汉英翻译[M].北京：外文出版社,2004.

[27]胡文仲.英美文化辞典[M].北京：外语教学与研究出版社,1995.

[28]汪泽树.姓氏·名号·别称：中国人物命名习俗[M].成都：四川人民出版社,2003.

[29]李信.中西方文化比较概论[M].北京：航空工业出版社,2003.

[30]魏志成,戴炜栋.英汉语比较导论[M].上海：上海外语教育出版社,2003.

[31]伍卓.文化差异与跨文化交际能力的培养[J].重庆三峡学院学报2001（02）:55-58.

[32]肖莉莉.国际汉语教师跨文化交际能力研究[J].文学教育（下）,2019（11）:54-55.

[33]黄蔚.跨文化理论视域下影视作品透视出的焦虑与不确定性因素研究[D].重庆：重庆师范大学,2016.

后 记

　　不知不觉间，本书的撰写工作已经接近尾声，作者颇有不舍之情。本书是作者在研究跨文化交际理论以及诸多案例后形成的作品，倾注了作者的全部心血，但是想到本书的出版能够为跨文化交际理论与实践研究的发展提供一定的帮助，作者就颇感欣慰。本书在创作过程中得到了社会各界的广泛支持，作者在此表示深深的感谢！

　　在本书的撰写过程中，作者先通过科学的研究，确定了本书的研究框架，从整体上确定了论题的走向，以便后续展开层层论述；之后，从多角度对跨文化交际理论进行了解读，对跨文化交际能力教学提出了合理化的建议；最后，深度解析了当前跨文化交际理论在理论层面以及理论实践层面的问题，通过对问题的分析和对理论与案例的分析，试图构建系统的跨文化交际的研究体系，使读者能够更为深刻地理解跨文化交际理论。

　　感谢在撰写本书的过程中给予作者帮助的多位同事，因为有了他们的不懈努力与精益求精的专业精神，本书才得以完成，最终呈现在读者面前。由于作者水平有限，本书难免存在不足之处，希望得到各位同行及专家的批评指正。